나의 첫 생태도감

식물 편 : 풀

나의 첫 생태도감 식물 편 : 풀

초판 4쇄 발행일 2025년 4월 11일
초판 1쇄 발행일 2017년 7월 19일

지은이 지경옥
펴낸이 이원중

펴낸곳 지성사 **출판등록일** 1993년 12월 9일 **등록번호** 제10-916호
주소 (03458) 서울시 은평구 진흥로 68(녹번동) 2층
전화 (02) 335-5494 **팩스** (02) 335-5496
홈페이지 www.jisungsa.co.kr **이메일** jisungsa@hanmail.net

ⓒ 지경옥, 2017

ISBN 978-89-7889-335-0 (76480)

잘못된 책은 바꾸어 드립니다. 책값은 뒤표지에 있습니다.

⚠ **주의 사항**: 책장에 손을 베이지 않게, 책 모서리에 다치지 않게 주의하세요.

나의 첫 생태도감

식물 편 : 풀

지경옥 지음

들어가는 글

우리 친구들은 학교 가는 길이나 동네 주변에 핀 꽃들의 이름을 얼마나 알고 있나요? 아, 그냥 모두 예쁜 꽃이라고요? 하지만 언젠가는 그 꽃 이름이 궁금해질 거예요. 꽃들은 언제나 그 자리에서 우리가 이름을 불러주기를 기다릴 테니까요.

처음 만나는 사이라도 서로의 이름을 불러주면 쉽게 가까워지는 것처럼, 식물의 이름을 알고 부르다 보면 그 식물이 더 사랑스럽게 느껴지지요.

이 책은 스스로 찾아보면서 식물과 친해질 수 있는 안내서로, 자연과 교감을 나누는 첫걸음이 될 거예요. 꽃이 피는 계절과 꽃의 색으로 꽃밭이나 공원, 또는 여행하면서 흔하게 만날 수 있는 식물들의 이름을 쉽게 찾아볼 수 있어요.

단숨에 모든 풀들의 이름을 알 수는 없지만, 차근차근 풀들을 만나고 이름을 부르다 보면 어느 사이에 여러분은 수많은 풀들의 친구가 되어 있겠지요.

식물의 동정을 도와주신 들풀마당 이현숙 대표님, 사진을 흔쾌히 제공해 주신 곤충나라 식물나라 매니저 안수정 님, 그리고 이기숙 님, 조은화 님께 감사드립니다.

제가 지치고 힘들 때마다 격려해 주시고 기다려 주신 도서출판 지성사 식구들께 감사드립니다.

지경옥

일러두기

● **구성과 순서**

〈1부 계절과 꽃의 색깔로 이름 찾기〉 산과 들, 풀밭, 빈터 등 우리가 주변에서 쉽게 볼 수 있는 풀들이 주인공이에요. 오랜 세월 우리 땅에서 살아온 토박이 풀도 있고, 외국에서 들어와 우리 땅에 뿌리 내리고 사는 귀화식물도 있어요. 또 뜰이나 꽃밭에 심는 식물(관상용)도 소개되어 있지요.

2월~5월 중순에 꽃이 피는 풀은 봄, 5월 하순~11월에 꽃이 피는 풀은 여름·가을로 나누고, 붉은색, 노란색, 흰색, 녹색 순서로 정리했어요. 이 책에서 꽃 색은 '국가표준식물목록'에서 정한 기준에 따랐어요. 물론, 같은 집안의 꽃들은 함께 모아 놓았지요. 이어서 논밭에 심어 기르는 농작물, 꽃이 피지 않는 이끼류와 버섯류를 소개했어요.

〈2부 생태 특징〉 식물의 이름을 찾기 쉽게 '가나다' 순으로 생태 특징을 정리했어요.

● **활용 방법**

❶ 먼저 꽃이 피는 계절과 꽃의 색을 확인하세요. 꽃이 흰색인 것 같은데 붉은색에 실려 있는 풀도 있을 거예요. 그 까닭은 꽃잎의 무늬가 붉은색을 띠고 있거나 시간이 흐르면서 점점 붉은색을 띠기 때문이에요. 다른 색도 마찬가지예요. 또 붉은색에는 자주색과 보라색이 포함되어 있고, 붉은빛을 띤 갈색도 있어요. 녹색에는 누런빛을 띤 갈색이 포함되어 있어요.

❷ 풀 이름 옆의 기호 '📖'은 초등학교 교과서에 실린 풀, '☠'은 독이 있는 풀, '🌐'은 생태계 교란 야생생물을 뜻해요. '생태계 교란 야생생물'이란 우리의 자연 생태계에 나쁜 영향을 미칠 우려가 있어 정부에서 법으로 지정하여 관리하는 외래종을 가리켜요. 이 가운데 식물은 모두 12종(2013년 기준)이에요.

❸ 풀 특징을 쉽게 이해할 수 있게 사진 아래에 한 줄로 정리했어요. 더 자세한 설명은 풀 이름 옆에 적힌 쪽수(〈2부 생태 특징〉)에 실려 있어요. 설명 끝에 적힌 숫자는 풀 사진이 있는 쪽수를 가리켜요.

❹ 생김새가 비슷한 풀이 함께 실려 있기도 해요. 하지만 다른 점이 분명히 있겠지요? 〈2부 생태 특징〉에 뚜렷한 차이점으로 정리했어요. 또 기호로 초등학교 교과서에 실린 풀(📖)과 관상용(🌸) 풀을 표시해 놓았어요.

❺ 아주 오랜 옛날부터 우리 땅에서 살아온 풀은 그 이름의 유래를 알 수 없는 예가 많아서 아쉽지만, 이름에 담긴 뜻은 국어학자 또는 생물학자들의 의견을 중심으로 실었어요.

풀의 형태에 관한 구성

생태 특징 구성

식물은 어떻게 이루어졌을까요?

 **꽃의 구조**

식물은 종류에 따라 꽃의 모양과 색깔이 다르지만, 암술·수술·꽃잎·꽃받침 이 네 가지 기관으로 이루어져요. 이 네 가지 기관을 모두 갖추고 있으면 갖춘꽃, 이 가운데 한 가지라도 빠져 있으면 안갖춘꽃이라고 해요.

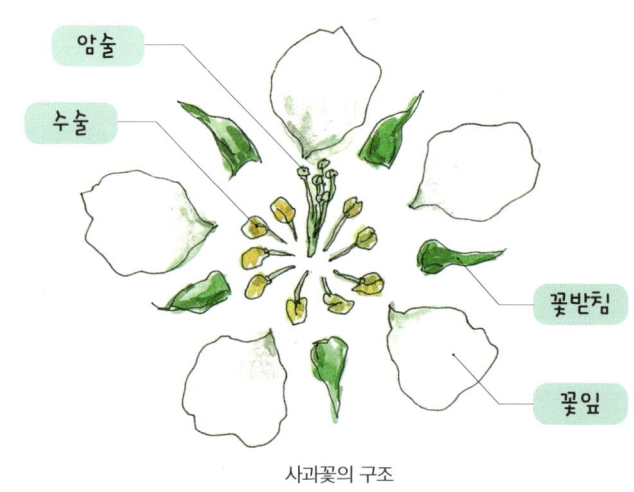

사과꽃의 구조

 잎의 구조

잎은 잎몸, 잎자루, 턱잎으로 이루어져 있어요.

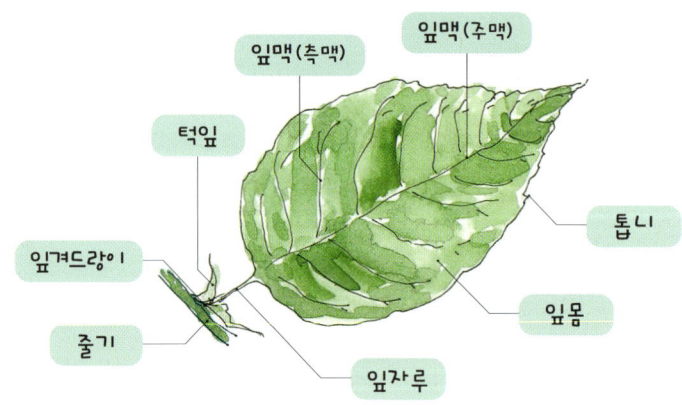

잎차례 잎이 줄기에 달려 있는 모양을 말해요.

마주나기   어긋나기   돌려나기   모여나기

잎의 모양

어떻게 이름을 지을까?

 우리나라는 식물 이름을 어떻게 지을까요? 옛날부터 내려오던 이름을 그대로 사용하거나 식물이 사는 곳, 형태, 습성, 크기, 쓰임새, 전해 내려오는 전설 들을 헤아려 이름을 지었어요. 이름을 알면 식물이 사는 곳이나 대강의 특성을 알 수 있지요. 예전에 외국에서 들어온 식물은 중국과 일본에서 부르던 이름을 우리말로 풀어서 지었지만, 요즘 들어온 식물은 원래 이름을 그대로 쓰거나 학명 또는 원래 이름을 우리말로 풀어서 짓지요.

 식물 이름에는 자라는 곳(갯, 돌, 두메, 물, 바위, 벌, 산), 진짜(참)와 진짜보다 흔하거나 비슷한 것(개, 나도, 너도, 새), 구조나 특성(가시, 갈퀴, 긴, 끈끈이, 선, 우산, 털, 톱, 광대), 색(금, 은), 크기나 자라는 모양(각시, 땅, 애기, 왜, 좀, 말, 왕, 큰)을 나타내는 낱말을 앞에 붙여 이름만으로도 그 특징을 한눈에 알아볼 수 있어요.

 또 산이나 들에서 자라는 풀 가운데 이름에 '나물'이 있으면 대부분 먹을 수 있지요.

자라는 곳을 나타내는 낱말

갯 바닷가나 갯벌, 냇가에서 자라는 것 예)갯기름나물, 갯까치수염, 갯메꽃

돌 돌이 많은 곳이나 야생에서 자라는 것 예)돌나물, 돌단풍, 돌콩

두메 사람의 발길이 닿지 않는 후미진 곳에서 자라는 것 예)두메부추

물 습기가 많은 곳이나 물가에 자라는 것 예)물달개비, 물봉선, 물양귀비, 물옥잠

바위 바위에서 자라는 것 예)바위채송화, 바위취

벌 드넓은 벌판에서 자라는 것 예)벌사상자

산 산에서 자라는 것 예)산괴불주머니, 산국, 산부추

진짜와 진짜보다 흔하거나 비슷한 것을 나타내는 낱말

참 진짜라는 뜻 예)참나리, 참취

개 본디 식물보다 흔하거나 가치가 떨어지는 것 예)개갓냉이, 개기장, 개별꽃, 개비름

나도, 너도 본디 식물과는 다르지만 비슷하게 생긴 것 예)나도냉이

새 본디 식물보다 보잘것없거나 작은 것 예)새완두, 새콩

구조나 특성을 나타내는 낱말

가시 가시가 있는 것 예) 가시박, 가시상추, 가시연꽃
갈퀴 갈퀴가 있는 것 예) 갈퀴나물, 갈퀴덩굴
긴 식물체의 일부분이 긴 것 예) 긴병꽃풀
끈끈이 식물체에 끈끈한 즙이 있는 것 예) 끈끈이대나물
선 줄기가 곧게 선 것 예) 선개불알풀, 선밀나물, 선씀바귀
우산 잎이 우산처럼 생긴 것 예) 우산나물
털 식물체에 털이 있는 것 예) 털머위, 털별꽃아재비, 털여뀌, 털중나리
톱 잎이나 꽃 가장자리가 톱니 모양을 닮은 것 예) 톱풀
광대 광대의 모양을 닮은 것 예) 광대나물, 광대수염

색을 나타내는 낱말

금, 은 식물이 금이나 은색을 띠는 것 예) 금방동사니, 금창초, 금새우난초, 은방울꽃

크기나 모양을 나타내는 낱말

각시, 애기, 좀 크기가 작은 것 예) 각시붓꽃, 애기나리, 애기풀, 좀가지풀, 좀씀바귀
땅 키가 작거나 자라는 형태 예) 땅채송화
왜 키가 작거나 일본이 원산지인 것 예) 왜개연꽃, 왜제비꽃
말, 왕, 큰 크기나 키가 큰 것 예) 말냉이, 왕고들빼기, 왕원추리, 큰까치수영, 큰꿩의비름

용어 설명

- **가죽질** 잎의 잎몸이 두텁고, 윤기가 있거나 가죽 같은 촉감이 있는 성질
- **겹꽃** 꽃잎이 여러 장 겹쳐져 있는 꽃
- **겹잎** 잎자루에 작은 잎이 여러 장 달려 하나의 잎을 이룸. 모양이 여러 가지 있음
- **관상용** 보면서 즐기기 위해 심어서 기르는 식물
- **귀화식물** 외국에서 들어와 우리나라에 터를 잡고 잘 적응하여 자라는 식물
- **꽃대** 꽃자루를 하나 또는 여러 개 달고 있는 줄기. 꽃자루는 꽃과 꽃차례의 중심축
- **꽃덮이** 바깥에서 암술과 수술을 보호하는 기관
- **꽃받침** 꽃의 가장 바깥에서 꽃잎을 받치고 있는 꽃의 보호 기관
- **꽃밥** 수술 끝에 붙어 꽃가루를 만드는 주머니 모양의 기관
- **꽃부리** 꽃잎 전체를 이르는 말. 꽃잎이 하나씩 갈라져 있는 것을 '갈래꽃부리', 합쳐 있는 것을 '통꽃부리'라 함
- **꽃싸개(포엽, 포)** 꽃대 아래나 꽃자루 아래를 받치고 있는 비늘 모양의 잎
- **꽃뿔** 꽃받침이나 꽃부리의 한 부분이 뒤쪽으로 길고 가늘게 튀어나온 부분. 속이 비었거나 꿀샘이 있음(예 제비꽃 종류, 현호색 종류)
- **꽃이삭** 이삭 모양으로 피는 꽃
- **꽃차례** 꽃대가 갈라진 모양에 따라 꽃이 달려 있는 상태
- **꿀샘** 꽃이나 잎에서 꿀을 분비하는 조직이나 기관
- **다육질** 잎과 줄기에 물기와 살이 많은 특성
- **덧꽃부리** 꽃잎과 수술 사이에 있는 또 하나의 꽃잎 같은 구조(예 수선화)
- **덩굴** 길게 뻗어 나가면서 땅바닥에 퍼지거나 다른 것을 감기도 하는 식물의 줄기
- **덩굴손** 잎이나 가지가 변해 다른 물체를 감아 식물체를 고정시키는 역할을 하는 기관
- **덩이뿌리** 뿌리의 한 부분이 양분을 저장하여 덩이 모양으로 된 뿌리(예 고구마)
- **덩이줄기** 마디가 있는 땅속줄기의 한 부분이 양분을 저장하여 덩이 모양으로 굵어진 줄기(예 감자)
- **두해살이** 그해 싹이 나서 자라고, 이듬해 열매를 맺고 죽을 때까지 2년이 걸리는 식물
- **땅속줄기** 땅속에 있는 줄기로, 모양에 따라 이름이 다름
- **마디** 줄기에서 잎이나 가지가 나는 부분

- **모인꽃싸개(총포)** 꽃대 끝에서 꽃의 밑동을 싸고 있는 잎이 변한 비늘 모양의 조각 (예 국화과와 산형과)
- **목질** 나무와 같이 단단한 성질
- **비늘줄기** 양분을 많이 저장하여 통통해진 마디가 여러 겹으로 짧은 줄기 둘레를 둘러싼 땅속줄기(예 백합, 양파)
- **뿌리잎** 지표에 가까운 줄기 아래쪽에 달려 마치 뿌리에서 나온 것처럼 보이는 잎
- **뿌리혹** 뿌리에 세균이 들어가서 생긴 혹 모양의 조직. 주로 콩과 식물에 나타남
- **살눈** 잎겨드랑이에 생기는 짧은 비늘줄기로, 자라면 새로운 개체가 되는 부분
- **샘털** 줄기·잎·꽃·포 따위에 나는 털이며, 끝부분이 둥근 샘으로 점액이나 액체를 분비
- **혀꽃(설상화)** 혀 모양의 꽃(잎)으로, 국화과의 꽃차례에서 가장자리에 주로 달림
- **알뿌리(구근)** 땅속에 있는 뿌리나 줄기가 알 모양으로 양분을 저장한 것
- **암수딴그루(자웅이주)** 암꽃과 수꽃이 다른 그루(나무)에서 피는 것
- **암수한그루(자웅동주)** 암꽃과 수꽃이 한 그루(나무)에서 피는 것
- **여러해살이** 3년 이상 살아가는 식물
- **영양잎(영양엽)** 양치식물에서 엽록체가 풍부하고 광합성을 하지만, 홀씨를 만들지 않는 잎
- **잎겨드랑이(엽액)** 줄기와 잎자루 사이의 위쪽 모서리 부분
- **잎맥** 잎의 형태를 유지해 주고, 물과 영양분의 이동 통로 역할을 하는 부분
- **재배종** 야생에서 자라는 종과 달리 사람이 키우는 종
- **주맥** 잎 한가운데 있는 가장 굵은 잎맥으로 잎의 중심 맥
- **줄기잎** 줄기에서 나는 잎
- **측맥** 주맥에서 양옆으로 뻗어나간 잎맥
- **턱잎** 잎자루 밑에 붙은 작은 잎 한 쌍
- **통꽃** 꽃잎의 밑동 부분이 서로 붙어 있는 꽃
- **포자잎(포자엽)** 양치식물에서 홀씨를 만드는 홀씨주머니가 달린 잎
- **한해살이** 봄에 싹이 트고 가을에 열매를 맺고 죽는 식물
- **홑꽃** 꽃잎이 하나로 이루어진 꽃

이 책에서는 꽃대가 갈라진 모양에 따라 꽃이 달리는 꽃차례를 따로 표기하지 않았지만, 우리가 자주 접하는 꽃차례를 사진과 함께 살펴보기로 해요.

총상꽃차례	포도송이처럼 긴 꽃대에 작은 꽃줄기의 꽃이 어긋나게 붙어서 아래에서 위쪽으로 피어 올라가는 꽃차례 예 냉이, 금낭화		냉이
수상꽃차례	가늘고 긴 꽃대에 작은 꽃들이 빽빽하게 이삭 모양으로 달리는 꽃차례 예 질경이, 여뀌, 밀, 보리		질경이
산방꽃차례	중심 꽃대에서 길이가 다른 작은 꽃줄기들이 편평한 방석 모양으로 둥글게 펼쳐져 달리는 꽃차례 예 개망초		개망초
산형꽃차례	중심 꽃대에 길이가 같은 작은 꽃줄기들이 우산살 모양으로 갈라져 그 끝에 하나씩 달리는 꽃차례 예 미나리		미나리
취산꽃차례	꽃 밑에서 각각 작은 꽃자루가 한 쌍씩 나와 그 끝에 꽃이 한 송이씩 달리는 꽃차례 예 미나리아재비, 돌단풍		돌단풍
원추꽃차례	작은 총상꽃차례들이 모여 전체적으로 꽃이 원뿔 모양을 이루며 달리는 꽃차례 예 노루오줌		노루오줌
두상꽃차례	꽃대 끝에 여러 송이의 꽃이 한 송이처럼 머리 모양으로 둥글게 모여 피는 꽃차례 예 엉겅퀴		엉겅퀴

차례

들어가는 글 5 / 일러두기 6 / 용어 설명 12

 계절과 꽃 색으로 이름 찾기

봄에 꽃이 피는 풀 … 19
붉은색 20 / 노란색 50 / 흰색 72 / 녹색 86

여름 · 가을에 꽃이 피는 풀 … 93
붉은색 94 / 노란색 146 / 흰색 174 / 녹색 202

논밭에 심어 기르는 농작물 … 233

꽃이 피지 않는 식물 … 259

 생태 특징

ㄱ … 284   ㄴ … 293   ㄷ … 295   ㄹ … 300   ㅁ … 300
ㅂ … 305   ㅅ … 310   ㅇ … 317   ㅈ … 321   ㅊ … 326
ㅋ … 328   ㅌ … 330   ㅍ … 331   ㅎ … 332   기타 … 334

처음 만나는 사이라도
서로의 이름을 불러주면 쉽게 가까워지는 것처럼,
식물의 이름을 알고 부르다 보면 그 식물이
더 사랑스럽게 느껴지지요.

1부

계절과 꽃 색으로 이름 찾기

사진을 제공해 주신 분들

- 안수정   62쪽 노랑제비꽃①②, 104쪽 나비나물①②, 125쪽 꼬리풀, 흰꼬리풀, 153쪽 벌노랑이①, 155쪽 까치깨①, 수까치깨, 166쪽 고들빼기①, 173쪽 원추리, 180쪽 풍선덩굴②③, 185쪽 애기나팔꽃, 188쪽 꽈리①, 197쪽 톱풀②③, 269쪽 고란초①②③

- 이기숙   81쪽 솜나물①③, 97쪽 패랭이①, 121쪽 방아풀, 123쪽 독말풀③, 130쪽 엉겅퀴①, 141쪽 하늘말나리①②, 142쪽 털중나리①②, 151쪽 자귀풀①③, 153쪽 흰전동싸리, 169쪽 갯씀바귀①, 192쪽 멸가치①②③, 193쪽 별꽃아재비, 208쪽 해홍나물①②, 213쪽 큰피막이②, 228쪽 개솔새③

- 조은화   24쪽 아네모네①②, 57쪽 속속이풀①②, 194쪽 단풍취②

봄에 꽃이 피는 풀

 붉은색 20쪽

 노란색 50쪽

 흰색 72쪽

 녹색 86쪽

족도리풀 »324 ☠

- 쥐방울덩굴과 | 높이 10~20cm | 여러해살이풀
- 산지의 나무 그늘

꽃

개족도리풀(잎이 두껍고 흰 무늬가 있다.)

✎ 줄기가 없고 뿌리에서 잎과 꽃줄기가 나오며, 자주색 꽃이 땅에 붙어 옆을 향해 핀다.

송엽국 »315

- 석류풀과 | 높이 25cm | 여러해살이풀
- 남아프리카 케이프타운 원산으로 관상용

겨울을 나는 잎

✎ 잎이 죽지 않고 겨울에도 초록색이며, '사철채송화'라고 부르기도 한다.

개양귀비 »287

- 양귀비과 | 높이 30~80cm | 두해살이풀
- 유럽 원산으로 관상용

줄기 전체에 털이 있고, 꽃봉오리는 고개를 숙이다가 꽃이 피면 똑바로 선다.

주황색, 붉은색, 흰색 꽃

할미꽃 »333

- 미나리아재비과 | 높이 30~40cm | 여러해살이풀
- 양지바른 산자락이나 무덤가

꽃이 아래를 향해 피며, 머리카락 모양의 열매는 위를 향해 달린다.

하얀 털로 덮인 열매

매발톱 »301 💀

- 미나리아재비과 | 높이 30~130cm | 여러해살이풀
- 풀밭, 양지바른 곳

매 발톱을 닮은 꽃

✏️ 긴 꿀주머니의 모양이 매가 발톱을 오므리고 있는 모양을 닮았다.

고산지대에서 자라는 **하늘매발톱**

아네모네 »317

- 미나리아재비과 | 높이 25~40cm | 여러해살이풀
- 지중해 연안 원산으로 관상용

✏️ 꽃잎이 퇴화되어 거의 없고, 꽃받침이 꽃잎처럼 보이며 흰색, 붉은색, 보라색, 푸른색 등 꽃 색깔이 다양하다.

노루귀 »294

- 미나리아재비과 | 높이 15~30cm | 여러해살이풀
- 산지의 숲속

✐ 잎은 갈라진 삼각 모양에 털이 많고, 꽃받침 6~8장이 꽃잎처럼 보인다.

하얀꽃 노루귀

보라꽃 노루귀

분홍꽃 노루귀

노루의 귀를 닮은 잎

작약 »322

- 작약과 | 높이 50~80cm | 여러해살이풀
- 중국 원산으로 약용, 관상용

나무에서 피는 모란

잎

✎ 줄기는 곧게 서며, 줄기 끝에서 큰 꽃이 피고 향이 좋다.

금낭화 »290

- 현호색과 | 높이 40~50cm | 여러해살이풀
- 산지의 습기가 많은 곳

흰금낭화

✎ 줄기 아랫부분부터 심장 모양의 분홍색 꽃이 한쪽으로 치우쳐서 핀다.

현호색 »333

- 현호색과 | 높이 20cm | 여러해살이풀
- 산지의 습기가 약간 있는 곳

✎ 입술 모양의 꽃잎에 긴 꿀주머니를 가진 보라색 꽃이 층을 이루며 모여 핀다.

잎에 붉은색 줄무늬가 있는 **들현호색**

자주괴불주머니 »322 ☠

- 현호색과 | 높이 20~50cm | 두해살이풀
- 산의 습기가 있는 곳

✎ 현호색과 닮았지만 땅속에 덩이줄기가 없고 뿌리가 긴 타원형이다.

꽃

새완두 »312

- 콩과 | 길이 50cm | 덩굴성 두해살이풀
- 산이나 들, 밭

나비 모양의 꽃

표면에 잔털이 많은 열매

✎ 깃 모양의 잎 끝에 2갈래로 갈라진 덩굴손이 있고, 연한 보라색 꽃이 3~4송이 핀다.

살갈퀴 »311

- 콩과 | 길이 60~150cm | 덩굴성 두해살이풀
- 산이나 들, 밭

털이 없고 편평한 열매

꿀샘의 달콤한 꿀

✎ 깃 모양의 잎 끝에 3갈래로 갈라진 덩굴손이 있고, 진한 분홍색 꽃이 1~2송이 핀다.

얼치기완두 »318

- 콩과 | 길이 30~60cm | 덩굴성 두해살이풀
- 산이나 들, 밭

나비 모양의 꽃

덩굴손

✎ 깃 모양의 잎 끝에 덩굴손이 있지만 갈라지지 않으며, 연한 보라색 꽃이 1~3송이 핀다.

갯완두 »288

- 콩과 | 길이 20~60cm | 여러해살이풀
- 바닷가의 모래땅

나비 모양의 꽃

완두를 닮은 열매

✎ 바닷가의 모래땅에서 줄기는 옆으로 비스듬히 자라며, 보라색 꽃이 한쪽으로 치우쳐서 핀다.

자운영 »321

- 콩과 | 높이 10~25cm | 두해살이풀
- 개울가나 논둑 | 중국 원산의 귀화식물

✎ 뿌리에 달리는 뿌리혹이 땅을 비옥하게 하여 비료작물로 심으며 저절로 자라기도 한다.

흰색 꽃

애기풀 »318

- 원지과 | 높이 20cm | 여러해살이풀
- 산지의 양지바른 곳

✎ 자주색 꽃에서 꽃잎처럼 보이는 것은 꽃받침이고, 꽃술처럼 잘게 갈라진 것이 꽃잎이다.

새의 날개 같은 꽃받침

둥근 부채 모양의 열매

제비꽃 »323

- 제비꽃과 | 높이 10~15cm | 여러해살이풀
- 산이나 들

✎ 잎은 긴 세모진 타원형이며, 잎자루에 날개가 있다.   꽃

호제비꽃 »333

- 제비꽃과 | 높이 7~15cm | 여러해살이풀
- 산이나 들의 풀밭

✎ 잎은 세모진 창끝 모양이며, 잎자루에 날개가 없다.

서울제비꽃 »313

- 제비꽃과 | 높이 10~15cm | 여러해살이풀
- 산이나 들

✎ 잎은 세모진 긴 타원형이며, 가장자리에 톱니가 있다.

둥근털제비꽃 »298

- 제비꽃과 | 높이 3~8cm | 여러해살이풀
- 산지의 숲속

✎ 잎은 심장 모양이며 털이 많고, 연한 보라색 꽃이 핀다.

왜제비꽃 »320

- 제비꽃과 | 높이 10~15cm | 여러해살이풀
- 산이나 들

🖉 긴 달걀 모양의 잎 가장자리에 둔한 톱니가 있으며, 제비꽃보다 꿀주머니가 가늘다.

고깔제비꽃 »288

- 제비꽃과 | 높이 15cm | 여러해살이풀
- 산의 그늘이나 양지

🖉 심장 모양의 잎은 꽃이 필 무렵에 안쪽으로 고깔 모양으로 말린다.

알록제비꽃 »317

- 제비꽃과 | 높이 5~15cm | 여러해살이풀
- 산의 양지바른 곳

✎ 표면이 짙은 녹색인 잎은 심장 모양이고, 잎맥을 따라 흰색 무늬가 있다.

콩제비꽃 »328

- 제비꽃과 | 높이 5~20cm | 여러해살이풀
- 산의 계곡이나 개울가

✎ 뿌리잎은 콩팥 모양에 줄기잎은 심장 모양이며, 연한 분홍색 꽃이 핀다.   꽃

종지나물 »324

- 제비꽃과 | 높이 20cm | 여러해살이풀
- 미국 원산으로 관상용, 야생에서 저절로 자라기도 함

✏️ 잎이 심장 모양이고, 흰색 바탕에 보라색 꽃이 피며 제비꽃보다 꽃이 크고 번식력이 강하다.

꽃

사랑초 »310

- 괭이밥과 | 높이 15~20cm | 여러해살이풀
- 아열대 지방 원산으로 관상용

흰색 꽃

✏️ 자주색 심장 모양의 잎 3장이 모여 달리며, 빛이 없거나 더운 시간에는 잎을 접는다.

사랑초와 같은 집안인 **덩이괭이밥**

사철베고니아 »310

- 베고니아과 | 높이 15~30cm | 여러해살이풀
- 브라질 원산으로 관상용

분홍색 꽃

흰색 꽃

✐ 주로 꽃밭에서 기르며, 잎에 윤기가 있고 흰색, 붉은색, 분홍색 꽃이 핀다.

꽃마리 »292

- 지치과 | 높이 10~30cm | 두해살이풀
- 논이나 밭, 길가

꽃

뿌리잎

✐ 말려 있는 꽃이삭이 풀리면서 연한 하늘색 꽃이 피는데 가운데에 노란색 동그란 무늬가 있다.

꽃받이 »292

- 지치과 | 높이 5~30cm | 두해살이풀
- 논이나 밭, 길가

✎ 꽃 가운데에 노란색 동그라미 무늬가 없고, 꽃송이마다 잎이 꽃을 받치고 있다.

물망초 »303

- 지치과 | 높이 15~50cm | 한두해살이풀
- 유럽 원산으로 관상용

✎ 줄기와 잎에 털이 있고, 하늘색, 분홍색, 흰색의 작은 꽃이 핀다.

앵초 »318

- 앵초과 | 높이 15~40cm | 여러해살이풀
- 산지의 습지나 냇가

뿌리에서 모여 나온 잎은 주름이 많으며, 긴 꽃대가 올라와 그 끝에 7~20송이 꽃이 핀다. 꽃

갯메꽃 »287

- 메꽃과 | 높이 15~30cm | 여러해살이풀
- 바닷가의 모래땅

메꽃을 닮은 꽃

잎은 윤기가 나고 꽃이 메꽃을 닮았으며, 줄기나 잎을 자르면 하얀 즙이 나온다. 잎

금창초 »291

- 꿀풀과 | 높이 5~15cm | 여러해살이풀
- 산이나 들의 양지바른 곳

줄기는 땅으로 뻗으면서 자라고, 보라색 꽃이 핀다.

뿌리잎

벌깨덩굴 »307

- 꿀풀과 | 높이 15~30cm | 여러해살이풀
- 산기슭이나 숲속

보라색 꽃 4송이가 한쪽 방향을 보면서 층층으로 피며, 잎 모양이 깨꽃과 비슷하다.

꽃

잎

조개나물 »323

- 꿀풀과 | 높이 30cm | 여러해살이풀
- 산이나 들의 양지바른 곳

✎ 줄기에 하얀 털이 빽빽하며, 잎겨드랑이에서 피는 꽃의 꽃부리와 안쪽에도 털이 빽빽하다.

렙탄스아주가 »300

- 꿀풀과 | 높이 10~20cm | 여러해살이풀
- 유럽 전역, 페르시아, 튀니지 원산으로 관상용

✎ 줄기는 똑바로 서며, 진한 자줏빛을 띤 잎에 윤기가 나고, 보라색, 흰색, 분홍색 꽃이 핀다.

광대나물 »289

- 꿀풀과 | 높이 10~30cm | 두해살이풀
- 습한 곳이나 밭둑

분홍색 꽃 여러 송이가 돌려나기 한 것처럼 피는데, 마치 광대가 재주를 부리는 듯한 모양이다.   꽃

자주광대나물 »322

- 꿀풀과 | 높이 10~25cm | 두해살이풀
- 목장이나 빈터 | 유럽 원산의 귀화식물

줄기가 비스듬히 자라며, 잎 위쪽은 자주색이고 아래쪽으로 내려갈수록 녹색을 띤다.   잎

배암차즈기 »306

- 꿀풀과 | 높이 30~70cm | 두해살이풀
- 습기가 있는 곳, 논둑이나 개울가

꽃

뿌리잎

✐ 줄기잎은 긴 타원형이며, 주름이 많은 뿌리잎은 연한 자주색 꽃이 필 때 없어진다.

꿀풀 »292

- 꿀풀과 | 높이 20~30cm | 여러해살이풀
- 산이나 들

꽃

꽃이 흰색인 **흰꿀풀**

✐ 줄기는 붉은빛을 띠고, 보라색 꽃이 이삭 모양으로 모여 핀다.

긴병꽃풀 »291

- 꿀풀과 | 높이10~20cm | 여러해살이풀
- 산이나 들

꽃의 모양이 병 모양을 닮았으며, 꽃이 지면 줄기가 길게 자란다.

꽃이 진 뒤의 잎

페튜니아 »332

- 가지과 | 높이 15~25(60)cm | 한해살이풀
- 남아메리카 원산으로 관상용

식물체에 샘털이 있어 끈적끈적하며 향이 나고, 꽃의 크기와 색깔이 다양하여 걸이화분이나 거리의 꽃밭에 심는다.

개불알풀 » 286

- 현삼과 | 높이 5~15cm | 두해살이풀
- 들이나 길가 | 유럽 원산의 귀화식물

✏️ 줄기는 비스듬히 자라며, 열매는 털이 있고 콩팥 모양이다.

꽃

세로로 깊은 홈이 있는 열매

큰개불알풀 » 328

- 현삼과 | 높이 10~30cm | 두해살이풀
- 논 주변이나 빈터 | 유럽 원산의 귀화식물

✏️ 개불알풀보다 꽃자루와 꽃의 크기가 크고, 열매도 크다.

꽃

약간 아래로 향해 있는 열매

선개불알풀 »313

- 현삼과 | 높이 10~30cm | 한두해살이풀
- 길가나 빈터 | 유럽 원산의 귀화식물

꽃

열매

✏️ 줄기는 곧게 서고, 진한 하늘색 꽃에 줄무늬가 있으며 꽃자루가 없다.

주름잎 »324

- 현삼과 | 높이 5~20cm | 한해살이풀
- 논, 밭둑이나 습지

꽃

기는줄기를 사방으로 뻗는 **누운주름잎**

✏️ 줄기는 곧게 서며, 주걱 모양의 잎 가장자리에 주름이 진다.

쥐오줌풀 »325

- 마타리과 | 높이 40~80cm | 여러해살이풀
- 산지의 습하고 그늘진 곳

연한 분홍색 꽃이 줄기 끝에서 둥글게 모여 피고, 뿌리에서 쥐 오줌 냄새가 난다.

꽃

지칭개 »326

- 국화과 | 높이 60~80cm | 두해살이풀
- 논이나 밭, 들

잎 뒷면에 하얀 털이 빽빽하게 나서 흰색으로 보이며, 독특한 냄새가 난다.

꽃

뿌리잎

데이지 »296

- 국화과 | 높이 15cm | 여러해살이풀
- 유럽 원산으로 관상용

분홍색 꽃

흰색 꽃

✎ 잎은 뿌리에서 모여 나고 붉은색, 흰색, 분홍색 꽃이 핀다.

산달래 »311

- 백합과 | 높이 40~60cm | 여러해살이풀
- 밭이나 길가

꽃

살눈

✎ 나물로 먹는 식물이며, 땅속 둥근 비늘줄기에서 가늘고 긴 잎이 나온다.

히아신스 »334

- 백합과 | 높이 20~40cm | 여러해살이풀
- 열대 아프리카, 남아프리카, 지중해 연안, 서부 아시아 원산으로 관상용

✎ 가을에 심어 이듬해 3~4월에 분홍색, 흰색, 보라색 꽃이 줄기에 **빽빽**하게 피며, 향이 매우 좋다.

무스카리 »303

- 백합과 | 높이 35cm | 여러해살이풀
- 지중해 지방, 서남아시아 원산으로 관상용

✎ 가을에 심어 이듬해 봄에 긴 꽃대 끝에서 보라색 꽃이 포도송이 모양으로 모여 핀다.

붓꽃 »309 📖

- 붓꽃과 | 높이 60cm | 여러해살이풀
- 산이나 들

✎ 잎의 맥이 뚜렷하지 않고, 길게 자란 꽃대 끝에서 보라색 꽃이 핀다.

높이 5~30cm로 작은 **각시붓꽃**

타래붓꽃 »330

- 붓꽃과 | 높이 40cm | 여러해살이풀
- 산지의 건조한 곳

✎ 가늘고 긴 잎이 실타래처럼 꼬이듯 자라고, 연한 보라색 꽃이 핀다.

꽃

등심붓꽃 »299

- 붓꽃과 | 높이 10~20cm | 여러해살이풀
- 북아메리카 원산의 귀화식물로 제주도에서 자람, 관상용

꽃

흰색 꽃이 피는 **흰등심붓꽃**

✎ 줄기 아래쪽이 납작하고, 보라색 꽃은 가운데가 노란색이며 하루 만에 시든다.

독일붓꽃 »297

- 붓꽃과 | 높이 40~80cm | 여러해살이풀
- 에스파냐, 러시아, 카프카스 북부 원산으로 관상용

자주색 꽃

✎ 흰색, 보라색, 자주색, 노란색, 주황색 등 여러 가지 색으로 꽃이 핀다.

꿩의밥 »293

- 골풀과 | 높이 10~30cm | 여러해살이풀
- 산지의 양지바른 곳

꽃

열매

✎ 잎에 하얀 털이 많고, 줄기 끝부분에서 작은 꽃이 둥글게 모여 핀다.

지면패랭이 »326

- 꽃고비과 | 높이 10cm | 여러해살이풀
- 미국 원산으로 관상용

분홍색 꽃

흰색 꽃

✎ 잔디처럼 땅을 덮어 '꽃잔디'라 부르며 흰색, 분홍색 꽃이 핀다.

복수초 »308 ☠

- 미나리아재비과 | 높이 10~30cm | 여러해살이풀
- 산지의 그늘

✎ 꽃잎이 20~30장으로 수술이 많고, 한낮에 꽃이 피고 밤에는 꽃잎을 오므린다. 꽃

미나리아재비 »304 ☠

- 미나리아재비과 | 높이 50cm | 여러해살이풀
- 산지의 양지바른 습지

✎ 줄기는 곧게 서고 털이 빽빽하며, 노란색 꽃이 피는데 윤기가 난다. 뿌리잎

젓가락나물 »323 ☠

- 미나리아재비과 | 높이 40~80cm | 두해살이풀
- 연못 근처나 습지

열매

뿌리잎

✏ 줄기 전체에 털이 있으며, 노란색 꽃이 피고 열매는 타원형이다.

개구리자리 »285 ☠

- 미나리아재비과 | 높이 50cm | 두해살이풀
- 연못 근처나 습지

꽃

뿌리잎

✏ 잎은 윤기가 나고 줄기가 곧게 서며, 열매는 넓은 타원형이다.

동의나물 »298 ☠

- 미나리아재비과 | 높이 60cm | 여러해살이풀
- 산지의 습지나 물가

뿌리잎은 둥근 심장 모양으로 가장자리에 톱니가 있으며, 곰취와 비슷하여 혼동하기 쉽다.

꽃받침조각이 5~6장인 꽃

번행초 »307

- 번행초과 | 높이 10~30cm | 여러해살이풀
- 남부지방의 바닷가

바닷가에서 자라며, 잎에 하얀 가루 같은 것이 있어 까실하다.

꽃

애기똥풀 »317

- 양귀비과 | 높이 30~80cm | 두해살이풀
- 들이나 숲가

✏️ 식물체를 자르면 노란 즙이 나오며 독이 있다.

꽃

애기 똥 같은 노란 즙

피나물 »332

- 양귀비과 | 높이 30cm | 여러해살이풀
- 산의 계곡 근처

✏️ 노란색 꽃이 피고, 식물체를 자르면 노란빛을 띤 붉은 즙이 나오며 독이 있다.

꽃

자른 줄기에 보이는 노란빛을 띤 붉은 즙

산괴불주머니 »311 ☠

- 현호색과 | 높이 50cm | 두해살이풀
- 들과 산지의 습기가 많은 곳

✏️ 식물체에 하얀 가루가 덮여 있고 노란색 꽃이 피며, 꽃 모양이 염주괴불주머니와 구별하기 어렵다.

꽃

염주괴불주머니 »319 ☠

- 현호색과 | 높이 40~60cm | 두해살이풀
- 바닷가나 산지

✏️ 주로 바닷가 쪽에서 자라며 노란색 꽃이 피고, 자르면 불쾌한 냄새가 난다.

꽃

새모래덩굴 »312 ☠

- 새모래덩굴과 | 길이 100~300cm | 덩굴성 여러해살이풀
- 산기슭이나 들

꽃

✏️ 덩굴로 자라고 잎의 배꼽위치에 잎자루가 붙으며, 식물체에서 특이한 향이 난다.

장대나물 »322

- 십자화과 | 높이 70cm | 한두해살이풀
- 산지의 양지바른 풀밭이나 들

꽃

뿌리잎

✏️ 열매는 기다란 막대기 모양으로 줄기를 따라 곧게 선다.

나도냉이 »293

- 십자화과 | 높이 100cm | 두해살이풀
- 산이나 들의 습지, 냇가

꽃

뿌리잎

✎ 윤기가 나는 뿌리잎은 무 잎처럼 갈라지고, 냉이처럼 방석 모양으로 펼쳐져 겨울을 난다.

꽃다지 »292 📖

- 십자화과 | 높이 20cm | 두해살이풀
- 밭이나 들

꽃

길쭉한 타원 모양의 열매

✎ 줄기는 곧게 서고, 꽃은 아래에서 위쪽 방향으로 핀다.

속속이풀 »314

- 십자화과 | 높이 30~60cm | 한두해살이풀
- 습기가 있는 들

꽃

뿌리잎

✎ 뿌리잎과 줄기잎이 깊게 갈라지며, 열매는 짧은 원기둥 모양으로 약간 안으로 굽는다.

개갓냉이 »285

- 십자화과 | 높이 20~50cm | 여러해살이풀
- 밭이나 들

꽃

뿌리잎

✎ 줄기잎은 거의 갈라지지 않고, 열매는 속속이풀보다 길쭉하다.

재쑥 »322

- 십자화과 | 높이 30~70cm | 두해살이풀
- 낮은 지대의 들이나 빈터

꽃

뿌리잎

✎ 잎의 모양이 당근이나 쑥을 닮았고, 식물체에 상처를 내면 좋지 않은 냄새가 난다.

돌나물 »297

- 돌나물과 | 높이 15cm | 여러해살이풀
- 산이나 들, 양지바른 풀밭

물기가 많아 통통한 잎

✎ 식물체에 물이 많고 연하며, 별 모양의 노란색 꽃이 핀다.

땅채송화 »299

- 돌나물과 | 높이 5~12cm | 여러해살이풀
- 바닷가의 바위틈이나 모래땅

✏️ 바닷가에서 무리지어 자라며, 식물체에 물이 많고 노란색 꽃이 핀다.

잎

뱀딸기 »307

- 장미과 | 높이 10~15cm | 여러해살이풀
- 양지바른 들판

✏️ 잎자루에 작은 잎 3장이 모여 달리며, 줄기는 열매가 익을 무렵 길게 뻗는다.

열매

양지꽃 »318

- 장미과 | 높이 30~50cm | 여러해살이풀
- 산이나 들, 양지바른 풀밭

🖉 뿌리에서 작은 잎 여러 장이 나와 깃 모양으로 달리며, 길게 자란 꽃대에서 노란색 꽃이 여러 송이 핀다.

꽃

세잎양지꽃 »314

- 장미과 | 높이 15~30cm | 여러해살이풀
- 산기슭의 풀밭, 밭둑

🖉 뿌리에서 나온 긴 잎자루 끝에서 작은 잎 3장이 모여 달리며 노란색 꽃이 핀다.

양지꽃과 달리 작은 잎이 3장

가락지나물 »284

- 장미과 | 높이 20~60cm | 여러해살이풀
- 산기슭의 약간의 습기가 있는 곳

꽃

✏️ 잎자루에 잎 5장이 손바닥 모양으로 모여 달리며 노란색 꽃이 핀다.

개소시랑개비 »286

- 장미과 | 높이 50cm | 여러해살이풀
- 농촌의 길가나 논두렁 | 유럽 원산의 귀화식물

꽃잎보다 꽃받침이 긴 꽃

뿌리잎

✏️ 줄기가 비스듬히 자라다가 곧게 서며, 노란색 꽃이 여러 송이 핀다.

잔개자리 »322

- 콩과 | 높이 20~45cm | 두해살이풀
- 들이나 길가의 빈터

🖉 줄기는 누워 자라며, 잎자루에 작은 잎 3장이 모여 달리고 끝부분에만 잔 톱니가 있다.   잎

노랑제비꽃 »294

- 제비꽃과 | 높이 10~20cm | 여러해살이풀
- 산중턱

🖉 줄기는 가늘고, 잎은 심장 모양으로 가장자리에 톱니가 있다.   꽃

팬지 »332

- 제비꽃과 | 높이 15cm | 한해살이풀
- 지중해 연안 원산으로 관상용

추위에 강하여 이른 봄 꽃밭을 꾸미는 데 많이 쓰이며, 품종에 따라 꽃 색이 다양하다.

삼색제비꽃

괭이밥 »289

- 괭이밥과 | 높이 10~30cm | 여러해살이풀
- 밭이나 길가

줄기는 비스듬하게 자라고 노란색 꽃이 피며, 흐린 날에는 심장 모양의 잎을 접는다.

줄기가 곧게 자라는 **선괭이밥**

대극 »296 ☠

- 대극과 | 높이 80cm | 여러해살이풀
- 산지의 풀밭, 들, 양지바른 숲가

✏️ 줄기 끝에서 잎이 변한 꽃싸개에 싸여 노란색 꽃이 술잔 모양으로 피며, 독이 있다.

술잔 모양의 꽃

좀가지풀 »324

- 앵초과 | 높이 7~20cm | 여러해살이풀
- 산지의 풀밭

✏️ 줄기가 땅에 붙어 옆으로 자라며, 노란색 꽃이 핀다.

꽃받침이 긴 꽃

머위 *302

- 국화과 | 높이 5~45cm | 여러해살이풀
- 산이나 들의 습한 곳

꽃

잎

✎ 꽃이 잎보다 먼저 나와 피며, 뿌리에서 나온 잎은 잎자루가 길고 콩팥 모양이다.

개쑥갓 *287

- 국화과 | 높이 10~40cm | 여러해살이풀
- 도시나 농촌의 길가, 빈터 | 유럽 원산의 귀화식물

씨앗에 달린 하얀 갓털(관모)

✎ 잎이 쑥갓을 닮았고 식물체에서 특이한 냄새가 나며, 일 년 내내 노란색 꽃이 핀다.

민들레 »305 📖

- 국화과 | 높이 30cm | 여러해살이풀
- 산이나 들

꽃을 받쳐주는 꽃받침

흰민들레

✏️ 꽃받침이 젖혀지지 않고 꽃을 받쳐주며, 주위에서 보기 힘들다.

서양민들레 »313

- 국화과 | 높이 10~25cm | 여러해살이풀
- 잔디밭이나 풀밭 | 유럽 원산의 귀화식물

뒤로 젖혀진 꽃받침

씨앗이 붉은색인 **붉은씨서양민들레**

✏️ 꽃받침이 젖혀지며, 번식력이 강하여 주위에서 흔하게 볼 수 있다.

서양금혼초 »312

- 국화과 | 높이 30~50cm | 여러해살이풀
- 풀밭이나 낮은 지대의 빈터 | 유럽 원산의 귀화식물

꽃

뿌리잎

✎ 뿌리잎은 땅에 퍼져 자라고, 긴 꽃대 끝에서 민들레를 닮은 노란색 꽃이 핀다.

씀바귀 »316

- 국화과 | 높이 20~50cm | 여러해살이풀
- 산이나 들

꽃

✎ 씀바귀 종류는 햇살이 있을 때 꽃잎을 열고, 식물체를 자르면 하얀 즙이 나오는데 맛이 쓰다.

좀씀바귀 »324

- 국화과 | 높이 10cm | 여러해살이풀
- 숲가나 길가

씀바귀보다 잎이 작고 둥글며, 줄기가 옆으로 뻗으며 자란다.

꽃

벌씀바귀 »307

- 국화과 | 높이 15~40cm | 두해살이풀
- 논두렁이나 습지

창끝 모양의 줄기잎은 줄기를 감싸며, 윗부분의 잎은 귀 모양으로 잎자루를 감싼다.

꽃

귀 모양으로 잎자루를 감싼 윗부분의 잎

방가지똥 »306

- 국화과 | 높이 30~100cm | 한두해살이풀
- 길가나 빈터

꽃

깊게 갈라진 뿌리잎

✎ 줄기잎은 달걀 모양과 타원형이며, 깃 모양으로 갈라져 줄기를 감싼다.

큰방가지똥 »329

- 국화과 | 높이 40~120cm | 두해살이풀
- 빈터나 길가 | 유럽 원산의 귀화식물

위에서 내려다본 꽃

방가지똥과 달리 주름이 없는 열매

✎ 줄기잎은 날카롭고 불규칙한 톱니가 있으며, 밑부분의 잎은 둥글고 줄기를 반쯤 감싼다.

뽀리뱅이 »310

- 국화과 | 높이 15~100cm | 두해살이풀
- 들이나 논, 길가

✎ 식물체에 털이 많고 노란색 꽃이 피며, 식물체를 자르면 하얀 즙이 나오는데 맛이 쓰다.

떡쑥 »299

- 국화과 | 높이 15~40cm | 두해살이풀
- 밭 근처

꽃

뿌리잎

✎ 식물체에 하얀 털이 많아 흰색으로 보이며, 쌀알 모양의 노란색 꽃이 핀다.

금잔화 »291

- 국화과 | 높이 30~60cm | 한해살이풀
- 남부 유럽 원산으로 관상용

✎ 술잔 모양의 노란색과 주황색 꽃이 피며, 향이 독특하다.

수선화 »315

- 수선화과 | 높이 20~40cm | 여러해살이풀
- 제주도에서 자라지만 대부분 관상용

✎ 노란색, 흰색 꽃이 피고, 덧꽃부리는 품종에 따라 노란색, 주황색이 있다.

덧꽃부리가 주황색인 수선화

개미자리 »286

- 석죽과 | 높이 2~20cm | 여러해살이풀
- 논이나 길가, 하천가

🖉 주변에서 흔히 볼 수 있으며, 줄 모양의 잎이 마디를 둘러싼다.

꽃

개별꽃 »286

- 석죽과 | 높이 8~12cm | 여러해살이풀
- 산지의 숲속

🖉 흰색 꽃잎은 5장이며, 끝이 두 갈래로 갈라진다.

꽃잎이 5~8장인 **큰개별꽃**

점나도나물 » 323

- 석죽과 | 높이 15~25cm | 두해살이풀
- 밭이나 들

줄기는 자주빛이 돌고 꽃자루가 길며, 꽃잎과 꽃받침의 길이가 거의 비슷하다.

꽃자루가 짧은 **유럽점나도나물**

벼룩나물 » 308

- 석죽과 | 높이 15~25cm | 두해살이풀
- 밭이나 들

잎이 작고 길쭉하며 흰색 꽃잎 5장이 깊게 갈라져 10장처럼 보인다.

꽃잎이 5장이지만 갈라지지 않는 **벼룩이자리**

별꽃 »308

- 석죽과 | 높이 10~20cm | 두해살이풀
- 밭이나 길가

암술대가 3개, 수술이 1~7개이며, 끝이 깊게 갈라져 5장 꽃잎이 10장처럼 보인다.

세 갈래의 암술머리

암술머리가 다섯 갈래인 **쇠별꽃**

꿩의바람꽃 »293

- 미나리아재비과 | 높이 15~20cm | 여러해살이풀
- 산지의 숲속

흰색 꽃의 꽃잎은 없고, 꽃받침이 8~16장으로 꽃잎처럼 보인다.

잎과 열매

냉이 »294 📖

- 십자화과 | 높이 10~50cm | 두해살이풀
- 논과 밭, 농촌의 길가

꽃

심장 모양에 납작한 열매

✎ 흰색 꽃이 아래에서 위쪽 방향으로 피며, 열매는 납작하고 심장 모양이다.

콩다닥냉이 »328

- 십자화과 | 높이 20~40cm | 한두해살이풀
- 길가나 빈터 | 북아메리카 원산의 귀화식물

꽃

열매

✎ 가지 끝과 줄기 끝에서 작은 꽃이 다닥다닥 모여 피며, 수술은 2개, 암술이 1개다.

말냉이 »301

- 십자화과 | 높이 20~60cm | 두해살이풀
- 논밭둑이나 빈터 | 유럽 원산의 귀화식물

꽃

끝이 오목하게 파인 열매

✏ 둥글넓적한 열매 둘레에 날개가 있고, 끝에 오목하게 파인 홈이 있다.

황새냉이 »334

- 십자화과 | 높이 10~30cm | 두해살이풀
- 냇가나 논밭, 습지

기다란 열매

✏ 흰색 꽃이 피고, 열매가 황새의 다리처럼 길다.

미나리냉이 »304

- 십자화과 | 높이 50cm | 여러해살이풀
- 계곡이나 습기가 많은 곳

✐ 줄기 전체에 짧은 털이 빽빽하고, 잎이 미나리를 닮았다.

냉이를 닮은 꽃

돌단풍 »297

- 범의귀과 | 높이 30cm | 여러해살이풀
- 개울 주변의 바위틈

✐ 긴 잎자루 끝에 달린 5~7갈래로 갈라진 잎이 단풍잎을 닮았다.

꽃

토끼풀 »330

- 콩과 | 높이 30~60cm | 여러해살이풀
- 길가나 빈터, 낮은 산지 | 유럽 원산의 귀화식물

✏️ 잎자루 끝에서 잎 3장이 모여 달리며, 머리 모양으로 흰색 꽃이 모여 핀다.　　꽃

남산제비꽃 »294

- 제비꽃과 | 높이 5~15cm | 여러해살이풀
- 산지의 응달

✏️ 뿌리에서 뭉쳐난 잎은 여러 갈래로 갈라지고, 흰색 꽃잎 안쪽에 자주색 줄무늬가 있다.

흰젖제비꽃 »334

- 제비꽃과 | 높이 5~15cm | 여러해살이풀
- 산이나 들

✎ 잎은 세모진 타원형으로 잎자루에 날개가 없으며, 아래 꽃잎에 보라색 줄무늬가 있다. 꽃

졸방제비꽃 »324

- 제비꽃과 | 높이 20~40cm | 여러해살이풀
- 산지의 응달이나 습지

✎ 잎은 심장 모양이며, 옆을 향해 피는 흰색이나 연한 보라색 꽃잎 안쪽에 자주색 줄무늬가 있다. 꽃

봄맞이 »308

- 앵초과 | 높이 5~10cm | 두해살이풀
- 산이나 들의 습기가 많은 곳

5조각으로 갈라진 열매

뿌리잎

✎ 뿌리에서 나온 잎 10~30장이 방석 모양으로 펼쳐져 겨울을 보내며, 흰색 꽃이 핀다.

광대수염 »289

- 꿀풀과 | 높이 30~60cm | 여러해살이풀
- 산이나 들의 그늘진 곳

꽃

✎ 잎겨드랑이에서 연한 붉은색 또는 흰색 꽃이 5~6송이씩 피며, 꽃받침 가장자리가 수염 모양이다.

문모초 »303

- 현삼과 | 높이 5~20cm | 두해살이풀
- 논두렁이나 냇가

✎ 줄기는 곧게 서고, 붉은빛이 도는 흰색 꽃이 피며 열매가 벌레집이 되기도 한다.

꽃

솜나물 »314

- 국화과 | 높이 봄 10~20cm, 가을 30~60cm | 여러해살이풀
- 건조한 숲속

꽃

✎ 봄에는 잎에 하얀 털이 많으며, 가을에는 무 잎처럼 깃 모양으로 갈라진다.

공 모양으로 갈색 갓털이 달린 씨앗들

선씀바귀 »314

- 국화과 | 높이 20~50cm | 여러해살이풀
- 논이나 밭, 들길, 잔디밭

보라색 꽃

노랑선씀바귀

✏️ 줄기는 밑에서 여러 대가 나오며, 흰색이나 연한 보라색 꽃이 핀다.

봄망초 »308

- 국화과 | 높이 30~80cm | 여러해살이풀
- 길가나 빈터 | 북아메리카 원산의 귀화식물

꽃

✏️ 줄기는 속이 비어 있고, 꽃은 꽃봉오리 때는 고개를 숙이지만 피어날 때는 고개를 든다.

마거리트 »300 📖

- 국화과 | 높이 30cm | 여러해살이풀
- 카나리아 제도 원산으로 관상용

🖉 흰색, 노란색, 분홍색, 붉은색 꽃이 피며, 홑꽃과 겹꽃도 있다.

은방울꽃 »320 📖 ☠

- 백합과 | 높이 20~35cm | 여러해살이풀
- 산지의 숲속

🖉 꽃줄기는 잎보다 짧고 앞으로 휘어지며, 윗부분에서 방울 모양의 꽃이 아래를 보고 핀다.

붉은색으로 익는 열매

애기나리 »317

- 백합과 | 높이 15~40cm | 여러해살이풀
- 산지의 숲속

꽃

검게 익은 열매

✎ 줄기는 곧게 서다가 위쪽에서 비스듬히 휘어지고, 가지가 없거나 1~2갈래로 갈라진다.

백합 »307

- 백합과 | 높이 40~100cm | 여러해살이풀
- 일본 남부, 타이완 원산으로 관상용

붉은색 꽃

노란색 꽃

✎ 나팔 모양의 흰색 꽃은 향기가 좋고, 품종이 다양하다.

바위취 » 305

- 범의귀과 | 높이 60cm | 여러해살이풀
- 산지의 습기가 많은 곳

꽃

잎

✎ 잎은 콩팥 모양이고, 꽃잎 5장에서 아래쪽 2장의 꽃잎이 더 길다.

수호초 » 316

- 회양목과 | 높이 30cm | 여러해살이풀
- 일본 원산으로 관상용

꽃

✎ 주로 그늘진 곳에 심으며, 겨울에도 잎이 녹색이고 흰색 꽃이 이삭 모양으로 모여 핀다.

수영 »316

- 마디풀과 | 높이 30~80cm | 여러해살이풀
- 산이나 들

암꽃(잘게 갈라진 붉은색 암술머리)

뿌리잎

✏️ 뿌리에서 여러 장의 잎이 뭉쳐 나고, 아랫부분의 줄기잎은 줄기를 감싸며, 신맛이 난다.

애기수영 »317

- 마디풀과 | 높이 20~50cm | 여러해살이풀
- 길가나 풀밭 | 유라시아, 유럽 원산 귀화식물

암꽃(암술대가 3개, 잘게 갈라진 암술머리)

뿌리잎

✏️ 줄기잎은 잎자루가 길고 창끝 모양이며, 식물체에서 신맛이 난다.

소리쟁이 »314

- 마디풀과 | 높이 30~80cm | 여러해살이풀
- 습지 주변

바람에 부딪혀 소리나는 열매

뿌리잎

✎ 뿌리에서 나온 잎은 잎자루가 길고 가장자리가 쭈글쭈글하며, 녹색 꽃은 층층이 돌려 핀다.

갈퀴덩굴 »285

- 꼭두서니과 | 길이 40~100cm | 한두해살이풀
- 숲속의 양지바른 곳, 빈터

꽃

✎ 네모진 줄기는 아래를 향해 가시털이 나 있어 뒤엉키며, 작은 연녹색 꽃이 핀다.

천남성 » 327 ☠

- 천남성과 | 높이 15~30cm | 여러해살이풀
- 산지의 습한 곳

둥근 막대 모양의 꽃이삭

옥수수처럼 달린 열매

✎ 잎 1장이 갈라져 작은 잎 3~5장이 달리고, 긴 꽃덮개 속에 둥근 막대 모양의 꽃이삭이 들어 있다.

두루미천남성 » 298 ☠

- 천남성과 | 높이 15~30cm | 여러해살이풀
- 산지의 풀밭

✎ 잎 1장이 새의 발 모양으로 갈라져 작은 잎 13~19장이 달리고, 긴 꽃덮개 속에 둥근 막대 모양의 꽃이삭이 길게 뻗는다.

반하 »306 ☠

- 천남성과 | 높이 20~40cm | 여러해살이풀
- 밭이나 밭둑

✏ 잎이 갈라진 작은 잎 3장은 여러 가지 모양이며, 긴 꽃덮개 속에 둥근 막대 모양의 꽃이삭이 들어 있다.

둥굴레 »298 📖

- 백합과 | 높이 30~60cm | 여러해살이풀
- 산지의 양지바른 곳

꽃

검게 익은 열매

✏ 줄기는 끝부분으로 가면서 약간 구부러지고, 종 모양의 꽃이 1~2송이 핀다.

선밀나물 »314

- 백합과 | 높이 100cm | 여러해살이풀
- 산이나 들

수꽃

둥근 씨방이 붙어 있는 암꽃

✎ 줄기는 곧게 서며, 암수딴그루로 밑부분의 잎겨드랑이에서 연한 녹색 꽃이 핀다.

잔디 »322 📖

- 벼과 | 높이 5~15cm | 여러해살이풀
- 길가나 풀밭

붉은빛이 도는 꽃싸개에서 피는 꽃

✎ 줄기는 곧게 서고, 길게 뻗은 뿌리줄기 마디에서 잎과 꽃줄기가 나온다.

개피 »287

- 벼과 | 높이 20~90cm | 한해살이풀
- 논둑이나 냇가 등 습지

줄기는 곧게 서고 속이 비어 있으며, 꽃이삭이 2줄로 빽빽하게 달린다. 꽃

뚝새풀 »299

- 벼과 | 높이 20~40cm | 한해살이풀
- 논이나 습지

꽃이삭은 처음에는 연두색이었다가 시간이 지나면 갈색으로 변한다. 꽃

띠 »300

- 벼과 | 높이 30~80cm | 여러해살이풀
- 밭둑이나 논둑, 양지바른 들판

✎ 꽃이삭이 처음에는 흰색이지만 누런빛을 띤 녹색으로 바뀌며, 씨앗이 익으면 솜털이 달려 바람에 날린다. 꽃

새포아풀 »312

- 벼과 | 높이 5~35cm | 한해살이풀
- 논과 밭, 길가

✎ 우리나라 벼과 식물 중 가장 작으며, 줄기는 뿌리에서 모여 나고 연한 녹색의 꽃이삭이 달린다. 꽃

여름·가을에 꽃이 피는 풀

붉은색 94쪽

노란색 146쪽

흰색 174쪽

녹색 202쪽

고마리 »288

- 마디풀과 | 높이 100cm | 한해살이풀
- 도랑이나 산지의 물가

꽃

방패 모양의 잎

✎ 가지 끝에 모여 달린 분홍색 꽃은 꽃잎이 아니라 꽃받침이다.

며느리밑씻개 »302

- 마디풀과 | 길이 100~200cm | 덩굴성 한해살이풀
- 농촌의 길가, 들

꽃

잎

✎ 가지 끝이나 잎겨드랑이에 모여 달린 꽃은 꽃받침이며, 잎에서 신맛이 난다.

털여뀌 »330

- 마디풀과 | 높이 1~2m | 한해살이풀
- 길가나 빈터

✎ 여뀌류 중 가장 크고 모양이 뚜렷하며, 줄기가 굵고 털이 빽빽하다.

꽃

개여뀌 »287

- 마디풀과 | 높이 20~50cm | 한해살이풀
- 논이나 밭, 빈터

✎ 줄기는 비스듬히 자라다가 일부분이라도 땅에 닿으면 뿌리를 내리고, 새로운 꽃이 끊임없이 핀다.

천일홍 »327

- 비름과 | 높이 40cm | 한해살이풀
- 열대 아메리카 원산으로 관상용

꽃 색이 오랫동안 변하지 않는다고 하며, 곳곳에 보이는 하얀 부분은 꽃밥이다.

꽃과 꽃밥

맨드라미 »302

- 비름과 | 높이 90cm | 한해살이풀
- 인도 원산으로 관상용

꽃 윗부분이 닭의 볏을 닮아 '계관화'라고도 하며, 흰색과 노란색 꽃도 있다.

꽃이 촛불을 닮은 **촛불맨드라미**

분꽃 »309

- 분꽃과 | 높이 60~100cm | 한해살이풀
- 남아메리카 원산으로 관상용

여러 가지 색

흰색 꽃

✎ 붉은색, 흰색, 노란색 또는 여러 가지 색이 뒤섞여 꽃이 피고 향기가 있다.

패랭이꽃 »331

- 석죽과 | 높이 30cm | 여러해살이풀
- 산과 들의 풀밭

꽃

꽃잎이 술처럼 갈라진 **술패랭이꽃**

✎ 꽃잎 끝이 얕게 갈라지고, 꽃을 뒤집으면 패랭이(대를 쪼개 엮어 만든 갓) 모양이다.

끈끈이대나물 »293

- 석죽과 | 높이 50cm | 한두해살이풀
- 유럽 원산으로 관상용, 바닷가나 하천변에서 자라기도 함

줄기 윗부분의 마디에서 끈적끈적한 즙이 나온다.

꽃

동자꽃 »298

- 석죽과 | 높이 40~100cm | 여러해살이풀
- 깊은 산의 숲속이나 풀밭

배고픔과 추위로 얼어 죽은 동자의 무덤에서 피어난 꽃이라는 전설이 있으며, 꽃잎 끝이 2갈래로 갈라진다.

연꽃 »319

- 연과 | 높이 50~150cm | 여러해살이풀
- 늪이나 연못

분홍색 연꽃

꽃받침 속에 있는 씨앗

✎ 잎자루 끝에 달린 둥근 잎은 수면보다 위에서 자라며 물에 젖지 않는다.

가시연꽃 »284

- 수련과 | 높이 5~15cm | 여러해살이풀
- 늪이나 연못

주름지고 반들반들한 잎 앞면

잎맥이 튀어나오고 가시가 돋은 잎 뒷면

✎ 식물 전체에 가시가 있고, 꽃은 오후 2~3시경에 피었다가 밤에 닫힌다.

투구꽃 »331

- 미나리아재비과 | 높이 100cm | 여러해살이풀
- 산지의 숲속

✏️ 꽃받침 5장이 꽃잎처럼 보이고, 꽃잎 2장은 위쪽 꽃받침 속에 들어 있다.

꽃

금꿩의다리 »290

- 미나리아재비과 | 높이 70~100cm | 여러해살이풀
- 산지의 계곡

금꿩의다리 꽃

꿩의다리의 꽃(꽃처럼 보이는 수술)

✏️ 노란 꽃술이 금빛 꿩의 다리와 닮았다.

채송화 »327

- 쇠비름과 | 높이 20cm | 한해살이풀
- 브라질 원산으로 관상용

분홍색 꽃

노란색 꽃

✎ 가지 끝에서 여러 가지 색으로 꽃이 피며, 줄기를 끊어 심어도 살아날 만큼 생명력이 강하다.

큰꿩의비름 »329

- 돌나물과 | 높이 30~90cm | 여러해살이풀
- 산지의 양지

꽃

✎ 흰색 바탕에 분홍빛이 도는 별 모양의 꽃들이 둥글게 모여 핀다.

노루오줌 »294

- 범의귀과 | 높이 30~70cm | 여러해살이풀
- 산이나 들의 물가나 습지, 관상용

✎ 줄기 끝에서 꽃이 원뿔 모양으로 모여 피며, 뿌리에서 노루의 오줌 냄새가 난다.   잎

오이풀 »319

- 장미과 | 높이 30~150cm | 여러해살이풀
- 산이나 들

꽃

✎ 진한 자주색 꽃이 위쪽에서 피기 시작하고, 잎에 삼각 모양의 톱니가 있으며 어린 줄기와 잎을 자르면 오이 냄새가 난다.

매듭풀 »301

- 콩과 | 높이 10~40cm | 한해살이풀
- 길가나 들판

✎ 잎과 꽃이 마치 매듭 진 것처럼 하나하나 매달려 있다.

나비 모양의 꽃

3장씩 모여 달린 작은 잎

도둑놈의갈고리 »297

- 콩과 | 높이 60~90cm | 여러해살이풀
- 산이나 들

✎ 반달 모양의 꼬투리에 갈고리 모양의 털이 있어 동물이나 사람 옷에 잘 달라붙는다.

꽃

3장씩 모여 달린 작은 잎

갈퀴나물 »285

- 콩과 | 길이 80~180cm | 덩굴성 여러해살이풀
- 산이나 들의 습기가 있는 곳

✏ 붉은빛을 띤 보라색 꽃이 한쪽으로 치우쳐 피고, 2~3갈래로 갈라진 갈퀴 모양의 덩굴손이 뻗어 있다.

나비나물 »293

- 콩과 | 높이 30~100cm | 여러해살이풀
- 산이나 들

✏ 한 자리에 잎이 두 장씩 모여 나는 모양이 나비를 닮았다.

완두콩처럼 생긴 열매

돌콩 »297

- 콩과 | 길이 200cm | 덩굴성 한해살이풀
- 산이나 들

줄기와 꽃

✏️ 재배하는 콩의 기원이 되는 종으로 야생에서 자라고, 줄기에 밑으로 향한 갈색 털이 있다.

새콩 »312

- 콩과 | 길이 100~200cm | 덩굴성 한해살이풀
- 들이나 양지바른 풀밭

꽃

덩굴손

✏️ 가늘고 긴 줄기에 밑으로 향한 하얀 털이 있고, 잎 모양이 돌콩보다 넓고 짧다.

붉은토끼풀 »309

- 콩과 | 높이 30~60cm | 여러해살이풀
- 들판이나 길가 | 유럽 원산의 귀화식물

꽃

✐ 잎자루에 잎 3장이 모여 달리고, 토끼풀과 달리 줄기에 털이 퍼져 있다.

자주개자리 »321

- 콩과 | 높이 30~90cm | 여러해살이풀
- 들판 | 지중해 원산의 귀화식물

꽃

✐ 줄기는 곧추서거나 비스듬히 자라며, 가지가 많이 갈라진다.

미모사 »305

- 콩과 | 높이 30cm | 한해살이풀
- 브라질 원산으로 관상용

깃털처럼 여러 장 모여 달린 잎을 건드리면 오므리고 축 늘어진다.

꽃과 잎

한련 »333

- 한련과 | 길이 150cm | 덩굴성 한해살이풀
- 남아메리카 원산으로 관상용

노란색, 붉은색으로 꽃이 피고, 잎에서 후추 맛이 난다.

접시꽃 »323

- 아욱과 | 높이 250cm | 여러해살이풀
- 중국 원산으로 관상용

붉은색 꽃

흰색 꽃

✎ 꽃 또는 열매가 접시를 닮았으며, 짧은 꽃자루에서 붉은색, 진한 붉은색, 흰색, 분홍색 꽃이 핀다.

미국부용 »304

- 아욱과 | 높이 200cm | 여러해살이풀
- 북미 원산으로 관상용

흰색 꽃

붉은색 꽃

✎ 잎은 타원형이며 붉은색, 진한 분홍, 분홍, 흰색 등의 꽃이 핀다.

풍접초 »332

- 풍접초과 | 높이 100cm | 한해살이풀
- 아메리카 원산으로 관상용

줄기 전체에 샘털과 잔가시가 퍼져 있고, 분홍색과 흰색 꽃에 붉은빛을 띤 보라색 수술 4개가 꽃잎보다 2~3배 길다. 꽃

일일초 »321

- 협죽도과 | 높이 30~60cm | 한해살이풀
- 마다가스카르, 자바, 브라질 원산으로 관상용

흰색 꽃

주홍색 꽃

흰색, 분홍색, 붉은색, 주홍색 꽃이 짧은 꽃대에서 날마다 한 송이씩 번갈아 피어난다.

쥐손이풀 »325

- 쥐손이풀과 | 길이 30~50cm | 한해살이풀
- 산이나 들

✎ 연한 분홍빛, 붉은빛을 띤 자주색, 흰색 꽃이 피며, 검게 익은 열매 모양이 쥐의 손바닥을 닮았다.

연한 분홍색 꽃

이질풀 »321

- 쥐손이풀과 | 길이 30~50cm | 한해살이풀
- 산이나 들

✎ 꽃자루가 두 갈래로 갈라져 각각 꽃이 한 송이씩 피며, 꽃자루와 꽃받침에 짧은 털이 있다.

꽃

제라늄 »323

- 쥐손이풀과 | 높이 30~50cm | 여러해살이풀
- 남아프리카 원산으로 관상용

✎ 식물 전체에 붉은색 샘털이 있고 우산 모양으로 꽃 5~30송이가 모여 피며, 잎을 건드리면 비린내가 난다.

물봉선 »303

- 봉선화과 | 높이 60cm | 한해살이풀
- 산의 냇가나 습지

노랑물봉선

흰물봉선

✎ 긴 꽃자루에 붉은빛이 도는 털이 있다.

봉선화 »308

- 봉선화과 | 높이 20~70cm | 한해살이풀
- 인도, 말레이시아, 중국 원산으로 관상용

흰색 꽃

열매

✏️ 줄기 밑부분의 마디가 도드라지게 튀어나오고, 붉은색, 흰색, 주홍색, 분홍색으로 홑꽃과 겹꽃이 함께 핀다.

아프리카봉선화 »317

- 봉선화과 | 높이 30~60cm | 한해살이풀
- 남아프리카 잔지바르 원산으로 관상용

✏️ 봉선화처럼 꽃 색이 여러 가지이지만, 잎이 달걀 모양이며 홑꽃만 핀다.

부처꽃 »309

- 부처꽃과 | 높이 100cm | 여러해살이풀
- 습지나 냇가

꽃이 마디에서 돌려나기 하는 것처럼 보인다.

줄기에 털이 있는 **털부처꽃**

가우라 »284

- 바늘꽃과 | 높이 60~150cm | 여러해살이풀
- 미국 텍사스, 루이지애나 원산으로 관상용

줄기 끝에서 나비를 닮은 흰색 또는 붉은색 꽃이 핀다.

나비바늘꽃이라고도 함

나팔꽃 »293

- 메꽃과 | 길이 200~300cm | 덩굴성 한해살이풀
- 열대 아시아, 히말라야 원산으로 관상용

✎ 3~5갈래로 갈라진 잎은 끝이 뾰족하지만 '둥근잎나팔꽃'은 잎이 심장 모양이다.

둥근잎나팔꽃(위아래)

미국나팔꽃 »304

- 메꽃과 | 길이 100~150cm | 덩굴성 한해살이풀
- 밭이나 길가 | 북아메리카 원산의 귀화식물

✎ 나팔꽃보다 잎이 더 깊이 갈라지고, 잎 밑부분은 심장 모양이다.

둥근잎미국나팔꽃

유홍초 »320

- 메꽃과 | 길이 100~200cm | 덩굴성 한해살이풀
- 열대 아메리카 원산으로 관상용

유홍초 꽃

잎이 심장 모양인 **둥근잎유홍초** 꽃

✎ 잎이 여러 갈래로 갈라져 깃털 모양이다.

메꽃 »302

- 메꽃과 | 길이 200~300cm | 덩굴성 여러해살이풀
- 들

꽃

✎ 덩굴로 자라며, 긴 창끝 모양의 잎은 어긋나기 한다.

박주가리 »306

- 박주가리과 | 길이 300cm 이상 | 덩굴성 여러해살이풀
- 산기슭이나 들

별 모양의 꽃

털이 달린 씨앗

✐ 꽃 안쪽에 하얀 털이 빽빽하고, 열매가 익으면 네 갈래로 갈라지면서 털이 달린 씨앗이 나온다.

풀협죽도 »332

- 꽃고비과 | 높이 100cm | 여러해살이풀
- 북아메리카 원산으로 관상용

분홍색 꽃

✐ 잎은 3장씩 돌려나기 하는데 윗부분의 잎은 잎자루가 없어 마치 줄기를 감싸는 듯하며, 분홍색, 진한 분홍색, 흰색 꽃이 핀다.

누린내풀 »294

- 마편초과 | 높이 100m | 여러해살이풀
- 산이나 들

달걀 모양의 잎은 마주나기 하며, 꽃이 필 때는 불쾌한 냄새가 강하게 난다.

활 모양으로 휘어진 암술대와 수술대

용머리 »320

- 꿀풀과 | 높이 15~40cm | 여러해살이풀
- 산이나 들

아래로 처진 꽃잎들에는 털이 있고, 가장 큰 꽃잎에는 자주색 점이 있다.

꽃

익모초 »321

- 꿀풀과 | 높이 100cm | 두해살이풀
- 들이나 빈터

🖉 줄기는 곧게 서며, 줄기 윗부분에서 붉은빛을 띤 자주색 꽃이 층층이 돌려가며 핀다.　　꽃

배초향 »306

- 꿀풀과 | 높이 40~100cm | 여러해살이풀
- 산이나 들

🖉 식물 전체에 향기가 가득하며, 입술 모양의 자주색 꽃에 수술 2개가 길게 밖으로 뻗어 나온다.　　꽃

꽃향유 »292

- 꿀풀과 | 높이 60cm | 한해살이풀
- 산지의 비탈진 곳, 밭두렁

✎ 줄기와 가지 끝에서 한쪽 방향으로 분홍빛의 자주색 꽃이 빽빽하게 핀다.

꽃향유보다 꽃 색이 연하고 잎 톱니가 얕은 **향유**

박하 »306

- 꿀풀과 | 높이 50cm | 여러해살이풀
- 습기가 있는 들판

✎ 잎의 기름샘에서 분비하는 기름의 향이 식물 전체에서 풍긴다.

꽃

향기가 매우 강한 잎

석잠풀 »313

- 꿀풀과 | 높이 30~60cm | 여러해살이풀
- 논두렁이나 습기가 있는 풀밭

줄기 윗부분에서 연한 분홍색 꽃이 마디 사이에서 돌려나기로 층층이 핀다.   꽃

들깨풀 »299

- 꿀풀과 | 높이 20~60cm | 한해살이풀
- 들의 양지바른 곳

긴 타원형의 잎은 끝이 뾰족하며, 식물 전체에서 나는 향이 들깨와 비슷하다.   줄기와 마디에 하얀 털이 많은 **산들깨**

방아풀 »306

- 꿀풀과 | 높이 50~100cm | 여러해살이풀
- 산이나 들

✎ 입술 모양의 연한 자주색 꽃이 피는데 암술과 수술이 꽃잎 밖으로 나온다.　　꽃

깨꽃 »291

- 꿀풀과 | 높이 20~80cm | 한해살이풀
- 브라질 원산의 관상용

✎ 꽃대와 꽃자루가 모두 붉은색이며, 꽃을 따서 빨아 보면 달콤한 꿀맛이 난다.　　꽃

콜레우스 »328

- 꿀풀과 | 높이 50~100cm | 한해살이풀
- 아시아, 열대아프리카, 호주, 동인도 원산으로 관상용

✎ 잎 색깔이 화려하고 아름다워 관상용으로 온실이나 뜰에 심는다.

알록달록한 잎

꽃범의꼬리 »292

- 꿀풀과 | 높이 60~120cm | 여러해살이풀
- 캐나다 동남부 원산으로 관상용

✎ 금붕어가 입을 뻐끔거리는 듯한 모양으로 흰색, 분홍색, 보라색 꽃이 핀다.

흰색 꽃

독말풀 »297

- 가지과 | 높이 100~200cm | 한해살이풀
- 들판이나 길가, 빈터 | 열대 아메리카 원산의 귀화식물

열매

깔때기 모양의 연한 자주색 꽃이 저녁에 피었다가 다음날 아침 무렵에 시든다.

줄기나 잎자루에 자줏빛이 없는 **흰독말풀**

파리풀 »331

- 파리풀과 | 높이 30~70cm | 여러해살이풀
- 산지의 그늘

줄기는 곧게 서고 마디 윗부분이 도드라지게 굵으며, 연한 자주색 꽃이 이삭 모양으로 옆을 향해 핀다.

꽃며느리밥풀 »292

- 현삼과 | 높이 30~50cm | 한해살이풀
- 산지의 숲 가장자리

✎ 붉은색 꽃잎 아랫입술 부분에 흰색 무늬 2개가 밥풀처럼 보인다.

꽃

디기탈리스 »299 ☠

- 현삼과 | 높이 60~130cm | 여러해살이풀
- 서부 유럽, 남부 유럽 원산으로 관상용

✎ 종 모양의 꽃이 아래쪽으로 이삭 모양으로 모여 피고, 진한 갈색 반점이 흩어져 있다.

토레니아 »330

- 현삼과 | 높이 20~30cm | 한해살이풀
- 인도차이나 반도 원산으로 관상용

✎ 입술 모양으로 붉은색, 푸른빛을 띤 보라색, 보라색, 흰색 꽃이 피며, 아랫입술 꽃잎 밑동에 노란색 무늬가 있다.

꼬리풀 »291

- 현삼과 | 높이 40~70cm | 여러해살이풀
- 산기슭이나 풀밭

✎ 길게 뻗은 꽃차례 모양이 동물의 꼬리를 닮았다.

하얀 꽃이 피는 **흰꼬리풀**

쥐꼬리망초 »325

- 쥐꼬리망초과 | 높이 10~40cm | 한해살이풀
- 산기슭이나 밭둑

✎ 꽃이 한쪽 방향으로 한두 송이씩 순서대로 피고, 꽃차례가 쥐꼬리를 닮았다.

도라지 »297 📖

- 초롱꽃과 | 높이 40~100cm | 여러해살이풀
- 산지

흰색 꽃

✎ 꽃은 5갈래로 갈라지고 끝은 삼각형이며, 줄기나 잎을 자르면 하얀 즙이 나온다.

꽃이 피기 직전의 모습

수염가래꽃 »316

- 초롱꽃과 | 높이 3~15cm | 여러해살이풀
- 논두렁이나 습지

🖉 꽃잎이 5갈래로 갈라졌지만 실제로는 윗입술과 아랫입술 꽃잎 2장이다.

꽃

주홍서나물 »325

- 국화과 | 높이 30~70cm | 한해살이풀
- 숲 가장자리나 등산로 근처 | 아프리카 원산의 귀화식물

🖉 머리 모양의 꽃이 아래를 향해 피며, 향기가 있다.

끝이 주홍색인 꽃갓

쑥부쟁이 »316

- 국화과 | 높이 30~100cm | 여러해살이풀
- 산이나 들

꽃

✎ 혀꽃은 연한 보라색, 가운데 관 모양의 꽃은 노란색이며, 잎은 쑥을, 꽃은 참취를 닮았고, 잎에 톱니가 뚜렷하다.

개쑥부쟁이 »287

- 국화과 | 높이 35~50cm | 여러해살이풀
- 산이나 들

✎ 잎에 톱니가 없거나 밋밋하며, 열매에 붉은빛의 갓털이 달려 붉게 보인다.

개미취 »286

- 국화과 | 높이 100~150cm | 여러해살이풀
- 깊은 산의 습한 곳

뿌리잎과 줄기잎이 매우 크며, 키가 200센티미터까지 크게 자란다.

65센티미터까지 자라는 뿌리잎

벌개미취 »307

- 국화과 | 높이 50~60cm | 여러해살이풀
- 깊은 산의 습한 곳

잎과 꽃이 쑥부쟁이보다 크며, 열매에 털이 달리지 않는다.

꽃

엉겅퀴 »318 📖

- 국화과 | 높이 50~100cm | 여러해살이풀
- 산과 들의 풀밭

수많은 꽃잎으로 이루어진 머리 모양의 꽃

✏️ 깃처럼 갈라진 긴 잎 끝에 날카로운 가시가 있고, 줄기에 거미줄 같은 털이 있다.

하얀 갓털이 있는 열매

큰엉겅퀴 »330

- 국화과 | 높이 100~200cm | 여러해살이풀
- 산과 들의 풀밭

✏️ 키가 무척 크고, 여느 엉겅퀴와 달리 꽃이 아래를 향해 핀다.

아래로 향한 머리 모양의 꽃

지느러미엉겅퀴 »326

- 국화과 | 높이 70~100cm | 두해살이풀
- 들이나 길가

곧게 선 각진 줄기에 날개가 달리고, 가장자리에 가시가 있다.

지느러미 같은 날개가 있는 줄기

고려엉겅퀴 »288

- 국화과 | 높이 100cm | 여러해살이풀
- 산기슭이나 골짜기

줄기 윗부분에서 가지가 많이 갈라지고, 긴 달걀 모양의 잎 끝에 가시 같은 톱니가 있다.

가시 같은 톱니가 있는 잎

조뱅이 »324

- 국화과 | 높이 25~50cm | 두해살이풀
- 산지의 들판, 길가, 빈터

✎ 잎 가장자리에 작은 가시가 있고 하얀 털로 덮인 자주색과 분홍색 꽃이 핀다.　　　　꽃

해국 »333

- 국화과 | 높이 30~60cm | 여러해살이풀
- 바닷가의 바위틈

✎ 잎은 어긋나기 하지만 모여나기 한 것처럼 보이며, 앞뒤로 털이 빽빽하다.　　　　꽃

자주천인국(에키나세아) »322

- 국화과 | 높이 60~100cm | 여러해살이풀
- 북아메리카, 중앙아메리카 원산으로 관상용

혀 모양의 꽃잎은 분홍색, 흰색 등이고, 가운데 관 모양의 꽃은 진한 자주색으로 가시 또는 솔방울을 닮았다.

백일홍 »307

- 국화과 | 높이 60~90cm | 한해살이풀
- 멕시코 원산으로 관상용

ⓒ 지성사

꽃잎이 혀 모양의 꽃은 빨강·노랑·분홍 등 여러 색이고, 가운데에 끝이 5갈래인 관 모양의 노란색 꽃이 달린다.

코스모스 »328

- 국화과 | 높이 100~200cm | 한해살이풀
- 길가나 빈터 | 멕시코 원산으로 귀화식물

흰색, 분홍색, 연한 분홍색 꽃이 피며, 혀 모양의 꽃잎(6~8장) 끝이 톱니처럼 갈라졌다.

끝이 톱니처럼 갈라진 꽃잎

메리골드 »302

- 국화과 | 높이 60~100cm | 한해살이풀
- 멕시코 원산으로 관상용

초여름부터 서리가 내릴 때까지 노란색, 연한 노란색, 붉은빛을 띤 노란색 꽃이 계속해서 핀다.

과꽃 »289

- 국화과 | 높이 30~100cm | 한해살이풀
- 북부지방의 산기슭, 관상용

자줏빛이 도는 줄기에 많은 가지가 나와 보라색, 붉은색 꽃이 핀다.

보라색 꽃

다알리아(달리아) »295

- 국화과 | 높이 150~200cm | 한두해살이풀
- 유럽 동부와 남부 원산으로 관상용

여름부터 서리가 내릴 때까지 줄기와 가지 끝에서 꽃이 한 송이씩 옆을 향해 핀다.

붉은색, 분홍색 꽃

수레국화 »315

- 국화과 | 높이 30~90cm | 한두해살이풀
- 유럽 동부와 남부 원산으로 관상용

🖉 통꽃이 머리 모양으로 모여 피었지만 가장자리 통꽃이 커서 혀 모양의 꽃으로도 보인다.

여러 가지 색의 꽃

부들 »308

- 부들과 | 높이 100~150cm | 여러해살이풀
- 연못가와 습지

🖉 수꽃은 윗부분에, 암꽃은 수꽃의 바로 아랫부분에 핀다.

암꽃이 수꽃 2~6cm 밑에서 피는 **애기부들**

사마귀풀 »310

- 닭의장풀과 | 높이 10~30cm | 한해살이풀
- 물가나 습지

줄기는 비스듬히 땅을 기면서 자라고, 연한 녹색이지만 자줏빛이 돈다.

꽃

닭의장풀 »295

- 닭의장풀과 | 높이 15~50cm | 한해살이풀
- 밭이나 길가, 습지

꽃대 끝에서 반달 모양의 꽃싸개에 싸인 파란색 꽃이 핀다.

세포실험 재료로 사용하는 **자주닭개비**

물달개비 »303

- 물옥잠과 | 높이 10~80cm | 한해살이풀
- 논이나 얕은 물가

✎ 잎보다 낮은 꽃자루 끝에서 푸른빛을 띤 보라색 꽃이 3~7송이씩 한쪽에 모여 핀다.   꽃

부레옥잠 »309 📖

- 물옥잠과 | 높이 20~30cm | 한해살이풀
- 강이나 호수 | 아메리카 열대 지방 원산의 귀화식물

달걀 모양의 잎

부레를 닮은 잎자루

✎ 잎자루 가운데가 부풀어 마치 물고기의 부레같이 되어 물 위에 뜬다.

물옥잠 »303

- 물옥잠과 | 높이 30cm | 한해살이풀
- 논이나 얕은 물속

✎ 잎보다 높은 줄기 끝에 원뿔 모양으로 푸른빛을 띤 보라색 꽃이 모여 핀다.

꽃

비비추 »309

- 백합과 | 높이 30~40cm | 여러해살이풀
- 산지의 냇가

✎ 줄기와 잎 모두 뿌리에서 나와 비스듬히 퍼지고, 꽃이 한쪽으로 치우쳐 달린다.

꽃

산부추 »311

- 백합과 | 높이 30~60cm | 여러해살이풀
- 산지의 숲속이나 초원

🖉 가느다란 줄 모양의 잎 2~3장이 위로 퍼지며, 잎을 자른 단면은 삼각형에 흰빛이 도는 녹색이다.

두메부추 »298

- 백합과 | 높이 20~30cm | 여러해살이풀
- 울릉도와 강원도 이북의 풀밭

🖉 뭉쳐 나오는 잎이 살찐 부추 잎 같고, 잎을 자른 단면은 반타원형이며, 연한 분홍색 꽃이 둥글게 모여 핀다.

하늘말나리 »332

- 백합과 | 높이 100cm | 여러해살이풀
- 산의 풀밭이나 숲가

🖉 잎은 줄기 가운데에 돌려나는 잎과, 작게 줄기에 달리는 어긋나는 잎이 있으며, 꽃잎이 갈고리 모양으로 약간 뒤로 젖혀진다.

참나리 »327

- 백합과 | 높이 100~200cm | 여러해살이풀
- 산이나 들

🖉 4~20송이 꽃이 아래를 향해 피고, 꽃에 검은빛을 띤 자주색 반점이 퍼져 있으며 꽃잎이 뒤로 말린다.

털중나리 »330

- 백합과 | 높이 50~100cm | 여러해살이풀
- 산과 들

✎ 줄기 끝과 가지 끝에서 한 송이씩 달린 꽃이 아래를 향해 피며, 꽃잎이 뒤로 말린다.

무릇 »303

- 백합과 | 높이 20~50cm | 여러해살이풀
- 들

✎ 긴 꽃대에 진한 분홍색 꽃이 위쪽으로 빽빽하게 모여 핀다.

잎

맥문동 »302

- 백합과 | 높이 30~50cm | 여러해살이풀
- 산과 들의 그늘진 곳

✎ 잎과 줄기는 구분되지 않으며, 열매는 가을에 검은빛을 띤 자주색으로 익는다.

열매

칸나 »328

- 홍초과 | 높이 70~150cm | 여러해살이풀
- 열대 지방의 원산으로 관상용

✎ 잎은 넓은 타원형이고 양 옆으로 뻗은 잎맥이 나란하며, 꽃 색과 크기가 여러 가지이다.

석산 »313

- 수선화과 | 높이 30~50cm | 여러해살이풀
- 중국 원산으로 관상용

꽃

뿌리잎

✎ 꽃 밖으로 나오는 긴 수술은 둥글게 휘어지고, 꽃이 진 뒤에 잎이 나오는데 겨울에도 죽지 않는다.

상사화 »311 📖

- 수선화과 | 높이 50~60cm | 여러해살이풀
- 일본 원산으로 관상용

꽃

뿌리잎

✎ 잎이 말라 죽은 뒤 꽃줄기가 올라와 붉은빛을 띤 연한 자주색 꽃이 모여 핀다.

꽃창포 »292

- 붓꽃과 | 높이 60~120cm | 여러해살이풀
- 산과 들의 습지

잎맥

노랑꽃창포

✎ 잎의 중심 맥이 뚜렷하고, 짙은 보라색 바탕에 안쪽에 노란색 줄이 있는 꽃이 핀다.

범부채 »308

- 붓꽃과 | 높이 50~100cm | 여러해살이풀
- 산지

검게 익은 열매

✎ 납작한 잎이 두 줄로 마주나서 부챗살처럼 퍼져 자라며, 꽃잎에 붉은색 반점이 있다.

개연꽃 »287

- 수련과 | 높이 20~30cm | 여러해살이풀
- 얕은 물속

개연꽃의 꽃

가운데에 돌기가 있고 붉은빛이 도는 **왜개연꽃**

✏️ 잎자루가 길고, 방석 모양의 암술머리는 연한 노란색으로 가장자리에 톱니가 있다.

쇠비름 »315

- 쇠비름과 | 높이 30cm | 여러해살이풀
- 낮은 산과 들

꽃

열매와 씨앗

✏️ 가지가 많이 갈라져 옆으로 비스듬히 퍼지며 자라고, 꽃은 하루만 피고 진다.

물양귀비 »303

- 택사과 | 높이 50~60cm | 여러해살이풀
- 아르헨티나 원산의 귀화식물로 관상용

뿌리는 물속의 진흙 속에 있고 잎은 물 위에 떠서 자란다.

기린초 »291

- 돌나물과 | 높이 5~30cm | 여러해살이풀
- 산과 들의 양지바른 풀밭이나 바위틈

꽃잎 5장의 노란색 작은 꽃들이 모여 큰 꽃송이를 이루며 핀다.

꽃

말똥비름 »301

- 돌나물과 | 높이 7~22cm | 두해살이풀
- 논밭 근처

✎ 주걱 모양의 잎이 꽃대가 올라오기 전까지 촘촘히 붙어 있어 꽃처럼 보이며, 별 모양의 노란색 꽃이 핀다.

바위채송화 »305

- 돌나물과 | 높이 10cm | 여러해살이풀
- 산지의 바위틈

✎ 원줄기는 밑부분이 옆으로 뻗으며 자라고, 윗부분은 곧게 선다.

딱지꽃 »299

- 장미과 | 높이 30~60cm | 여러해살이풀
- 개울가의 풀밭이나 해변가

줄기잎은 잎 뒷면에 하얀 솜털이 있지만 뿌리잎에는 없다.

뿌리잎

큰뱀무 »329

- 장미과 | 높이 30~100cm | 여러해살이풀
- 산과 들의 습기가 있는 곳

열매는 노란빛을 띤 갈색 털로 덮여 있고, 꼭대기에 갈고리 모양의 암술대가 남아 있다.

꽃

짚신나물 »326

- 장미과 | 높이 30~100cm | 여러해살이풀
- 산이나 들

열매가 들어 있는 꽃받침에 갈고리 모양의 가시털이 있어 동물의 털이나 옷에 잘 붙는다.

꽃

갈고리 모양의 가시털이 있는 꽃받침

고삼 »289

- 콩과 | 높이 100cm | 여러해살이풀
- 산기슭이나 들의 풀밭

줄기와 가지 끝에서 나비 모양의 연한 노란색 꽃이 한쪽 방향으로 모여 핀다.

꽃

3~7개 씨앗이 있는 열매

자귀풀 »321

- 콩과 | 높이 50~80cm | 한해살이풀
- 낮은 지대의 밭둑이나 습지

꽃

열매

✎ 나비 모양의 연한 노란색 꽃이 피며, 잎을 건드리거나 빛이 어두워지면 오므리면서 하루 종일 햇빛을 따라 방향을 튼다.

차풀 »326

- 콩과 | 높이 30~60cm | 한해살이풀
- 논이나 습지

꽃

납작하고 약간 네모진 열매

✎ 줄기와 열매에 털이 있고, 잎과 줄기를 말려 차로 끓여 마신다.

새팥 »312

- 콩과 | 길이 200~300cm | 덩굴성 여러해살이풀
- 산이나 들

✏️ 모여 달린 작은 잎 3장은 긴 달걀 모양에 끝이 뾰족하고, 꽃 2~3송이에 꽃자루가 길다.

끝이 뾰족한 긴 달걀 모양의 잎

여우팥 »319

- 콩과 | 길이 50~200cm | 덩굴성 한해살이풀
- 산이나 들

✏️ 모여 달린 작은 잎 3장은 달걀 모양의 마름모꼴이며, 꽃 3~8송이에 꽃자루가 짧다.

마름모꼴의 잎

서양벌노랑이 »313

- 콩과 | 높이 30cm | 여러해살이풀
- 길가나 들판 | 유럽과 아시아 원산의 귀화식물

작은 잎 3장이 모여 달리며, 노란색 꽃 4~7송이가 모여 핀다.(벌노랑이와는 꽃송이로 구별)

꽃이 2~3송이 피는 **벌노랑이**

전동싸리 »323

- 콩과 | 높이 60~90cm | 두해살이풀
- 들판이나 길가

잎자루가 길고 작은 잎 3장이 모여 달리며, 줄기에서 향기가 난다.

흰전동싸리

어저귀 »318

- 아욱과 | 높이 150cm | 한해살이풀
- 밭, 빈터 | 인도 원산의 귀화식물

꽃

열매

✏️ 잎 뒷면에 부드러운 털이 빽빽하고 독특한 향이 나며, 열매는 바퀴 모양이다.

닥풀 »295

- 아욱과 | 높이 100~150cm | 한해살이풀
- 네팔과 인도, 중국 원산으로 관상용

열매

✏️ 줄기는 곧게 서고 가지가 없으며, 열매는 긴 타원형으로 익으면 5갈래로 터진다.

수까치깨 »315

- 벽오동과 | 높이 60cm | 한해살이풀
- 산이나 들

원기둥 모양의 열매

꽃받침이 수평인 **까치깨**

✎ 암술머리가 흰색이고 꽃받침조각이 뒤로 젖혀지며, 줄기와 열매에 별 모양의 털이 있다.

물레나물 »303

- 물레나물과 | 높이 50~100cm | 여러해살이풀
- 산이나 들

꽃

✎ 잎에 투명한 점이 있으며, 꽃잎 모양이 물레가 도는 듯이 한쪽 방향으로 되어 있다.

고추나물 »289

- 물레나물과 | 높이 20~60cm | 여러해살이풀
- 산이나 들의 습기가 있는 곳

끝이 뭉툭한 잎

잎에 퍼져 있는 검은 점

✎ 둥근 창끝 모양의 잎은 끝이 뭉툭하고 전체에 검은 점이 흩어져 있다.

여뀌바늘 »319

- 바늘꽃과 | 높이 30~60cm | 한해살이풀
- 논이나 개울, 강 주변의 습기가 있는 곳

붉은빛이 도는 줄기

붉은색으로 물든 잎

✎ 바늘처럼 생긴 긴 씨방 끝에 꽃받침과 꽃잎 그리고 수술이 4개인 노란색 꽃이 달린다.

달맞이꽃 »295 📖

- 바늘꽃과 | 높이 50~90cm | 두해살이풀
- 길가나 물가 | 남아메리카 원산의 귀화식물

저녁에 꽃이 피었다가 다음날 아침에 시든다.

밤에 활짝 핀 꽃

좁쌀풀 »324

- 앵초과 | 높이 40~80cm | 여러해살이풀
- 햇빛이 잘 드는 습지

줄기 끝에서 노란색 꽃이 원뿔 모양으로 모여 핀다.

꽃

여름 가을에 꽃이 피는 풀 : 노란색

노랑어리연꽃 »294

- 조름나물과 | 크기 5~15cm | 여러해살이풀
- 늪이나 연못

노랑어리연꽃의 꽃

어리연꽃

✎ 물 위에 뜨는 잎은 수련 잎과 비슷하며, 노란색 꽃잎 가장자리에 긴 털이 있다.

솔나물 »314

- 꼭두서니과 | 높이 70~100cm | 여러해살이풀
- 산이나 들의 양지바른 풀밭

✎ 작은 꽃 여러 송이가 모여 피고 꽃에 향기가 강하며, 끝이 뾰족한 잎 뒷면에 털이 있고 돌려나기 한다.

통발 »331

- 통발과 | 높이 7~20cm | 여러해살이풀
- 연못이나 늪

🖉 뿌리가 없이 물에 떠다니며, 벌레잡이 잎으로 작은 벌레를 잡는다.

벌레잡이 주머니

마타리 »300

- 마타리과 | 높이 60~150cm | 여러해살이풀
- 산이나 들

🖉 줄기잎은 깃 모양으로 깊이 갈라지고, 뿌리잎은 달걀 모양이며, 뿌리에서 독특한 냄새가 난다.

꽃

뿌리잎

금불초 »290

- 국화과 | 높이 20~60cm | 여러해살이풀
- 산이나 들의 습기가 있는 곳

✎ 줄기잎은 긴 타원형으로 아랫부분에서 줄기를 감싸며, 줄기와 가지 끝에서 노란 꽃이 핀다. 꽃

뚱딴지 »300

- 국화과 | 높이 150~300cm | 여러해살이풀
- 밭이나 길가 | 북아메리카 원산의 귀화식물

✎ 줄기에 짧고 거친 털이 있으며, 혀 모양의 노란색 꽃잎이 10장 이상으로 달린다. 꽃

만수국아재비 »301

- 국화과 | 높이 20~80cm | 한해살이풀
- 쓰레기더미나 길가의 빈터 | 남아메리카 원산의 귀화식물

꽃

잎

✎ 가장자리에 톱니가 있는 작은 잎들이 깃 모양으로 달리고, 독특한 향이 난다.

진득찰 »326

- 국화과 | 높이 40~100cm | 한해살이풀
- 들이나 밭 주변

꽃

✎ 갈색을 띤 자주색 줄기는 곧게 서며, 잎은 불규칙한 톱니가 있고, 달걀 모양이다.

줄기에 긴 털이 빽빽한 **털진득찰**

여름·가을에 꽃이 피는 풀 : 노란색

161

가막사리 »284

- 국화과 | 높이 20~150cm | 한해살이풀
- 밭둑이나 습지, 물가

🖉 긴 타원 모양의 잎은 끝이 뾰족하고 잎자루에 날개가 있으며, 열매에 가시가 2개 있다.

열매

미국가막사리 »304

- 국화과 | 높이 100cm | 한해살이풀
- 길가, 하천 주변 등 습기가 있는 빈터 | 북아메리카 원산의 귀화식물

🖉 꽃을 싸는 꽃싸개 조각이 가막사리보다 길고, 열매 모양이 편평하다.

열매

도깨비바늘 »296 📖

- 국화과 | 높이 25~85cm | 한해살이풀
- 산과 들의 빈터

✏️ 폭죽이 터지는 모양으로 달린 열매에 가시가 3~4개 있어 사람의 옷 등에 잘 달라붙는다.

열매

털머위 »330

- 국화과 | 높이 30~50cm | 늘푸른 여러해살이풀
- 남부지방이나 제주도 바닷가 근처

꽃

검은빛을 띤 갈색 열매

✏️ 잎자루가 길고 콩팥 모양이며, 긴 꽃대에서 노란색 꽃이 핀다.

미역취 »305

- 국화과 | 높이 35~85cm | 여러해살이풀
- 산속의 풀밭

꽃

뿌리잎

✏️ 잎 끝이 뾰족하고 가장자리에 톱니가 있으며, 노란색 꽃 3~5송이가 뭉쳐서 핀다.

미국미역취 »304

- 국화과 | 높이 50~150cm | 여러해살이풀
- 도랑가나 길가 | 북아메리카 원산의 귀화식물

✏️ 줄기에 털이 없으며, 잎 뒷면 맥 위에 짧은 털이 있고 꽃의 암술대가 짧다.

🌐 줄기에 털이 있고 암술대가 긴 **양미역취**

산국 »311

- 국화과 | 높이 100~150cm | 여러해살이풀
- 산과 들

✎ 넓은 달걀 모양인 잎은 다섯 갈래로 갈라지고, 줄기에 하얀 털이 있으며, 향기가 좋다.   꽃

감국 »285

- 국화과 | 높이 30~60cm | 여러해살이풀
- 바닷가 주변의 양지바른 곳

✎ 줄기는 검은빛을 띤 자주색이며, 산국보다 잎이 길고 꽃이 1.5배가량 크다.   꽃

고들빼기 »288

- 국화과 | 높이 12~80cm | 두해살이풀
- 들이나 밭, 길가

꽃

가장자리가 빗살 모양인 뿌리잎

✎ 긴 달걀 모양의 줄기잎은 줄기를 감싸며, 가장자리에 불규칙한 톱니가 있다.

이고들빼기 »320

- 국화과 | 높이 30~70cm | 한두해살이풀
- 산기슭이나 길가 등의 건조한 곳

꽃

✎ 혀 모양의 꽃잎이 13장 안팎으로, 꽃이 지고 나면 꽃머리가 아래로 향하고, 줄기잎은 주걱 모양이다.

왕고들빼기 »320

- 국화과 | 높이 100~200cm | 한두해살이풀
- 산과 들의 풀밭

✎ 줄기잎 윗부분은 긴 타원형의 창끝 모양으로 밋밋하거나 잔 톱니가 있다.

하얀 털이 달린 왕고들빼기 열매

상추처럼 쌈으로 먹는 왕고들빼기 잎

가는잎왕고들빼기

잎이 갈라지지 않는 **가는잎왕고들빼기** 잎

여름, 가을에 꽃이 피는 풀 : 노란색

쇠서나물 »315

- 국화과 | 높이 90cm | 두해살이풀
- 길가, 산비탈의 풀밭

꽃과 열매

뿌리잎

✐ 줄기 전체에 붉은색을 띤 갈색의 억센 털이 있으며, 잎이 길게 내민 소의 혀 모양을 닮았다.

사데풀 »310

- 국화과 | 높이 30~100cm | 여러해살이풀
- 바닷가나 들의 양지바른 곳

꽃

뿌리잎

✐ 줄기잎은 잎 사이가 짧고 어긋나기 하며, 줄기나 잎을 자르면 하얀 즙이 나온다.

가시상추 »284

- 국화과 | 높이 20~80cm | 한두해살이풀
- 길가나 빈터 | 유럽 원산의 귀화식물

가시가 난 잎맥

열매의 하얀 갓털

✎ 잎 가장자리와 잎 뒷면의 가운데 잎맥에 길고 날카로운 가시가 줄지어 나 있다.

갯씀바귀 »288

- 국화과 | 높이 3~15cm | 여러해살이풀
- 바닷가의 모래땅

겨울을 나는 잎

✎ 땅속줄기가 옆으로 길게 자라면서 잎이 달리고, 줄기를 모래 속에 묻고 겨울을 난다.

원추천인국 »320

- 국화과 | 높이 30~50cm | 여러해살이풀
- 북아메리카 원산으로 관상용 또는 야생에서 저절로 자라기도 함

✎ 혀 모양의 꽃잎 안쪽은 진한 자주색, 가운데 관 모양의 꽃은 검은빛이 돈다.

삼잎국화 »311

- 국화과 | 높이 200cm | 여러해살이풀
- 북아메리카 원산으로 관상용 또는 야생에서 저절로 자라기도 함

✎ 아래쪽 잎은 5~7갈래, 위쪽 잎은 3~5갈래로 갈라져 어긋나기 하며, 잎이 삼잎을 닮았다.

겹삼잎국화

해바라기 »333

- 국화과 | 높이 200cm | 한해살이풀
- 중앙아메리카 원산으로 관상용

곧게 선 줄기에 털이 있고, 잎이 매우 크고 어긋나기 한다.

해바라기 원예 품종

가자니아 »284

- 국화과 | 높이 15~30cm | 한해살이풀
- 남아프리카 케에프타운, 나탈 원산으로 관상용

흰색과 노란색 바탕에 자줏빛을 띤 갈색이나 붉은색 세로줄 무늬의 꽃이 화려하다.

노랑코스모스 »294

- 국화과 | 높이 40~100cm | 한해살이풀
- 멕시코 원산으로 관상용 또는 야생에서 저절로 자라기도 함

✎ 마주나기 하는 잎은 둥그런 삼각 모양에 깃 모양으로 깊게 두 번 갈라지며, 꽃잎 끝은 3~5갈래로 갈라진다.

큰금계국 »328

- 국화과 | 높이 30~100cm | 여러해살이풀
- 북아메리카 원산으로 관상용 또는 야생에서 저절로 자라기도 함

✎ 혀 모양의 꽃잎이 8장이며, 끝이 톱니처럼 갈라진다.

국화 »290 📖

- 국화과 | 높이 100cm | 여러해살이풀
- 식용, 관상용, 약용

붉은색 소국

노란색 소국

✏️ 품종에 따라 노란색, 흰색, 붉은색, 보라색 등 꽃 색이 다양하고, 크기나 모양도 다르다.

원추리 »320 📖

- 백합과 | 높이 100cm | 여러해살이풀
- 산과 들의 풀밭

왕원추리(위 꽃은 겹꽃)

✏️ 줄 모양의 잎은 끝이 둥글게 뒤로 젖혀지고, 꽃은 아침에 피었다가 저녁에 시든다.

삼백초 »311

- 삼백초과 | 높이 50~100cm | 여러해살이풀
- 풀밭이나 습지

✎ 꽃이 필 무렵, 곤충을 불러들이려고 줄기 윗부분 잎 2~3장이 흰색으로 변해 꽃처럼 보인다.

꽃과 어우러진 하얀 잎

약모밀 »318

- 삼백초과 | 높이 20~50cm | 여러해살이풀
- 남부지방, 울릉도의 숲속의 습지

✎ 잎은 심장 모양이고 잎과 줄기에서 물고기 비린내가 나며, 꽃은 꽃잎이 없고 십자 모양의 하얀 꽃싸개가 4장 있다.

호장근 »333

- 마디풀과 | 높이 100cm 이상 | 여러해살이풀
- 산과 들

빽빽하게 달린 넓은 달걀 모양의 열매

✎ 꽃잎은 없고 꽃받침이 5장인 흰색 꽃이 잎겨드랑이에서 이삭 모양으로 모여 피고, 어릴 때는 자주색 반점이 줄기 전체에 생긴다.

흰여뀌 »334

- 마디풀과 | 높이 30~60cm | 한해살이풀
- 밭 근처나 빈터

✎ 잎은 긴 창끝 모양으로 어긋나기 하며, 흰색 또는 연한 분홍색 꽃이 이삭 모양으로 모여 핀다.

마디풀 »300

- 마디풀과 | 높이 30~40cm | 한해살이풀
- 길가의 빈터

비스듬한 줄기에 가장자리가 붉은색을 띠고 초록빛이 도는 흰색 꽃이 피며, 마디마디에 피는 꽃은 꽃잎이 아니라 꽃받침이다.

미국자리공 »304

- 자리공과 | 높이 100~300cm | 여러해살이풀
- 도시 주변의 오염 지역 | 북아메리카 원산의 귀화식물

둥글고 납작한 열매는 가을에 보라색으로 익으며 길게 처진다.   꽃잎은 없고 꽃받침이 5장인 꽃

석류풀 » 313

- 석류풀과 | 높이 10~30cm | 한해살이풀
- 밭이나 빈터

✎ 줄기는 가늘고 밑에서부터 가지가 많이 갈라지며, 초록빛이 도는 흰색 꽃은 꽃잎이 아니라 꽃받침이다.

장구채 » 322

- 석죽과 | 높이 30~80cm | 두해살이풀
- 산이나 들

꽃

뿌리잎

✎ 줄기는 곧게 서고 자줏빛이 도는 녹색이며, 잎겨드랑이에서 흰색 꽃이 층층이 핀다.

대나물 »296

- 석죽과 | 높이 50~100cm | 여러해살이풀
- 산이나 들, 바닷가의 산지

줄기에 마디가 있고 잎은 대나무를 닮았으며, 가지 끝에서 흰색 꽃이 모여 핀다.

수술이 길게 뻗은 꽃

덩굴별꽃 »296

- 석죽과 | 길이 170cm | 덩굴성 여러해살이풀
- 산이나 들

식물 전체에 꼬불꼬불한 털이 나 있고, 줄기는 덩굴져 자라며 마디가 있다.

별을 닮은 꽃

콩 모양의 열매

수련 »315

- 수련과 | 높이 100cm | 여러해살이풀
- 연못이나 늪

분홍색 꽃

노란색 꽃

🖉 뿌리에서 나온 잎자루는 수면까지 자라고, 잎은 아랫부분이 깊게 갈라지고 물 위에 뜬다.

비수리 »309

- 콩과 | 높이 100cm | 여러해살이풀
- 하천, 들이나 제방

나비 모양의 꽃

나무처럼 단단한 가지

🖉 줄기는 곧추서다가 아래로 휘며, 아랫부분이 나무처럼 단단해지고 가지가 많이 갈라진다.

풍선덩굴 »332

- 무환자나무과 | 길이 200~300cm | 덩굴성 한해살이풀
- 미국 원산으로 관상용

줄기는 가늘고 덩굴손으로 다른 물체에 기어 올라가며, 열매가 풍선처럼 생겼다.

꽃

심장 모양의 무늬가 있는 씨앗

미나리 »304

- 산형과 | 높이 30cm | 여러해살이풀
- 들의 습지

줄기는 밑에서 가지가 갈라져 옆으로 퍼지고, 원줄기는 곧게 서는데 속이 비어 있다.

꽃

뿌리잎

사상자 »310

- 산형과 | 높이 30~70cm | 두해살이풀
- 산이나 들

꽃차례에 5~9송이가 달린 꽃

가시 같은 짧은 털이 있는 열매

✎ 줄기는 곧게 서고, 작은 잎 여러 장이 깃 모양으로 모여 달린다.

벌사상자 »307

- 산형과 | 높이 70~100cm | 한해살이풀
- 산이나 들

꽃차례에 15~30송이가 달린 꽃

✎ 작은 잎 여러 장이 깃 모양으로 모여 어긋나기 하고, 사상자보다 꽃송이가 많다.

구릿대 »290

- 산형과 | 높이 100~200cm | 여러해살이풀
- 산의 풀밭이나 물가

✎ 줄기는 곧게 서고 윗부분에서 가지가 갈라지며, 흰색 꽃이 우산 모양으로 모여 핀다.

궁궁이 »290

- 산형과 | 높이 80~150cm | 여러해살이풀
- 산골짜기의 냇가 근처

✎ 줄기는 곧게 자라다가 중간부분 위에서 여러 갈래로 가지를 친다.

꽃

편평한 타원형의 열매

갯기름나물 »287

- 산형과 | 높이 60~100cm | 여러해살이풀
- 남부지방의 바닷가

✏️ 줄기 끝과 잎겨드랑이에서 겹우산살 모양으로 흰색 꽃이 모여 피며, 꽃자루 안쪽에 털이 난다.

뿌리잎

마름 »300 📖

- 마름과 | 높이 300~500cm | 여러해살이풀
- 늪이나 연못

✏️ 가장자리 윗부분에 톱니가 있는 삼각 모양의 잎이 사방으로 퍼져 물 위를 덮는다.

열매

잎자루의 공기주머니

노루발 »294

- 노루발과 | 높이 26cm | 여러해살이풀
- 산의 숲속

✏️ 여러 장이 모여 나는 뿌리잎은 잎자루가 길고 두꺼우며 타원형이다.   꽃

큰까치수염 »329 📖

- 앵초과 | 높이 50~100cm | 여러해살이풀
- 들이나 산의 양지바른 곳

✏️ 한쪽으로 굽은 꽃대에서 흰색 꽃이 빽빽하게 피며, 줄기와 잎에서 시고 떫은맛이 난다.

갯까치수염 »287

- 앵초과 | 높이 10~40cm | 두해살이풀
- 바닷가

열매

뿌리잎

✎ 잎이 두껍고 윤기가 나며, 줄기 끝에서 여러 꽃 송이가 아래에서 위로 피어난다.

애기나팔꽃 »317

- 메꽃과 | 길이 60~330cm | 덩굴성 한해살이풀
- 논밭 주변이나 길가 | 북아메리카 원산의 귀화식물

✎ 덩굴로 자라며, 잎은 심장 모양에 끝이 뾰족하고 흰색 꽃은 위에서 보면 오각형이다.

새삼 »312

- 메꽃과 | 길이 300~500cm | 덩굴성 한해살이풀
- 기생식물로 산이나 들

철사 같은 줄기는 주홍빛이 돌고 잎은 비늘 모양으로 퇴화하며, 꽃에 붉은 꽃가루가 보인다.   새삼보다 줄기가 가는 **미국실새삼**

까마중 »291

- 가지과 | 높이 20~90cm | 한해살이풀
- 길가, 빈터나 텃밭 근처

줄기는 곧게 또는 비스듬히 자라고, 달걀 모양의 잎은 어긋나기 한다.

꽃

독성이 약간 있는 열매

배풍등 »306 ☠

- 가지과 | 길이 30~200cm | 덩굴성 여러해살이풀
- 산과 들

덩굴 줄기 전체에 샘털이 빽빽하며, 아래쪽 잎은 3~5갈래, 위쪽 잎은 긴 타원형이다.

꽃잎이 뒤로 젖혀진 꽃

독성이 있는 열매

도깨비가지 »296 🌐

- 가지과 | 높이 100~200cm | 여러해살이풀
- 강둑이나 빈터 | 북아메리카 원산의 귀화식물

줄기를 비롯해 잎자루와 잎 뒷면 가운데 맥을 따라 날카로운 가시가 있다.

열매

잎 뒷면 가운데 맥에 있는 가시

꽈리 »292 📖

- 가지과 | 높이 40~90cm | 여러해살이풀
- 일본, 유럽 동남부 원산으로 관상용

🖋 줄기는 곧게 서고 가지가 갈라지며, 한 마디에서 2장씩 나는 잎은 어긋나기 한다.

꽃받침으로 둘러싸인 열매

질경이 »326

- 질경이과 | 높이 10~50cm | 여러해살이풀
- 길가나 빈터

🖋 잎이 모여 나와 방석처럼 퍼지고, 잎맥이 나란하며 가장자리가 물결 모양이다.

유럽 원산의 귀화식물 **창질경이**

설악초 »314

- 대극과 | 높이 60~100cm | 한해살이풀
- 미국 원산으로 관상용

줄기 아래 잎은 녹색. 위 잎은 꽃이 필 무렵 녹색 바탕에 흰색 무늬가 생긴다.

꽃과 흰색 줄무늬 잎

뚝갈 »299

- 마타리과 | 높이 100cm | 여러해살이풀
- 산과 들의 양지바른 곳

줄기는 하얀 털이 많고 곧게 서며, 잎은 마주나기 하고 앞뒷면에 하얀 털이 있다.

꽃

뿌리잎

하늘타리 »332

- 박과 | 길이 수 미터 | 덩굴성 여러해살이풀
- 중부 이남의 산기슭이나 들

5~7갈래의 하늘타리 잎

3~5갈래의 **노랑하늘타리** 잎

✎ 줄기는 덩굴로 자라며, 꽃잎의 가장자리가 실처럼 잘게 갈라진다.

초롱꽃 »327

- 초롱꽃과 | 높이 40~100cm | 여러해살이풀
- 산지의 풀밭이나 들

아래를 향해 피는 꽃

✎ 줄기 전체에 털이 퍼져 있고, 줄기 윗부분에서 가지를 치며 잔털이 있다.

등골나물 »299

- 국화과 | 높이 200cm | 여러해살이풀
- 산과 들의 풀밭이나 숲가

줄기는 곧게 서며 자줏빛 무늬가 있고, 잎 가장자리의 톱니가 날카롭고 뚜렷하다.

꽃자루에 5송이가 모여 핀 꽃

서양등골나물 »312

- 국화과 | 높이 30~130cm | 여러해살이풀
- 숲가 | 북아메리카 원산의 귀화식물

등골나물 잎과 달리 달걀 모양으로 끝이 뾰족하고, 머리 모양 꽃의 수가 많다.

꽃자루에 5~15송이가 모여 핀 꽃

하얀 갓털이 달린 열매

멸가치 »302

- 국화과 | 높이 50~100cm | 여러해살이풀
- 숲속의 습지

꽃

곤봉처럼 생긴 열매

✎ 줄기와 잎 뒷면에 샘털이 빽빽하며, 잎은 심장 모양으로 가장자리에 톱니가 있다.

한련초 »333

- 국화과 | 높이 20~60cm | 한해살이풀
- 논둑이나 습지

꽃

3~5개의 모서리와 흰색 돌기가 있는 열매

✎ 줄기에 하얀 털이 있고, 줄기를 자르면 공기의 산소와 결합하여 검은색으로 변한다.

우산나물 »320

- 국화과 | 높이 70~120cm | 여러해살이풀
- 산의 숲속

7~9갈래로 깊게 갈라져 둥글게 펼쳐진 잎 모양이 우산과 비슷하다.

분홍빛을 띤 꽃부리

털별꽃아재비 »330

- 국화과 | 높이 10~50cm | 한해살이풀
- 밭 주변이나 길가 | 열대 아메리카 원산의 귀화식물

줄기 전체에 거친 털이 빽빽하고, 잎은 달걀 모양으로 끝이 뾰족하다.

털이 적고 혀 꽃잎이 작은 **별꽃아재비**

단풍취 »295

- 국화과 | 높이 35~80cm | 여러해살이풀
- 산의 숲속

줄기는 갈색 털이 드문드문 있고, 잎은 가장자리가 7~11갈래로 갈라져 단풍잎과 비슷하다.

꽃부리가 깊게 갈라진 꽃

참취 »327

- 국화과 | 높이 100~150cm | 여러해살이풀
- 산지

줄기 윗부분에서 흰색 혀 꽃잎이 피며, 심장 모양의 뿌리잎은 꽃이 필 때쯤 없어지고 줄기잎은 가장자리에 겹톱니가 있다.

미국쑥부쟁이 »304 🌐

- 국화과 | 높이 30~100cm | 여러해살이풀
- 습한 풀밭이나 길가 | 북아메리카 원산의 귀화식물

누런빛을 띤 갈색 갓털이 있는 열매

뿌리잎(2월)

✎ 윗부분이 휘어진 줄기에 가지가 많이 갈라지고, 가지 끝에서 흰색 꽃이 15~25송이 핀다.

큰비짜루국화 »329

- 국화과 | 높이 50~100cm | 두해살이풀
- 습한 풀밭이나 냇가 근처 | 북아메리카 원산의 귀화식물

짧은 털이 있는 열매

✎ 줄기에 가지가 많이 갈라지며, 잎은 긴 타원형으로 어긋나기 한다.

개망초 »286 📖

- 국화과 | 높이 30~100cm | 두해살이풀
- 들판이나 길가 | 북아메리카 원산의 귀화식물

혀꽃이 기다란 꽃

뿌리잎

✐ 줄기는 곧게 서고 가지가 많이 갈라지며, 줄기와 잎 전체에 털이 있다.

망초 »301

- 국화과 | 높이 100~200cm | 두해살이풀
- 논밭 주변이나 빈터 | 북아메리카 원산의 귀화식물

짧은 혀꽃이 위로 향한 꽃

뿌리잎

✐ 줄기는 곧게 서고 전체에 털이 있지만, 잎에는 뒷면의 주맥과 가장자리에만 털이 있다.

톱풀 »331

- 국화과 | 높이 50~110cm | 여러해살이풀
- 산이나 들

꽃

잎

📝 한곳에서 여러 대가 나오는 줄기는 곧게 서고, 잎은 가장자리가 깃 모양으로 깊게 갈라져 톱을 닮았다.

서양톱풀 »313

- 국화과 | 높이 30~100cm | 여러해살이풀
- 들이나 풀밭 | 유럽 원산의 귀화식물

꽃

가늘게 갈라지는 뿌리잎

📝 긴 타원형의 잎은 가장자리가 깃 모양으로 깊게 갈라지고, 갈라진 조각은 줄 모양이다.

구절초 »290

- 국화과 | 높이 50cm | 여러해살이풀
- 양지바른 풀밭

꽃

뿌리잎

🖉 줄기는 곧게 자라고, 줄기나 가지 끝에서 흰색과 연한 분홍색 꽃이 위를 향해 핀다.

삽주 »311

- 국화과 | 높이 30~100cm | 여러해살이풀
- 산이나 들

🖉 줄기 윗부분에서 가지가 갈라지고, 잎 표면에 윤기가 있다.

가장자리에 바늘 모양의 가시가 있는 잎

질경이택사 »326

- 택사과 | 높이 60~90cm | 여러해살이풀
- 논이나 연못가

✎ 뿌리줄기에서 넓고 둥근 잎이 모여 나는데 잎에 세로 맥이 5~7줄 있고, 가지마다 꽃대가 돌려나기 하면서 꽃이 핀다.

개구리밥 »285

- 개구리밥과 | 뿌리 길이 3~5cm | 여러해살이풀
- 논이나 연못

개구리밥 뿌리

좀개구리밥 뿌리

✎ 가을에 생긴 겨울눈(동아)이 물속에 가라앉았다가 이듬해 다시 물 위에 떠올라 자란다.

자라풀 »321

- 자라풀과 | 높이 5~10cm | 여러해살이풀
- 연못이나 도랑 등의 얕은 물

잎 앞면

줄기가 길게 뻗으면서 마디에서 뿌리를 내리고, 잎 뒷면에 공기주머니가 있어 물 위에 뜬다.   자라의 등을 닮은 공기주머니 잎 뒷면

옥잠화 »319

- 백합과 | 높이 40~56cm | 여러해살이풀
- 중국 원산으로 관상용

긴 꽃대 끝에서 향기가 좋은 흰색 꽃이 밤에 피었다가 다음날 아침에 시들며, 꽃봉오리가 옥비녀(옥잠)를 닮았다.

실유카 »316

- 용설란과 | 높이 100~200cm | 여러해살이풀
- 미국 원산으로 관상용

뿌리줄기에서 40~60장 나온 잎 가장자리에 구불거리는 실 모양의 섬유질이 달려 있다.

아래를 향해 피는 꽃

마 »300

- 마과 | 길이 200~300cm | 덩굴성 여러해살이풀
- 산이나 들

암수딴그루로, 잎겨드랑이에서 암꽃은 밑으로 처지고, 수꽃은 위로 곧게 서면서 핀다.

살눈(씨앗)

환삼덩굴 »334

- 삼과 | 길이 200~400cm | 덩굴성 한해살이풀
- 들이나 빈터, 길가

수꽃

암꽃

✎ 줄기와 잎자루에 아래로 향한 가시가 있어 다른 물체에 걸고 덩굴로 자란다.

뽕모시풀 »310

- 뽕나무과 | 높이 30~80cm | 여러해살이풀
- 산이나 들

열매

✎ 줄기는 곧게 서고, 잎은 넓은 달걀 모양으로 끝이 뾰족하다.

개모시풀 »286

- 쐐기풀과 | 높이 100cm | 여러해살이풀
- 산기슭이나 숲가

줄기 아래쪽의 수꽃

줄기 위쪽의 암꽃

✎ 줄기는 곧게 서고, 넓은 달걀 모양의 잎은 끝이 길게 뾰족하다.

쥐방울덩굴 »325

- 쥐방울덩굴과 | 길이 150cm | 덩굴성 여러해살이풀
- 산이나 들, 숲가

색소폰처럼 생긴 꽃

거꾸로 매달린 낙하산 모양의 열매

✎ 가느다란 줄기는 다른 물체를 타고 올라 덩굴로 자라며, 잎은 심장 모양이다.

닭의덩굴 »295

- 마디풀과 | 길이 200cm | 덩굴성 여러해살이풀
- 숲 가장자리나 길가 | 유럽 원산의 귀화식물

줄기는 덩굴로 자라고, 긴 심장 모양의 잎은 끝이 뾰족하며, 흰빛이 도는 녹색 꽃이 모여 핀다.

여뀌 »319

- 마디풀과 | 높이 40~80cm | 한해살이풀
- 습지나 시냇가

잎자루가 없고, 잎은 창끝 모양이며 잎을 씹으면 매운맛이 난다.

꽃잎이 없는 꽃

며느리배꼽 »302

- 마디풀과 | 길이 200cm | 덩굴성 한해살이풀
- 길가나 빈터

✎ 줄기와 잎자루에 아래로 가시가 있어 덩굴로 자라며, 잎은 삼각 모양으로 끝이 뾰족하다.

푸른빛을 띤 자주색으로 익는 열매

댑싸리 »296

- 명아주과 | 높이 100~150cm | 한해살이풀
- 길가나 빈터

✎ 곧은 줄기에 가지가 많이 갈라지고, 다 자란 것을 잘라 말려서 빗자루를 만든다.

꽃밥이 노란 꽃

여름·가을에 꽃이 피는 풀 :: 녹색

명아주 »302

- 명아주과 | 높이 100~200cm | 한해살이풀
- 밭, 길가나 풀밭

식물 전체가 하얀 가루로 덮이고, 줄기는 곧게 서며 녹색 줄이 있다.

잎이 3갈래로 얕게 갈라지는 **좀명아주**

취명아주 »328

- 명아주과 | 높이 15~100cm | 한해살이풀
- 빈터나 바닷가

잎은 넓은 창끝 모양이며 가장자리에 물결 모양의 톱니가 있고, 잎 뒷면의 털이 마치 쥐색 같다.

나문재 »293

- 명아주과 | 높이 50~80cm | 한해살이풀
- 서해안의 바닷가

꽃밥이 노란 꽃

9월의 나문재

✎ 줄기에 촘촘히 나는 긴 잎은 어긋나기 하고, 잎을 자른 단면은 반달 모양이며 짠맛이 난다.

칠면초 »328

- 명아주과 | 높이 15~50cm | 한해살이풀
- 서해안의 갯벌

✎ 처음에는 녹색이지만 붉은 자주색으로 변하며, 잎은 방망이처럼 통통하고 단면이 둥근 모양에 가까우며 짠맛이 난다.

퉁퉁마디 »331 📖

- 명아주과 | 높이 10~30cm | 한해살이풀
- 갯벌이나 바닷물이 드나드는 내륙의 염분이 있는 곳

✎ 퇴화한 잎이 작은 비늘조각으로 마디 위쪽에서 마주나기 하며, 마디가 튀어나왔다.

9월의 퉁퉁마디

해홍나물 »333 📖

- 명아주과 | 높이 30~50cm | 한해살이풀
- 바닷가의 모래땅이나 갯벌

꽃이 핀 7~8월의 해홍나물

씨앗

✎ 잎이 나문재보다 짧고 칠면초보다는 길며, 가을에 통통해지면서 붉은색으로 변한다.

개비름 »286

- 비름과 | 높이 30~80cm | 한해살이풀
- 밭 언저리나 길가 | 유럽 원산의 귀화식물

꽃

줄기는 밑부분에서 가지가 갈라지고 비스듬히 자라며, 잎은 마름모꼴의 달걀 모양이다.

쇠무릎 »315

- 비름과 | 높이 50~100cm | 여러해살이풀
- 산지의 숲속이나 들

긴 타원형의 열매

소의 무릎을 닮은 마디

곧게 자란 줄기는 마디가 있고 네모져 있으며, 긴 타원형 잎은 끝이 뾰족하다.

낙지다리 »294

- 돌나물과 | 높이 30~70cm | 여러해살이풀
- 연못이나 물가의 습지

꽃

붉게 익은 열매

✎ 줄기 끝에서 사방으로 가지가 갈라져 노란빛이 도는 연한 녹색 꽃이 모여 핀다.

깨풀 »291

- 대극과 | 높이 30~50cm | 한해살이풀
- 밭이나 빈터, 길가

✎ 잎은 달걀 모양 또는 넓은 창끝 모양이며, 암꽃은 삿갓 모양의 꽃싸개가 싸고 있고, 수꽃은 줄기 윗부분에 이삭 모양으로 달린다.

여우구슬 »319

- 대극과 | 높이 15~40cm | 한해살이풀
- 들의 풀밭이나 밭

자루가 짧은 열매

구슬처럼 달린 열매

🖉 줄기는 곧게 서고 잎은 촘촘하게 어긋나기 하며, 잎겨드랑이에서 붉은 갈색 꽃이 핀다.

여우주머니 »319

- 대극과 | 높이 15~40cm | 한해살이풀
- 밭이나 거친 땅

자루가 긴 열매

🖉 잎은 긴 타원형이며 주맥이 뚜렷하고, 잎 간격이 듬성듬성하게 어긋나기 한다.

거지덩굴 »288

- 포도과 | 길이 300~500cm | 덩굴성 여러해살이풀
- 숲 가장자리

덩굴손으로 번식하는 이 식물이 번지면 숲이 거지처럼 황폐해진다고 한다.

꽃

검게 익는 열매

독활 »297

- 두릅나무과 | 높이 150cm | 여러해살이풀
- 산기슭이나 들

줄기는 속이 비었으며 엉성하게 가지를 치고, 작은 잎 여러 장이 모여 어긋나기 한다.

꽃이 핀 모양으로 익는 열매

큰피막이 »330

- 산형과 | 높이 10~15cm | 여러해살이풀
- 습기가 있는 들이나 길가

긴 꽃대에 핀 꽃

꽃이 잎 위로 올라오지 않는 **선피막이**

📝 마디에서 뿌리가 내리며 자라고, 피가 나올 때 잎을 찧어 붙이면 피가 멎는다.

가시박 »284

- 박과 | 길이 400~800cm | 덩굴성 한해살이풀
- 산기슭이나 들, 강변 | 북아메리카 원산의 귀화식물

잎

긴 가시가 있는 열매

📝 3~4갈래로 갈라진 덩굴손으로 다른 식물체를 타고 올라가 뒤덮어 버린다.

꼭두서니 »291

- 꼭두서니과 | 높이 100cm | 여러해살이풀
- 들이나 산지의 숲가

꽃

검게 익어 가는 열매

✎ 잎이 4장씩 돌려나기 하는 것처럼 보이지만 2장은 잎이고 2장은 떡잎이다.

더덕 »296 📖

- 초롱꽃과 | 길이 200~300cm | 덩굴성 여러해살이풀
- 숲속

종 모양의 꽃

✎ 줄기는 매끈하고 덩굴로 자라며, 줄기와 잎을 자르면 하얀 즙이 나온다.

큰도꼬마리 »329

- 국화과 | 높이 50~200cm | 한해살이풀
- 길가나 빈터, 하천 제방 | 북아메리카 원산의 귀화식물

줄기는 겉이 거칠며 반점이 있고, 잎은 넓은 달걀 모양이며, 3~5갈래로 얕게 갈라진다.

갈고리 모양의 가시가 있는 열매

담배풀 »296

- 국화과 | 높이 50~100cm | 두해살이풀
- 산지나 숲가

담뱃대처럼 생긴 꽃

줄기에 잔털이 빽빽하며, 식물체에서 특이한 냄새가 나 담배 대용으로 사용했다.

잎

단풍잎돼지풀 »295

- 국화과 | 높이 100cm~250cm | 한해살이풀
- 길가나 빈터 | 북아메리카 원산의 귀화식물

✐ 줄기에 거친 털이 빽빽하게 나 있고, 잎은 단풍잎처럼 3~5갈래로 깊이 갈라지며, 암꽃은 아래쪽, 수꽃은 위쪽에 달린다.

돼지풀 »298

- 국화과 | 높이 100cm | 한해살이풀
- 거친 땅이나 빈터 | 북아메리카 원산의 귀화식물

✐ 줄기 전체에 짧은 털이 있고, 잎은 여러 갈래로 깊게 갈라진다.

꽃

붉은서나물 »309

- 국화과 | 높이 20~200cm | 한해살이풀
- 산기슭이나 숲의 그늘진 곳, 공원

통 모양의 꽃

하얀 갓털이 있는 씨앗

✎ 줄기에 붉은빛이 돌고 원줄기는 연약하며, 잎 가장자리에 불규칙한 톱니가 있다.

중대가리풀 »325

- 국화과 | 높이 10cm | 한해살이풀
- 논이나 들판, 길가, 습지

✎ 줄기는 땅에 기면서 뿌리 내리고, 잎은 주걱 모양이며, 열매 모양이 스님 머리를 닮았다.

쑥 »316

- 국화과 | 높이 60~120cm | 여러해살이풀
- 산이나 들

줄기는 거미줄 같은 털로 덮여 있고, 뒷면에 하얀 털이 빽빽하게 난 줄기잎은 흰색으로 보인다.   꽃

사철쑥 »310

- 국화과 | 높이 30~100cm | 여러해살이풀
- 냇가나 바닷가의 모래땅, 산의 낮은 지대

부드러운 하얀 털로 덮인 봄에 나는 뿌리잎은 꽃이 필 때쯤 마르며, 잎의 갈래 조각이 실처럼 가늘다.

제비쑥 »323

- 국화과 | 높이 30~90cm | 여러해살이풀
- 산지

줄기는 곧게 서거나 비스듬히 자라며, 여러 대가 모여 난다.

가래 »284

- 가래과 | 높이 50cm | 여러해살이풀
- 논이나 물이 고인 웅덩이

물속에 있는 잎은 창끝 모양, 물 위의 잎은 달걀 모양의 타원형으로 윤기가 나며, 꽃은 이삭 모양으로 핀다.

말즘 »301

- 가래과 | 높이 30~70cm | 여러해살이풀
- 연못이나 늪, 흐르는 물속

✏️ 땅속줄기 마디에서 뿌리와 줄기가 나고, 잎은 모두 물속에 잠긴다.

검정말 »288 📖

- 자라풀과 | 길이 30~60cm | 여러해살이풀
- 연못이나 흐르는 물속

✏️ 줄기 아래 마디에서 뿌리가 나고, 위 마디에서 좁고 긴 잎이 나며, 물속에서 보이는 모습이 거무튀튀하다.

나사말 »293

- 자라풀과 | 길이 30~70cm | 여러해살이풀
- 연못이나 흐르는 물속

✎ 길고 좁다란 줄 모양의 부드러운 잎이 물속에 잠겨 물결을 따라 움직이며, 꽃대가 나사처럼 꼬인다.

창포 »327

- 천남성과 | 높이 70cm | 여러해살이풀
- 연못이나 도랑

✎ 잎맥이 뚜렷한 잎이 무더기로 나오고, 밑부분이 서로 얼싸안은 형태로 두 줄로 포개지며, 꽃이 방망이 모양으로 핀다.

밀나물 »305

- 백합과 | 길이 200~300cm | 덩굴성 여러해살이풀
- 산과 들

덩굴손

익으면 검게 변하는 열매

✎ 덩굴손으로 다른 식물을 감으며 자라고, 잎은 달걀 모양으로 5~7줄의 잎맥이 뚜렷하다.

갈대 »284 📖

- 벼과 | 높이 100~300cm | 여러해살이풀
- 습지나 냇가

✎ 줄기는 곧게 서고, 자줏빛을 띤 갈색 꽃이 원뿔 모양의 이삭으로 모여 피며, 털이 달린 씨앗은 멀리까지 퍼진다.

달뿌리풀 »295

- 벼과 | 높이 100~200cm | 여러해살이풀
- 냇가의 모래 땅

뿌리줄기가 달리듯이 땅 위로 뻗고, 윗부분의 잎집은 자주색을 띠며 꽃이삭이 갈대보다 엉성하다.

그령 »290

- 벼과 | 높이 30~80cm | 여러해살이풀
- 길가나 빈터, 산지 주변의 풀밭

줄기는 여러 대가 모여 나고 마디가 2~3개 있으며, 이삭에서 자줏빛이 도는 녹색 꽃이 엉성하게 핀다.

바랭이 »305

- 벼과 | 높이 40~70cm | 한해살이풀
- 논이나 길가

✎ 줄기 끝에서 가지가 3~8갈래로 갈라지고, 그 가지 끝에서 연녹색 꽃이 모여 달린다.

꽃이삭이 편평한 **왕바랭이**

줄 »325 📖

- 벼과 | 높이 100~200cm | 여러해살이풀
- 연못이나 냇가

✎ 잎이 길고 날카로우며, 꽃대 윗부분은 긴 까끄라기가 달린 암꽃이, 아랫부분은 수꽃 이삭이 달린다.

강아지풀 »285 📖

- 벼과 | 높이 30~120cm | 한해살이풀
- 들이나 벌판

✎ 줄기는 아래쪽에서 갈라지며, 강아지 꼬리를 닮은 이삭은 열매가 익으면 고개를 숙인다.

금빛 이삭이 똑바로 서서 피는 **금강아지풀**

수크령 »316

- 벼과 | 높이 30~80cm | 여러해살이풀
- 들의 양지바른 곳

✎ 줄기는 모여 나고, 원기둥 모양으로 꽃이삭이 달리는데 꽃을 싸는 꽃싸개가 자주색이다.

개기장 »286

- 벼과 | 높이 30~120m | 한해살이풀
- 들이나 숲가

줄기 끝에서 가지가 많이 갈라지고 자잘한 꽃이삭이 엉성하게 달린다.

꽃이 빽빽한 **미국개기장**

돌피 »298

- 벼과 | 높이 80~100cm | 한해살이풀
- 논밭이나 빈터 등의 습한 곳

줄기는 여러 대가 모여 나고, 잎은 칼 모양이며 줄기 끝에서 자잘한 꽃이 모여 달린다.

꽃이삭

잔 이삭에 긴 까끄라기가 있는 **물피**

조개풀 »323

- 벼과 | 높이 20~50cm | 한해살이풀
- 도랑이나 길가

✏️ 마디에서 나온 가지가 곧게 서고, 꽃이삭에 뻣뻣하고 억센 털이 있다.

주름조개풀 »325

- 벼과 | 높이 10~30cm | 여러해살이풀
- 숲속의 그늘진 곳

긴 까끄라기가 있는 꽃

✏️ 마디에서 뿌리를 내리면서 자라며, 녹색의 작은 꽃이삭에 긴 까끄라기가 있고, 잎에 주름이 있다.

억새 »318 📖

- 벼과 | 높이 100~200cm | 여러해살이풀
- 산이나 들

잎은 억세고 가장자리에 날카로운 톱니가 있으며, 잔 이삭에 까끄라기가 있다.

잔 이삭에 까끄라기가 없는 **물억새**

솔새 »314

- 벼과 | 높이 70~100cm | 여러해살이풀
- 낮은 산의 풀밭

부챗살 모양의 이삭

꽃차례가 밖으로 나온 **개솔새**

줄기는 모여 나고, 잎겨드랑이에서 부챗살 모양의 꽃이삭이 한쪽 방향으로 달린다.

매자기 »301

- 사초과 | 높이 80~150cm | 여러해살이풀
- 연못가의 물속

세모진 줄기는 모여 나고, 줄기 끝에서 꽃이삭이 모여 달린다.

금방동사니 »290

- 사초과 | 높이 20~30cm | 한해살이풀
- 들이나 경작지 주변, 하천가의 양지바른 곳

줄기는 세모지고, 잎보다 뿌리에 향이 있다.

꽃이삭 길이가 짧은 **참방동사니**

이삭돌기가 뒤로 젖혀진 **방동사니**

알방동사니 »317

- 사초과 | 높이 25~60cm | 한해살이풀
- 논이나 습지

✎ 잎은 꽃대보다 짧고, 줄기 끝에서 검은빛을 띤 갈색의 작은 이삭들이 공 모양으로 모여 달린다.

공 모양의 이삭

괭이사초 »289

- 사초과 / 높이 30~60cm / 여러해살이풀
- 산지의 습한 풀밭이나 논밭둑, 길가

✎ 줄기는 반들반들 윤기가 나며, 긴 원기둥 모양의 꽃이삭에 가늘고 긴 꽃싸개가 달려 있다.

가늘고 긴 꽃싸개가 달린 꽃이삭

파대가리 »331

- 사초과 | 높이 5~20cm | 여러해살이풀
- 습지

🖉 뿌리줄기가 뻗으면서 마디에서 뿌리가 생기고, 줄기 끝에서 둥근 꽃이삭이 달린다.

파꽃을 닮은 꽃이삭

파피루스 »331

- 사초과 | 높이 300cm | 여러해살이풀
- 유럽 남부, 열대 아프리카, 이집트, 팔레스타인 원산으로 관상용

🖉 줄기는 곧게 여러 대가 모여 나고, 잎은 줄기 끝에서 우산살 모양으로 모여 난다.

연한 갈색의 이삭

종려방동사니 »324

- 사초과 | 높이 100cm | 여러해살이풀
- 마다가스카르 원산으로 관상용

층층이 돌려 피는 꽃

✎ 줄기는 여러 대가 모여 나고, 잎은 줄기 끝에서 우산살 모양으로 펼쳐져 자란다. 잎

골풀 »289

- 골풀과 | 높이 25~100cm | 여러해살이풀
- 습지나 물가

✎ 꽃싸개가 줄기에 연달아 길게 자라 마치 꽃이 줄기 중간에 달린 것처럼 보인다.

논밭에 심어 기르는 농작물

메밀 »336 📖

- 마디풀과 | 높이 40~70cm | 한해살이풀
- 밭 | 중앙아시아 원산

줄기는 속이 비어 있으며, 가지가 갈라지고 세모꼴의 열매는 갈색으로 익는다.

꽃

시금치 »337 📖

- 명아주과 | 높이 50cm | 한두해살이풀
- 밭 | 아시아 서부 원산

뿌리에서 잎이 여러 장 모여 나며, 줄기잎은 삼각 모양에 어긋나기 한다.

잎

갓 »334

- 십자화과 | 높이 100~150cm | 한해살이풀
- 밭 | 중국 원산

꽃

2월의 갓

줄기 위쪽에서 가지를 치며, 매운맛이 있어 주로 김치를 담그거나 양념으로 쓴다.

배추 »336

- 십자화과 | 높이 40~50cm | 두해살이풀
- 밭 | 중국 원산

꽃

뿌리에서 모여 나는 잎은 안으로 굽으며 포개져 둥근 포기를 이루고, 김치로 담가 먹는다.

무 »336

- 십자화과 | 높이 100cm | 두해살이풀
- 밭 | 지중해 연안 원산

🖉 둥근 기둥 모양으로 자라는 커다란 뿌리와 연한 잎은 김치로 담가 먹는다.

꽃

유채 »339

- 십자화과 | 높이 80~130cm | 두해살이풀
- 남부지방 밭 | 유럽 원산

열매

뿌리잎

🖉 꽃을 보고 즐기기 위해 넓은 지역에 심으며, 씨앗으로 기름을 짠다.

양배추 »338

- 십자화과 | 높이 30~120cm | 두해살이풀
- 밭 | 유럽 원산

뿌리에서 모여 나는 잎은 두껍고 주름이 있어, 서로 겹쳐져 둥근 포기를 이룬다.

다양한 양배추 품종

케일 »339

- 십자화과 | 높이 30~120cm | 두해살이풀
- 밭 | 지중해 원산

양배추의 기원이 되는 종이며, 뿌리에서 모여 나는 잎을 먹는다.

콩 »339 📖

- 콩과 | 높이 60cm | 한해살이풀
- 밭 | 우리나라 북부지방 원산

꽃

열매

✏️ 잎겨드랑이에서 나비 모양으로 자주색, 분홍색, 흰색 꽃이 피며, 씨앗을 대두라고 한다.

강낭콩 »334 📖

- 콩과 | 길이 150~200cm | 한해살이풀
- 밭 | 중앙아메리카 원산

꽃

✏️ 품종에 따라 줄기는 곧게 자라거나 덩굴로 자라며, 씨앗의 모양과 색이 다양하다.

완두 »338 📖

- 콩과 | 높이 100cm | 한해살이풀
- 밭 | 남아메리카 원산

꽃

✏️ 잎 끝이 덩굴손으로 변해 물체를 감을 수 있고, 열매는 콩과 비슷하지만 매끈하다.

땅콩 »336 📖

- 콩과 | 높이 50~60cm | 한해살이풀
- 밭 | 남아메리카 원산

꽃

땅속에서 익는 열매

✏️ 나비 모양의 노란색 꽃이 달리고, 수정이 되면 씨방 부분이 길게 자라 땅속으로 들어간다.

녹두 »335

- 콩과 | 높이 30~80cm | 한해살이풀
- 밭 | 아시아 남부 원산

꽃

열매

🖉 나비 모양의 노란색 꽃이 피고, 긴 꼬투리 열매를 맺는다.

팥 »340

- 콩과 | 높이 30~50cm | 한해살이풀
- 밭 | 중국 원산

꽃

열매

🖉 꽃은 대개 오전 7~8시에 피며, 기후에 따라 시간 차이가 있다.

결명자 »335

- 콩과 | 높이 60~120cm | 한해살이풀
- 밭 | 북아메리카 원산

긴 꼬투리 속에 네모난 씨앗이 생기는데 이것을 '결명자'라고 한다.

아욱 »338

- 아욱과 | 높이 60~90cm | 한해살이풀
- 밭 | 우리나라 및 동아시아 원산

꽃

잎

잎이 둥글고 5~7갈래로 갈라지며, 어린순과 연한 잎을 먹는다.

목화 »336 📖

- 아욱과 | 높이 60cm | 한해살이풀
- 밭 | 아시아 또는 남아메리카 원산

열매

솜털이 붙어 있는 씨앗

✏️ 달걀 모양의 열매가 익으면 3갈래로 갈라져 하얀 솜털에 붙어 있는 씨앗이 드러난다.

당근 »335 📖

- 산형과 | 높이 100cm | 한두해살이풀
- 밭 | 중앙아시아 원산

꽃

뿌리잎

✏️ 뿌리잎은 잎자루가 길고 잎은 깃 모양이며, 뿌리를 먹는다.

참깨 »339

- 꿀풀과 | 높이 100cm | 한해살이풀
- 밭 | 인도 또는 아프리카 열대 원산

✏️ 긴 타원형 잎은 마주나기 하고 윗부분에서 어긋나기도 하며, 씨앗은 기름과 양념으로 쓴다.

꽃

들깨 »335

- 꿀풀과 | 높이 60~90cm | 한해살이풀
- 밭 | 동남아시아 원산

열매

✏️ 꽃은 흰색이고 달걀 모양의 잎은 끝이 뾰족하고 마주나기 한다. 씨앗은 기름과 양념으로 쓴다.

전체적으로 보랏빛을 띤 **소엽**

고구마 »335

- 메꽃과 | 길이 300cm | 덩굴성 여러해살이풀
- 밭 | 남아메리카의 안데스 산맥 원산

✎ 땅속줄기에서 나온 뿌리의 일부가 굵어져 덩이뿌리가 되는데, 이 덩이뿌리를 먹는다.

꽃

가지 »334

- 가지과 | 높이 60~100cm | 한해살이풀
- 밭 | 인도 원산

✎ 마디 사이에서 꽃대가 나와 꽃이 달리고, 열매는 종류에 따라 보라색, 흰색이 있다.

열매

토마토 » 340

- 가지과 | 높이 100cm | 한해살이풀
- 밭 | 남아메리카 원산

꽃

열매

✐ 줄기는 가지가 많이 갈라지고 열매는 붉은색으로 익으며, 품종이 다양하다.

고추 » 335

- 가지과 | 높이 60cm | 한해살이풀
- 밭 | 남아메리카 원산

꽃

열매

✐ 여름에 잎겨드랑이에서 흰색 꽃이 한 송이씩 피며, 열매는 길고 붉은색으로 익는다.

감자 »334 📖

- 가지과 | 높이 60~100cm | 여러해살이풀
- 밭 | 남아메리카의 안데스 산맥 원산

✎ 땅속줄기에서 나와 끝이 통통한 덩이줄기로 자란 것을 먹으며, 흰색이나 연한 자주색 꽃이 핀다.　　　　꽃

여주 »338

- 박과 | 길이 100~500cm | 덩굴성 한해살이풀
- 밭 | 인도 등 열대 아시아 원산, 관상용이나 식용

✎ 줄기는 덩굴로 자라고 열매는 타원형이며, 표면에 혹 모양의 돌기가 빽빽하게 생긴다.　　　　열매

수세미오이 »337

- 박과 | 길이 1200cm | 덩굴성 한해살이풀
- 밭 | 열대 아시아 원산, 관상용이나 식용

덩굴로 자라고, 열매는 원기둥 모양이며 녹색 표면에 얕은 골이 세로로 생긴다.

열매

수박 »337

- 박과 | 길이 200cm | 덩굴성 한해살이풀
- 밭 | 아프리카 원산

줄기는 옆으로 뻗고 가지가 여러 갈래로 갈라지며, 열매에 진한 녹색 줄이 있다.

잎

열매

오이 »338

- 박과 | 길이 150~200cm | 덩굴성 한해살이풀
- 밭 | 아시아 원산

✏️ 덩굴로 자라며, 긴 원기둥 모양의 녹색 열매가 열리고, 갈색으로 익은 열매는 '노각'이라 한다.

열매

참외 »339

- 박과 | 길이 150~250cm | 덩굴성 한해살이풀
- 밭 | 중국 화북지방 원산

✏️ 덩굴로 자라고, 타원 모양의 열매는 연두색에서 노란색으로 익는다.

열매

박 »336

- 박과 | 길이 1000~2000cm | 덩굴성 한해살이풀
- 북아프리카, 관상용

익은 박

조롱박

✎ 덩굴로 자라며, 흰색 꽃이 저녁 때 피었다가 다음날 아침에 시든다.

호박 »340

- 박과 | 길이 1000~1500cm | 덩굴성 한해살이풀
- 밭 | 아메리카 원산

암꽃

열매

✎ 덩굴로 자라며, 암꽃은 꽃대가 짧고 밑부분에 둥글고 긴 씨방이 있다.

우엉 »338

- 국화과 | 높이 150cm | 여러해살이풀
- 밭 | 유럽 원산

갈고리 같은 가시가 있는 열매

뿌리잎

✎ 뿌리는 길이 30~60센티미터로 곧게 뻗으며, 열매에 갈고리 같은 가시가 있다.

쑥갓 »338

- 국화과 | 높이 30~60cm | 한두해살이풀
- 밭 | 지중해 원산

꽃

뿌리잎

✎ 줄기는 곧게 서고 잎이 여러 갈래로 갈라지며, 수분이 많고 독특한 향이 있다.

잇꽃 »339 📖

- 국화과 | 높이 100cm | 두해살이풀
- 밭 | 아시아 남부지역으로 원산 추정

노란색 꽃

시간이 지나면 주홍색으로 바뀌는 꽃

✏ 넓은 창끝 모양의 잎은 가장자리 끝이 가시로 변하며, 엉겅퀴 모양의 꽃이 핀다.

상추 »337 📖

- 국화과 | 높이 100cm | 두해살이풀
- 밭 | 유럽과 서아시아 원산

양상추

✏ 뿌리잎은 타원형으로 크며, 위로 갈수록 작아지고 주름이 많으며 노란색 꽃이 핀다.

딸기 »335 📖

- 장미과 | 높이 10~40cm | 여러해살이풀
- 밭 | 아메리카 원산

꽃턱이 변한 열매

✎ 작은 잎 3장이 모여 달리고, 꽃이 진 뒤에 기는줄기가 뻗으면서 꽃턱이 변한 열매가 달린다.

토란 »339 📖

- 천남성과 | 높이 100cm | 여러해살이풀
- 밭 | 열대 아시아 원산

✎ 뿌리에서 돋아나는 잎이 100센티미터 정도까지 자라며 코끼리의 귀를 닮았다.

마늘 »336

- 백합과 | 높이 60cm | 여러해살이풀
- 밭 | 서아시아 원산

✎ 가을에 심어 이듬해 여름에 수확하며, 땅속 비늘줄기를 먹는다.

부추 »337

- 백합과 | 높이 30~40cm | 여러해살이풀
- 밭 | 중국 서부로 원산 추정

✎ 잎은 줄 모양으로 좁고 길며, 식물 전체에서 특이한 냄새가 난다.　　　　꽃

파 »340

- 백합과 | 높이 60cm | 여러해살이풀
- 밭 | 시베리아 또는 중국 서부 원산

✎ 잎은 빨대 모양으로 속이 비었으며, 끝이 뾰족하고 식물 전체에서 강한 냄새가 난다.

잎

양파 »338

- 백합과 | 높이 160cm | 두해살이풀
- 밭 | 서아시아 이란 원산

✎ 속이 빈 잎은 파를 닮았으며, 식물 전체에서 강한 냄새가 난다.

땅속 비늘줄기

율무 »339 📖

- 벼과 | 높이 100~150cm | 한해살이풀
- 밭 | 동아시아 원산

✎ 줄기는 모여 나고 가지가 갈라지며, 타원형 열매는 갈색으로 익는다.

항아리 모양의 암꽃

조 »339 📖

- 벼과 | 높이 50~180cm | 한해살이풀
- 밭 | 동북아시아 원산

✎ 줄기 끝에 긴 원기둥 모양의 꽃이삭이 달리며, 열매가 노랗게 익고 줄기가 휘어진다.

열매

기장 »335

- 벼과 | 높이 50~120cm | 한해살이풀
- 밭 | 동북아시아 원산

✎ 줄기 끝에 긴 원기둥 모양으로 꽃이삭이 달리며, 조보다 큰 둥근 열매가 노랗게 익으면 줄기가 휘어진다.

밀 »336

- 벼과 | 높이 100cm | 두해살이풀
- 밭 | 중동지역 원산

✎ 10월에 심어 이듬해 5~6월에 수확하고, 보리보다 수염처럼 생긴 까끄라기가 짧고 낱알이 성기게 달린다.

보리 »337

- 벼과 | 40~80cm | 두해살이풀
- 밭 | 이스라엘 원산으로 추정

✎ 10월에 심어 이듬해 5~6월에 수확하고, 밀보다 수염처럼 생긴 까끄라기가 길고 낱알이 촘촘하게 달린다.

벼 »337

- 벼과 | 높이 50~100cm | 한해살이풀
- 밭 | 아시아 재배벼가 기원

✎ 3~4개의 마디가 있는 줄기는 모여 나고, 열매가 달리면 줄기가 휘어진다.

벼꽃

수수 »337

- 벼과 | 높이 100~250cm | 한해살이풀
- 밭 | 열대 아프리카 원산

줄기는 바로 서고, 줄기와 잎은 녹색에서 붉은색으로 변한다.

익어서 겉으로 드러난 열매

옥수수 »338

- 벼과 | 높이 200~300cm | 한해살이풀
- 밭 | 열대 아메리카 원산

줄기 아래쪽 마디에서 뿌리가 나오고, 수꽃은 원줄기 끝에서, 암꽃은 이삭 끝에서 수염 모양으로 핀다.

꽃이 피지 않는 식물

우산이끼 »344

- 우산이끼과 | 높이 0.7~2cm | 선태식물
- 집 근처나 산속의 그늘진 습지

✎ 뿌리, 줄기, 잎의 구분이 없고 잎 모양의 엽상체와 뿌리만으로 이루어졌다.

암, 수그루가 우산 모양을 닮은 우산이끼

새로운 개체가 되려고 분화한 술잔 모양의 무성아

암그루

수그루

솔이끼 »343 📖

- 솔이끼과 | 높이 5~20cm | 선태식물
- 산속의 그늘진 습지

✎ 가지가 갈라지지 않고 잎이 줄기에 나선형으로 빽빽하게 달린다.

홀씨주머니

바위손 »342

- 부처손과 | 높이 5~30cm 안팎 | 양치식물
- 산지의 바위나 절벽

✎ 줄기 윗부분에 모여 달린 잎은 건조하면 안쪽으로 말리고 습도가 높을 때 잎이 펴진다.

건조해서 오므리고 있는 잎

꽃이 피지 않는 식물

구실사리 »341

- 부처손과 | 3~5cm | 양치식물
- 산지의 바위나 나무 그늘 아래

바닥에 붙어서 자라며, 철사처럼 단단하고 가지가 갈라지면 다시 뿌리를 내린다.

붉은빛을 띠는 줄기

속새 »343

- 속새과 | 높이 30~60cm | 양치식물
- 깊은 산의 습지

딱딱한 녹색 줄기는 곧게 서며, 검은색이나 갈색 마디가 있다.

홀씨주머니

쇠뜨기 »343

- 속새과 | 높이 30~40cm | 양치식물
- 습기가 있는 풀밭

✎ 이른 봄에 달걀 모양의 연한 갈색 줄기가 나온 뒤에 잎이 나온다.

홀씨주머니

고비 »340

- 고비과 | 높이 60~100cm | 양치식물
- 산지의 숲속이나 냇가

✎ 포자잎이 영양잎보다 먼저 나오지만 영양잎보다 키가 작다.

홀씨가 달리는 줄기

고사리 »340

- 잔고사리과 | 높이 150cm | 양치식물
- 산과 들의 양지바른 풀밭

🖉 여러 장의 잎이 삼각 모양으로 모여 달리며, 어린순은 나물로 먹는다.

어린 고사리

넉줄고사리 »341

- 넉줄고사리과 | 높이 15~20cm | 양치식물
- 산지의 바위나 나무

🖉 털 모양의 비늘조각으로 덮인 뿌리줄기가 바위나 나무 위에 붙어 길게 뻗으며 자란다.

뿌리줄기

거미고사리 » 340

- 꼬리고사리과 | 5~15cm | 양치식물
- 산지의 바위나 나무

새로 자라는 싹

잎 뒷면의 홀씨주머니

길게 자란 잎 끝이 땅에 닿으면 뿌리를 내리고 새싹이 자란다.

야산고비 » 343

- 야산고비과 | 30~60cm | 양치식물
- 양지바른 풀밭과 습지

홀씨주머니

잎이 깃 모양으로 모여 달리고, 포자잎은 영양잎과 높이가 비슷하거나 짧다.

도깨비쇠고비 »342

- 관중과 | 100cm 안팎 | 양치식물
- 바닷가의 숲 가장자리

✏️ 잎 뒤에 둥근 모양의 홀씨주머니는 눈으로도 쉽게 볼 수 있다.

잎 뒷면의 홀씨주머니

관중 »341

- 관중과 | 100cm 안팎 | 양치식물
- 산지의 숲속

✏️ 깃 모양으로 여러 장의 잎이 뿌리에서 나와 비스듬히 펼쳐져 자란다.

어린순

잎 뒷면의 홀씨주머니

일엽초 »344

- 고란초과 | 높이 30cm 안팎 | 양치식물
- 낮은 산지의 나무나 바위

✎ 잎은 줄 모양으로 끝이 뾰족하고, 잎 뒷면에 홀씨주머니가 잎 윗부분에 1~2줄씩 붙는다.

우단일엽 »343

- 고란초과 | 높이 10cm 안팎 | 양치식물
- 산지의 숲의 나무나 바위

✎ 잎은 줄 모양이며, 끝이 주걱 모양으로 밑이 좁아지고, 잎 뒷면에 별 모양으로 갈색 털이 난다.

잎

세뿔석위 » 343

- 고란초과 | 높이 10cm 안팎 | 양치식물
- 산지의 숲 속 나무나 바위

✐ 잎이 손바닥 모양으로 3~5갈래 갈라지고, 가운데 부분은 삼각 모양으로 끝이 뾰족하다.

석위 » 343

- 고란초과 | 높이 30cm 안팎 | 양치식물
- 산지의 숲 속 나무나 바위

✐ 잎은 넓은 창 모양으로 끝이 뾰족하다.

고란초 »340

- 고란초과 | 높이 5~20cm | 양치식물
- 고목이나 바위 위

잎 앞면

잎 뒷면의 홀씨주머니

✎ 잎은 타원형과 창 모양, 2~3갈래로 갈라지는 등 변이가 많다.

콩짜개덩굴 »344

- 고란초과 | 높이 1~3cm | 양치식물
- 나무나 바위

포자잎에 달린 홀씨주머니

✎ 잎은 둥글고, 포자잎은 주걱 모양으로 끝이 뭉툭하고 뒷면에 홀씨주머니가 퍼져 달린다.

박쥐란 »342

- 고란초과 | 높이 50~100cm | 양치식물
- 호주와 폴리네시아 원산, 관상용

✎ 잎이 여러 갈래로 갈라지고 사슴뿔 모양이며, 아래로 늘어진 모습이 박쥐를 닮았다. 잎

네가래 »341

- 네가래과 | 높이 5~20cm | 양치식물
- 논이나 연못 가장자리

✎ 잎자루는 물속에 잠겨 있고, 그 끝에 작은 잎 4장이 모여 달린다.

생이가래 »343 📖

- 생이가래과 | 길이 7~10cm | 양치식물
- 논이나 연못

✏️ 잎이 3장씩 돌려나는데 물에 뜨는 잎 2장은 마주나고 물속의 잎 1장은 뿌리 역할을 한다.

홀씨주머니

물개구리밥 »342

- 물개구리밥과 | 길이 1~1.5cm | 양치식물
- 논이나 연못

✏️ 물에 잠긴 원줄기에서 많은 뿌리를 내리고 뿌리털이 있다.

뿌리털

곰보버섯 »341

- 곰보버섯과 | 갓 지름 5~12cm, 자루 길이 4~15cm
- 활엽수림

✎ 갓은 원뿔 또는 긴 달걀 모양이며, 표면에 호두껍질 모양의 불규칙한 홈이 있다.

콩버섯 »344

- 콩꼬투리버섯과 | 갓 지름 1~3cm
- 활엽수의 고목이나 그루터기

✎ 갓은 둥글거나 불규칙한 혹 모양이고, 표면은 검은 갈색, 검은색이며 단단하다.

목도리방귀버섯 »342

- 방귀버섯과 | 갓 지름 2~4cm
- 숲속의 낙엽이 많은 곳

어릴 때에는 둥근 모양이고, 성숙하면 별 모양으로 4~8조각 열린다.

붉은말뚝버섯 »342

- 말뚝버섯과 | 갓과 자루 길이 10~20cm
- 숲속의 썩은 나뭇잎이 많은 땅

자루 위쪽은 긴 종 모양에 진한 붉은 갈색이며, 검은빛을 띤 갈색 점액질이 나오는데 냄새가 지독하다.

노랑망태버섯 »341

- 말뚝버섯과 | 갓 길이 3~4cm, 자루 길이 10~15cm
- 숲

✎ 갓과 자루 사이에 노란색의 그물치마가 아래쪽으로 빠르게 자란다.

새주둥이버섯 »343 ☠

- 말뚝버섯과 | 자루 길이 5~12cm
- 집 주변의 풀밭, 숲속의 불탄 곳

✎ 자루 단면은 별 모양이고 팔 안쪽은 붉은색이며, 검은빛을 띤 갈색 점액질이 나오는데 냄새가 지독하다.

주황혀버섯 »344

- 붉은목이과 | 높이 0.4~2cm
- 고목

부채 모양 또는 주걱 모양이고, 갓 표면은 연한 주황색이며 약간 끈적거린다.

목이 »342

- 목이과 | 갓 크기 3~12cm
- 활엽수의 고목

표면은 갈색을 띠고, 습할 때는 젤리 성질에 따라 유연하고 탄력이 있으며 마르면 오그라든다.

구름송편버섯 »341

- 구멍장이버섯과 | 갓 크기(폭) 1~5cm
- 숲속의 활엽수의 썩은 줄기나 가지

✎ 반원형으로 표면에 검은색이나 회색, 갈색 등의 고리 무늬가 있고 짧은 털로 덮여 있다.

아까시흰구멍버섯 »343

- 구멍장이버섯과 | 갓 지름 5~20cm
- 아까시나무의 고목이나 밑동

✎ 반원형이고 단단하며, 갓 표면은 붉은 갈색에서 진한 갈색, 계속 자라나는 부분은 연한 노란색이다.

삼색도장버섯 »342

- 구멍장이버섯과 | 갓 지름 2~8cm
- 활엽수의 고목, 죽은 나무

반원형의 조개껍질 모양이며, 갓 표면은 진한 갈색이고, 갈색 줄무늬와 바퀴살 모양의 주름이 있다.

간버섯 »340

- 구멍장이버섯과 | 갓 지름 3~10cm
- 활엽수의 고목

반원형에서 부채 모양이며, 갓 표면은 선명한 주홍색이다.

느타리 »341

- 느타리과 | 갓 지름 5~15cm, 자루 길이 1~3cm
- 활엽수의 죽은 나무그루터기, 재배

가끔 자루가 없이 자라기도 함

갓 안쪽 주름

✎ 반원형에서 부채 모양으로 변하고, 표면은 갈색이 도는 회색이며 갓 안쪽 주름은 흰색이다.

두엄먹물버섯 »342

- 눈물버섯과 | 갓 지름 5~8cm, 자루 길이 5~15cm
- 정원, 목장, 공원

갈색먹물버섯

✎ 갓은 처음에는 달걀 모양이지만 차츰 종 모양에서 원뿔 모양으로 바뀐다.

먹물버섯 »342

- 주름버섯과 | 갓 지름 4~6cm, 6~16cm, 자루 길이 10~20cm
- 목장, 꽃밭이나 잔디밭의 썩은 나뭇잎이 많은 곳

✏️ 갓 표면은 흰색 바탕에 연한 갈색의 비늘조각으로 덮여 있고, 검은색 액체 상태로 녹는다.

원뿔 모양(왼쪽)과 종 모양(오른쪽)

좀주름찻잔버섯 »344

- 주름버섯과 | 길이 0.8~1.3cm, 지름 0.6~0.8cm
- 퇴비, 목재, 죽은 나뭇가지, 그루터기

✏️ 찻잔 모양이며, 바둑돌 모양의 포자(홀씨)가 빗물에 튕겨져 나간다.

치마버섯 »344

- 치마버섯과 | 갓 지름 1~3cm
- 활엽수의 고목

부채 모양이나 조개껍질 모양이고, 갓 표면은 흰색에서 회색이며 거친 털로 덮여 있다.

두 겹으로 겹쳐져 보이는 가장자리

표고버섯 »344

- 낙엽버섯과 | 갓 지름 4~10(20)cm, 자루 길이 3~10cm
- 참나무류, 재배

갓 표면은 갈색이며, 표면이 갈라져 비늘조각이나 거북의 등 모양이 생기기도 한다.

달걀버섯 »341

- 광대버섯과 | 갓 지름 6~18cm, 자루 길이 10~20cm
- 참나무류 숲

어릴 때 달걀 모양의 흰색 주머니에 싸여 있다가 땅위로 나오면서 주홍색 갓이 납작하게 퍼진다.

마귀광대버섯 »342 ☠

- 광대버섯과 | 갓 지름 4~25cm, 자루 길이 5~35cm
- 숲

어릴 때의 달걀 모양에서 벗어난 모습

자루에 흰색 비늘조각이 퍼져 있고 턱받이가 있으며, 갓은 갈색을 띠고 사마귀 모양의 흰색 비늘이 퍼져 있다.

처음 만나는 사이라도
서로의 이름을 불러주면 쉽게 가까워지는 것처럼.
식물의 이름을 알고 부르다 보면 그 식물이
더 사랑스럽게 느껴지지요.

2부

생태 특징

- 각 풀의 이름 색은 꽃 색을 뜻합니다.

  ■ 붉은꽃   ■ 노란꽃   ■ 흰꽃   ■ 녹색꽃

- 기타 에는 '논밭에 심어 기르는 농작물'과 '꽃이 피지 않는 식물'을 가나다 순으로 정리하였습니다.

- 📖는 초등 교과서에 실린 풀, ❀는 관상용을 가리킵니다.

- 각 풀의 이름에 얽힌 뜻은 국립국어원 또는 생물학자들의 의견을 정리하여 실었습니다.

ㄱ

가락지나물 장미과 (봄)
줄기는 비스듬히 자란다. 뿌리잎은 타원형의 작은 잎 5장이 손바닥 모양으로 모여 달리며, 줄기잎은 3장씩 모여 달린다. 5~7월에 노란색 꽃이 핀다. 꽃으로 여자 아이들이 가락지(반지)를 만들어 놀았고 먹을 수 있는 풀이라는 뜻에서 붙인 이름이며, 손가락 또는 가락지를 뜻하는 '소시랑개비'라고도 한다. » 61

가래 가래과 (여름)
물속에 있는 잎은 창끝 모양으로 길다. 물 위로 나온 잎은 달걀 모양의 타원형으로 윤기가 나며 물이 묻지 않는다. 7~8월에 노란빛이 도는 녹색 꽃이 이삭 모양으로 핀다. 이 식물의 잎이나 이삭의 꽃차례 모양이 떡이나 엿 따위를 둥글고 길게 늘여서 만든 토막 같다고 하여 붙인 이름이라고 한다. » 219

가막사리 국화과 (여름)
줄기는 곧게 선다. 잎은 긴 타원 모양으로 끝이 뾰족하다. 잎자루에 날개가 있으며 마주나기 한다. 8~10월에 노란색 꽃이 피며, 혀 꽃은 없고 관 모양의 꽃만 있다. 열매가 폭죽이 터지는 모양으로 달린다. 열매 끝에 가시가 두 개 있어 동물이나 사람의 옷 등에 잘 달라붙는다. 까맣게 익은 열매의 색에서 붙인 이름이라고 한다. » 162

가시박 박과 (여름)
3~4갈래로 갈라진 덩굴손으로 다른 식물체를 타고 올라 뒤덮는다. 잎은 5~7갈래로 얕게 갈라지고 어긋나기 한다. 6~9월에 잎겨드랑이에서 나온 꽃대에 연한 노란색 꽃이 핀다. 열매는 여러 개가 모여 달리고, 긴 가시가 있다. 열매에 가시가 있는 박이라는 뜻에서 붙인 이름이다. '생태계 교란 야생생물'이다. » 213

가시상추 국화과 (여름)
줄기는 곧게 선다. 긴 타원형 줄기잎은 깃 모양으로 깊게 갈라진다. 잎 가장자리와 잎 뒷면의 가운데 잎맥에 길고 날카로운 가시가 줄지어 나며 어긋나기 한다. 줄기나 잎을 자르면 하얀 즙이 나온다. 7~9월에 가지 끝에서 연한 노란색 꽃이 핀다. 식물 전체에 날카로운 가시가 달려 있고 상추를 닮았다 하여 붙인 이름이다. '생태계 교란 야생생물'이다. » 169

가시연꽃 수련과 (여름)
연못에 심어 기르기도 한다. 식물체에 가시가 많다. 잎은 물 위에 뜨고 잎자루가 길다. 둥근 잎은 지름 20~200센티미터까지 자란다. 앞면은 주름이 지고 반들반들하며, 뒷면은 보라색으로 잎맥이 튀어나오고 줄이 있으며 가시가 돋아 있다. 7~8월에 잎 사이에서 가시가 돋은 꽃대가 올라와 보라색 꽃이 한 송이 핀다. 식물체 전체에 가시가 있어 붙인 이름이다. » 99

가우라 바늘꽃과 (여름)
6~10월에 줄기 끝에서 나비 모양의 흰색이나 연한 분홍색 꽃이 핀다. 미국에서 온 식물로 '나비바늘꽃'이라고도 하며, 분홍색 꽃이 피는 것을 '홍접초', 흰색 꽃이 피는 것을 '백접초'라고도 한다. » 113

가자니아 국화과 (여름)
7~9월에 흰색이나 노란색 바탕에 자줏빛을 띤 갈색이나 붉은색 세로줄 무늬가 마치 태양빛처럼 화려한 모양으로 꽃이 핀다. » 171

갈대 벼과 (여름)
줄기는 곧게 서고, 줄 모양의 잎은 어긋나기 한다.

284

9월에 줄기 끝에서 자줏빛을 띤 갈색 꽃이 원뿔 모양의 이삭으로 모여 핀다. 털이 달린 씨앗은 바람에 따라 멀리까지 퍼진다. 풀을 뜻하는 '갈'과 대나무를 뜻하는 '대'가 합쳐진 이름이다. 꽃 색깔이 흰색에 가까우면 억새, 키가 크고 꽃 색깔이 갈색에 가까우면 갈대이다. 산이나 육지에서 자라는 억새는 뿌리가 굵고 옆으로 퍼져 나가지만, 물가나 습지에서 자라는 갈대는 뿌리 옆에 수염 같은 잔뿌리가 많다. » 222

갈퀴나물 콩과 (여름)
줄기는 네모지고 덩굴로 자란다. 작은 잎 10~16장이 모여 달린 잎 끝에 2~3갈래로 갈라진 덩굴손이 있다. 6~9월에 나비 모양의 붉은빛을 띤 보라색 꽃이 한쪽으로 치우쳐서 촘촘히 모여 핀다. 갈퀴 모양의 덩굴손이 있고 나물이라 하여 붙인 이름이다. » 104

갈퀴덩굴 꼭두서니과 (봄)
네모진 줄기는 바닥에 기듯이 자라다가 끝에서 곧게 선다. 가시털이 아래를 향해 나 있어 잘 붙는다. 이 때문에 서로 뒤엉켜 있고 다른 것도 뒤덮는다. 잎은 창끝 모양으로 보통 6~8장씩 돌려나며 잎자루는 없다. 5~6월에 줄기 끝이나 잎겨드랑이에서 작은 연녹색 꽃이 핀다. 잎 모양이 갈퀴를 닮았고 덩굴로 자라는 모양에서 붙인 이름이다. » 87

감국 국화과 (여름)
줄기는 검은빛을 띤 자주색이다. 여러 대가 모여 나고 곧게 서거나 비스듬히 자란다. 잎은 달걀 모양으로 깊게 갈라진다. 10~12월에 줄기와 가지 끝에서 노란색 꽃이 핀다. 산국보다 꽃이 1.5배가량 크고, 흰색 꽃도 있다. 산국은 약간 쓴맛이 나지만 감국은 단맛(감)이 나서 붙인 이름이라 한다. » 165

강아지풀 벼과 (여름)
줄기는 아래쪽에서 갈라져 곧게 서고, 마디가 5~8개 있다. 7~8월에 녹색이나 자주색 꽃이 동물의 꼬리 모양으로 핀다. 꽃대 가운데 축에 털이 퍼져 있고, 곧게 서거나 처진다. 열매가 익으면 고개를 숙이고, 열매에 억센 털이 1~3가닥 있어 깔끄러운 까끄라기(까락)처럼 보인다. 이삭 모양이 개의 꼬리를 닮았다는 뜻에서 붙인 이름이다. 털이 금색인 **'금강아지풀'**은 금색 꽃이 원기둥 모양으로 똑바로 서서 핀다. 이삭과 크기는 강아지풀보다 작다. » 225

개갓냉이 십자화과 (봄)
줄기는 곧게 선다. 뿌리잎은 잎자루가 있으며, 깊게 갈라지거나 갈라지지 않는 것도 있다. 줄기잎은 갈라지지 않으며 어긋나기 한다. 5~6월에 십자 모양의 노란색 꽃이 모여 핀다. 열매는 짧은 원기둥 모양이고 바나나처럼 안으로 굽는다. 흔하게 자라는 뜻에서 '개', 갓의 잎 모양과 비슷한 냉이라는 뜻에서 붙인 이름이라고 한다. » 57

개구리밥 개구리밥과 (여름)
가을에 생긴 겨울눈(동아)이 물속에 가라앉았다가 이듬해 물 위에 떠올라 자란다. 잎 아래로 뿌리가 5개 넘게 뻗어 나온다. 7~8월에 흰색 꽃이 핀다. 개구리가 사는 곳에서 자라고 올챙이가 먹는다 하여 붙인 이름이며, '머구리밥', 또는 물 위를 떠다녀 '부평초'라고도 한다. 비슷한 종인 **'좀개구리밥'**은 잎이 작고 잎 아래로 뿌리 하나가 길게 뻗어 나온다. » 199

개구리자리 미나리아재비과 (봄)
줄기는 곧게 선다. 뿌리잎과 줄기잎은 3갈래로 갈라지고 어긋나기 하며 잎이 반들반들하다. 줄기잎의 갈라진 조각은 창끝 모양이다. 4~5월에 줄기나 가지 끝에서 노란색 꽃이 한 송이씩 피며, 열매는 넓은 타원형이다. 개구리가 사는 곳에서 자라는 풀이라는 뜻에서 붙인 이름이라고 한다. 독이 있지만 옛날에는 약으로 쓰기도 했다. » 51

개기장 벼과 (여름)

줄기는 곧게 선다. 8~9월에 줄기 끝에서 가지가 많이 갈라지고 자잘한 꽃이삭이 엉성하게 달린다. 아주 오래전부터 주로 술을 담으려고 재배했던 곡식 기장의 야생종이다. 기장보다 가치가 떨어진다고 하여 '개' 자를 붙였다. '**미국개기장**'은 개기장보다 잎이 길고 가지 끝에서 위를 향해 꽃이 피며, 잎 가운데 흰맥이 뚜렷하다. » 226

개망초 국화과 (여름)

줄기는 곧게 서고 가지가 많이 갈라진다. 전체에 털이 있다. 달걀 모양인 뿌리잎은 겨울 동안 방석 모양으로 펼쳐져 자라다가 꽃이 필 때 사라진다. 창끝 모양의 줄기잎은 어긋나기 한다. 6~7월에 흰색 꽃이 핀다. 흰색 혀 꽃잎이 봄망초보다 눈에 띄게 적다. 일본 이름에서 견(犬, 개) 자를 따와 붙였다고 하며, 일본에서 들어왔다 하여 '왜풀'이라고도 한다. » 196

개모시풀 쐐기풀과 (여름)

줄기는 곧게 선다. 넓은 달걀 모양 잎은 끝이 길고 뾰족하며, 마주나기 한다. 7~8월에 잎겨드랑이에서 연녹색 꽃이 이삭 모양으로 수꽃은 줄기 아래쪽에, 암꽃은 위쪽에 모여 달린다. 모시풀과 비슷하여 붙인 이름이다. 모시풀보다 잎 끝이 길고 뾰족하다. » 203

개미자리 석죽과 (봄)

잎은 짧은 줄 모양이며, 밑부분이 합쳐져 마디를 둘러싸고 마주나기 한다. 5~8월에 줄기 끝에서 흰색 꽃이 한 송이씩 핀다. 개미가 다니는 아주 좁은 틈바구니에서 자라나 붙인 이름이다. » 72

개미취 국화과 (여름)

뜰이나 꽃밭, 공원에 심기도 한다. 줄기는 윗부분에서 가지가 갈라진다. 커다란 뿌리잎은 꽃이 필 때쯤 없어지고, 길이 65센티미터 정도까지 잎이 크게 자란다. 줄기잎은 달걀 모양이거나 긴 타원형에 어긋나기 하며, 가장자리에 날카로운 톱니가 있다. 7~10월에 가지 끝에서 연한 보라색 꽃이 핀다. 어린순은 나물로, 뿌리는 약으로 쓴다. '취'는 '나물', '채소'를 가리키는 우리말이다. » 129

개별꽃 석죽과 (봄)

줄기는 곧게 선다. 잎은 거꾸로 세운 창끝 모양이며 마주나기 한다. 5월에 줄기 끝에서 흰색 꽃 1~5송이가 위를 향해 핀다. 꽃잎은 5장이고 끝이 두 갈래로 갈라진다. 땅 가까이에는 바로 씨앗이 익는 꽃이 달린다. 별꽃과 닮았지만 별꽃만 못하다 하여 붙인 이름이다. '**큰개별꽃**'은 개별꽃과 달리 끝이 갈라지지 않은 꽃잎이 5~8장으로 개별꽃보다 많다. » 72

개불알풀 현삼과 (봄)

줄기는 옆으로 뻗거나 비스듬히 서서 자란다. 세모진 달걀 모양의 잎은 아래쪽은 마주나기 하고, 위쪽은 어긋나기 한다. 4~6월에 줄기 끝의 잎겨드랑이에서 연한 분홍색 꽃이 피는데 크기가 작다. 열매는 콩팥 모양으로 부드러운 털이 있고 가운데에 세로로 깊은 홈이 있다. 열매 모양에서 따온 이름이다. » 42

개비름 비름과 (여름)

줄기는 밑부분에서 가지가 많이 갈라진다. 옆으로 눕거나 비스듬히 자란다. 마름모꼴 달걀 모양의 잎은 어긋나기 한다. 6~7월에 잎겨드랑이와 줄기 끝에서 녹색 꽃이 이삭 모양으로 모여 핀다. 비름과 형태가 비슷하고 둘 다 어린잎을 나물로 먹는다. 비름 종류 가운데 크기가 작아 붙인 이름이다. » 209

개소시랑개비 장미과 (봄)

줄기는 비스듬히 자라다가 똑바로 서며, 가지가 많이 갈라진다. 뿌리잎은 방석 모양으로 퍼지고, 줄기잎은 어긋나기 한다. 5~7월에 노란색 꽃이 여러 송이 핀

다. 소시랑개비(가락지나물)와 비슷하나 그보다는 못하다는 뜻에서 '개'를 붙였다. » 61

개쑥갓 국화과　　　봄
곧게 선 줄기에 물기가 많다. 잎은 불규칙한 깃 모양으로 갈라지며 어긋나기 한다. 줄기 윗부분에서 갈라지는 가지마다 노란색 꽃이 둥글게 모여 일 년 내내 핀다. 독특한 냄새가 나며, 잎이 쑥갓을 닮았지만 먹지 못해 붙인 이름이다. » 65

개쑥부쟁이 국화과　　　여름
줄기는 곧게 서며 가지가 많이 갈라진다. 쑥부쟁이보다 잎의 톱니가 밋밋하며 깃 모양으로 길고, 어긋나기 한다. 7~8월에 가지 끝마다 연한 보라색 꽃이 위를 향해 핀다. 열매에 붉은빛의 갓털이 있다. 쑥부쟁이와 비슷하여 붙인 이름이다. » 128

개양귀비 양귀비과　　　봄
줄기 전체에 털이 있다. 잎은 어긋나기 하며, 새의 깃처럼 끝이 얕게 갈라지고 가장자리는 톱니 모양이다. 5월에 가지 끝에서 붉은색 꽃이 한 송이 피는데, 아래로 향한 꽃봉오리가 꽃이 필 때는 위로 향한다. 품종에 따라 꽃 색깔이 다양하다. » 21

개여뀌 마디풀과　　　여름
줄기는 비스듬히 자라다가 땅에 닿으면 뿌리 내리고 가지를 뻗어 무리지어 자란다. 창끝 모양의 잎은 끝이 뾰족하고 어긋나기 한다. 6~10월에 분홍색 꽃이 이삭 모양으로 빽빽하게 모여 핀다. 농촌 마당 근처, 또는 길가에서 아주 흔히 보인다는 뜻에서 붙인 이름이다. » 95

개연꽃 수련과　　　여름
뿌리는 진흙 속으로 뻗는다. 뿌리줄기에서 나온 잎자루가 길게 자라 잎이 물 위에 뜬다. 8~9월에 노란색 꽃이 핀다. 방석 모양의 암술머리는 연한 노란색으로 가장자리에 톱니가 있다. 연꽃과 비슷하다 하여 붙인 이름이라 한다. 개연꽃과는 다르다는 뜻에서 이름 붙인 **'왜개연꽃'** 은 암술머리가 노란색에 붉은빛이 돌고, 가운데에 돌기가 있다. » 146

개피 벼과　　　봄
줄기는 곧게 서고 속이 비어 있다. 녹색 꽃이삭이 2줄로 빽빽하게 달린다. 뿌리를 제외한 식물 전체를 가축 먹이로 사용한다. 같은 벼과에 속하는 '피'와 비슷하거나 피가 살 만한 곳에 살아서 붙인 이름이라고 한다. » 91

갯기름나물 산형과　　　여름
줄기는 곧게 서고, 끝부분에 짧은 털이 있다. 잎은 1~3회 갈라지는 3갈래 깃 모양의 겹잎이다. 털이 없고 윤기가 있다. 6~8월에 줄기 끝과 잎겨드랑이에서 겹우산살 모양으로 흰색 꽃이 모여 피며, 꽃자루 안쪽에 털이 난다. 열매에 잔털이 있다. » 183

갯까치수염 앵초과　　　여름
줄기는 곧게 서고, 아래쪽에서 갈라진다. 잎은 주걱 모양으로 두껍고 윤기가 나며, 어긋나기 한다. 7~8월에 흰색 꽃이 핀다. 바닷가에서 자라는 까치수염이라는 뜻이며, '갯까치수영'이라고도 한다. » 185

갯메꽃 메꽃과　　　봄
땅속줄기에서 줄기가 갈라져 나와 땅 위로 뻗으면서 자란다. 잎은 콩팥 모양에 윤기가 나며, 어긋나기 한다. 줄기나 잎을 자르면 하얀 즙이 나온다. 5~6월에 깔대기 모양의 연분홍색 꽃이 꽃자루 하나에 한송이씩 위쪽을 향해 핀다. 바닷가에서 자라고 메꽃을 닮아 붙인 이름이다. » 36

갯씀바귀 국화과 (여름)
땅속줄기가 옆으로 길게 자라면서 잎이 달린다. 잎은 어긋나기 하고, 6~7월에 노란색 꽃이 2~5송이 핀다. 줄기나 잎을 자르면 하얀 즙이 나온다. 줄기를 모래 속에 묻고 겨울을 난다. 바닷가에서 자라는 씀바귀라 하여 붙인 이름이다. » 169

갯완두 콩과 (봄)
줄기는 옆으로 비스듬히 자라며, 3~5쌍으로 모여 달린 잎은 어긋나기 한다. 잎 끝의 덩굴손은 갈라지지 않지만, 2~3갈래로 갈라지는 것도 있다. 5~6월에 나비 모양의 보라색 꽃이 한쪽으로 치우쳐서 핀다. 바닷가(갯가)에서 자라고 열매가 완두를 닮았다는 뜻에서 붙인 이름이다. » 27

거지덩굴 포도과 (여름)
옆으로 뻗은 뿌리에서 새싹이 나온다. 줄기는 모가 나고, 잎과 마주나는 덩굴손은 다른 물체를 감고 오르면서 자란다. 손바닥 모양인 작은 잎 5장이 어긋나기 한다. 7~8월에 잎과 마주보고 달리는 꽃대에서 작은 연녹색 꽃이 모여 핀다. 열매는 둥글고 검은색으로 익는다. 일본에서 '식물을 말려 죽이는 덩굴', 곧 이 식물이 번지면 숲이 거지처럼 황폐해진다 하여 붙인 이름을 우리말로 옮긴 이름이다. 자잘한 열매가 머루를 닮아 '풀머루덩굴'이라고도 한다. » 212

검정말 자라풀과 (여름)
줄기 밑부분의 마디에서 뿌리가 나고, 윗부분의 마디에서는 잎이 난다. 좁은 줄 모양의 잎은 3~8장씩 돌려나기 하지만, 마주나기 하는 것도 있다. 암수딴그루로 8~9월에 잎겨드랑이에서 연한 자주색 꽃이 한 송이씩 달린다. 수꽃은 꽃대에서 떨어져 나와 물 위를 떠다니다가 암꽃에 꽃가루받이를 한다. 물속에서 보이는 모습이 검은 물풀이라는 뜻에서 붙인 이름이다. » 220

고깔제비꽃 제비꽃과 (봄)
뿌리에서 뭉쳐난 잎은 긴 심장 모양으로 끝이 뾰족하다. 4~5월에 연한 붉은 보라색 꽃이 옆을 향해 핀다. 꽃이 필 무렵 잎의 밑부분이 안쪽으로 말린 모양이 고깔 같다고 하여 붙인 이름이다. » 31

고들빼기 국화과 (여름)
줄기는 곧게 서며, 가지가 많이 갈라지고 자줏빛이 돈다. 뿌리에서 나온 긴 타원형 잎은 방석 모양으로 펼쳐져 겨울을 난다. 긴 달걀 모양의 줄기잎은 줄기를 귀 모양으로 감싸며 끝이 뾰족하다. 잎 가장자리에 불규칙한 톱니가 깊게 새의 깃꼴로 갈라지고 어긋나기 한다. 잎이나 줄기를 자르면 쓴맛이 나는 하얀 즙이 나온다. 7~9월에 가지 끝에서 혀 꽃잎이 17~19장인 노란색 꽃이 핀다. 쓴맛이 나는 풀이라는 뜻의 '고채(또는 고도)'에서 따왔으며, '고독바기'가 변한 이름이다. » 166

고려엉겅퀴 국화과 (여름)
줄기는 곧게 서며, 윗부분에서 가지가 많이 갈라진다. 뿌리잎은 꽃이 필 때 말라 죽고, 긴 달걀 모양의 줄기잎 가장자리는 밋밋하거나 가시 같은 톱니가 있다. 줄기잎은 어긋나기 한다. 7~10월에 자주색 꽃이 위를 보고 핀다. 나물로 먹는 어린순을 '곤드레', '곤드레나물'이라고 한다. » 131

고마리 마디풀과 (여름)
줄기는 네모지고, 갈고리 모양의 가시가 있어 다른 물체에 잘 달라붙는다. 잎은 방패 모양이며 어긋나기 한다. 8~9월에 가지 끝에서 흰색이나 분홍색 꽃이 10~20송이씩 모여 달리는데, 꽃잎은 없고 꽃받침 5장이다. 기다란 뿌리는 물을 깨끗하게 하지만 죽은 것을 그대로 두면 물이 오염된다. '고랑에서 사는 것'이라는 뜻에서 비롯된 이름이라고 한다. » 94

고삼 콩과 (여름)

줄기는 곧게 서며, 윗부분에서 가지를 많이 친다. 잎자루가 길며, 작은 잎 15~40장이 깃 모양으로 달리고 어긋나기 한다. 6~8월에 줄기와 가지 끝에서 나비 모양의 연한 노란색 꽃이 한쪽 방향으로 빽빽하게 모여 핀다. 뿌리에서 쓴맛이 나고 삼의 효과를 낸다 하여 붙인 이름이라 한다. '너삼', 또는 뿌리 모양이 흉측하게 구부러져 있어 '도둑놈의지팡이'라고도 한다. » 150

고추나물 물레나물과 (여름)

줄기는 곧게 서고, 가지가 갈라진다. 잎은 둥근 창끝 모양으로 끝이 뭉툭하다. 잎에 검은 점이 흩어져 있으며, 어긋나기 한다. 7~8월에 노란색 꽃이 하루에 피고 진다. 꽃봉오리나 열매 모양이 고추를 닮아 붙인 이름이라고 한다. » 156

골풀 골풀과 (여름)

줄기는 원기둥 모양이며, 마디가 없고 모여 난다. 5~7월에 줄기 끝에서 초록빛을 띤 갈색 꽃이 모여 핀다. 꽃싸개가 줄기에서 연달아 길게 자라 마치 꽃이 줄기 중간에 달린 것처럼 보인다. '골'은 줄기 속을 가리키는 말이라고 한다. 옛날에 골풀 줄기를 잘 말려서 기름에 담가두었다가 등잔불의 심지로 사용했던 것에서 '등심초'라고도 한다. » 232

과꽃 국화과 (여름)

줄기는 자줏빛이 돌고, 위쪽에서 가지가 갈라진다. 밑부분의 잎은 꽃이 필 때 없어진다. 줄기잎은 어긋나기 하며 가장자리에 톱니가 있다. 7~9월에 줄기와 가지 끝에서 보라색과 붉은색 꽃이 한 송이씩 핀다. 가운데 관 모양의 꽃은 노란색이다. 이 꽃은 우리나라와 중국이 원산지인데 이후 유럽 등으로 퍼져나가 많은 원예 품종이 있다. » 135

광대나물 꿀풀과 (봄)

줄기는 네모지고, 여러 대가 모여 난다. 잎자루가 없는 반원 모양의 잎이 줄기를 둘러싼다. 4~5월에 진한 분홍색 꽃 여러 송이가 모여 피는데, 돌려나기 한 것처럼 보인다. 꽃 모양이 광대가 재주를 부리는 듯하고, 나물로 먹는다고 해서 붙인 이름이다. 잎 모양에서 '광주리나물', '코딱지나물', '물결레나물'이라고도 한다. » 39

광대수염 꿀풀과 (봄)

줄기는 곧게 서며, 네모나고 털이 약간 있다. 잎은 달걀 모양으로 끝이 뾰족하고 마주나기 한다. 5월에 잎겨드랑이에서 연한 붉은색 또는 흰색 꽃이 5~6송이 달리는데 돌려나기 한 것처럼 보인다. 긴 수염 모양의 꽃받침이 마치 광대 수염 같다 하여 붙인 이름이라고 한다. » 80

괭이밥 괭이밥과 (봄)

줄기는 비스듬하게 자라며, 가지가 많이 갈라진다. 긴 잎자루 끝에 작은 잎 3장이 모여 달리고, 밤이나 흐린 날에는 잎을 접는다. 잎은 신맛이 난다. 5~8월에 긴 꽃대 끝에서 노란색 꽃이 핀다. 6각 기둥 모양인 열매가 익으면 껍질이 터지면서 씨가 튕겨 나간다. 고양이가 아프거나 소화가 안 될 때 뜯어 먹는다고 해서 붙인 이름이다. 괭이밥과 비슷하지만 줄기가 똑바로 서서 자라는 '**선괭이밥**'도 있다. » 63

괭이사초 사초과 (여름)

줄기는 곧게 서고, 반들반들 윤기가 난다. 줄기 단면은 삼각 모양이며, 아래는 잎집이 감싸고 있다. 잎이 줄기보다 길다. 7~8월에 줄기 끝에서 긴 원기둥 모양의 갈색 또는 붉은빛을 띤 갈색 꽃이삭이 달린다. 아랫부분에 잎처럼 가늘고 긴 꽃싸개가 사방으로 퍼져 달린다. » 230

구릿대 산형과 (여름)

줄기는 곧게 서고 윗부분에서 가지가 갈라진다. 뿌리잎과 줄기잎은 작은 잎 여러 장이 깃 모양으로 모여 달리며, 어긋나기 한다. 6~8월에 흰색 꽃이 우산살 모양으로 모여 핀다. '굵은 구리(능구렁이) 같은 대(줄기)'라는 뜻이다. » 182

구절초 국화과 (여름)

뜰이나 꽃밭, 공원에 심기도 한다. 줄기는 곧게 선다. 뿌리잎과 줄기잎은 달걀 모양으로 가장자리가 얕게 갈라지고, 줄기잎은 어긋나기 한다. 9~10월에 줄기나 가지 끝에서 흰색이나 연한 분홍색 꽃이 위를 향해 핀다. 옛날부터 음력 9월 9일에 꽃과 줄기를 잘라 약으로 사용하여 붙인 이름이다. » 198

국화 국화과 (여름)

줄기는 곧게 서고 약간 나무질이다. 잎은 어긋나기 하며, 가지 끝에서 꽃이 핀다. 품종에 따라 노란색, 흰색, 붉은색, 보라색 꽃이 피며, 크기나 모양도 다양하다. » 173

궁궁이 산형과 (여름)

줄기는 곧게 선다. 뿌리잎과 줄기 밑부분의 잎은 잎자루가 길고, 세모진 달걀 모양이며 3~4회 갈라진다. 작은 잎은 달걀 모양 또는 바늘 모양이며, 깊게 파인 톱니가 있고 끝이 뾰족하다. 깃 모양으로 모여 달리며 어긋나기 한다. 8~9월에 흰색 꽃이 겹우산살 모양으로 모여 핀다. 어린순은 나물로 먹는다. » 182

그령 벼과 (여름)

줄기는 여러 대가 모여 나며, 마디가 2~3개 있다. 7~8월에 줄기 끝 이삭에서 자주색 꽃이 엉성하게 달린다. 줄기와 잎이 질기다. 개꼬리같이 생긴 '그르영'에서 비롯된 이름이며, '잡아채기에 요긴한 풀'이란 뜻을 가지고 있다. '암그령'이라고도 한다. » 223

금꿩의다리 미나리아재비과 (여름)

줄기는 자줏빛을 띠며 줄이 있고, 위쪽에서 가지가 갈라진다. 작은 잎 여러 장이 모여 달린 잎은 줄기에서 어긋나기 하며, 잎자루가 길다. 7~8월에 연한 보라색 꽃이 가지 끝에 달린다. 노란 꽃술이 금빛 꿩의다리와 닮았다고 하여 붙인 이름이라고 한다. 흰색 수술이 꽃처럼 보이는 '**꿩의다리**'는 꼭대기의 작은 잎을 꿩 발바닥에 빗대어 붙인 이름이라고 한다. » 100

금낭화 현호색과 (봄)

뜰이나 꽃밭, 공원에 심기도 한다. 줄기는 곧고, 여러 장의 잎이 깃 모양으로 모여 어긋나기 한다. 5~6월에 줄기 끝에서 납작하고 심장 모양의 분홍색 꽃이 한쪽으로 치우쳐 주렁주렁 달린다. 꽃 모양이 옛날 여성들의 옷에 매다는 비단주머니를 닮아 '금낭화'라 부르며, '며느리주머니'라고도 한다. 비슷한 종으로 꽃이 흰색인 '**흰금낭화**'가 있다. » 24

금방동사니 사초과 (여름)

세모진 줄기는 곧게 선다. 잎보다 뿌리에 향이 있다. 8~9월에 우산살 모양의 꽃차례 가지가 5~10개이며, 갈라진 가지마다 누런빛의 갈색 또는 붉은빛의 갈색을 띤 비늘조각 10~20개가 2줄로 난다. 갈색이 도는 비늘조각이 황금색이라 붙인 이름이다. 비슷한 종인 '**방동사니**'는 붉은빛이 도는 갈색 꽃이 모여 피며 이삭돌기가 뒤로 젖혀진다. '**참방동사니**'는 꽃이삭의 비늘조각 끝이 둥글고 노란빛을 띠며, 길이는 금방동사니의 2분의 1이다. » 229

금불초 국화과 (여름)

뜰이나 꽃밭, 공원에 심기도 한다. 줄기는 곧게 선다. 작은 뿌리잎은 꽃이 필 때 시들며, 줄기잎은 긴 타원형이며 아랫부분에서 줄기를 감싼다. 7~9월에 가지와 줄기 끝에서 노란색 꽃이 핀다. '황금 부처꽃'이라는 뜻에서 붙인 이름이라고 한다. » 160

금잔화 국화과 (봄)
줄기는 곧게 서고, 밑에서부터 가지가 갈라진다. 잎은 창끝 또는 주걱 모양이며 어긋나기 한다. 3~5월에 주황색, 노란색 꽃이 피는데 향기가 독특하다. 머리 모양의 꽃이 금빛 술잔 같아 붙인 이름이다. » 71

금창초 꿀풀과 (봄)
줄기는 옆으로 뻗으며, 전체에 털이 있다. 잎 끝에서 아래쪽으로 점점 좁아지고 가장자리에 물결 모양의 톱니가 있다. 뿌리잎은 방석처럼 퍼지고, 줄기잎은 마주나기 한다. 5~6월에 잎겨드랑이에서 보라색 꽃이 피며, 꽃이 피는 줄기는 곧게 자란다. '금란초'라고도 하며, 분홍색 꽃이 피는 '내장금란초'도 있다. » 37

기린초 돌나물과 (여름)
뜰이나 꽃밭, 공원에 심는다. 줄기는 모여 나고 아래쪽에서 비스듬하게 휘어진다. 자주색을 띠기도 한다. 잎은 긴 타원형이며 가장자리에 톱니가 있고, 어긋나기 한다. 6~7월에 줄기 끝에서 꽃잎 5장의 노란색 작은 꽃들이 모여 핀다. 열매 모양에서 상상의 동물인 기린의 뿔을 연상하여 붙인 이름이라고 한다. » 147

긴병꽃풀 꿀풀과 (봄)
네모진 줄기는 곧게 자라다가 꽃이 진 뒤에는 바닥에 쓰러져 길게 뻗어 자란다. 잎은 둥근 심장 모양으로 가장자리에 둥그런 톱니가 있고, 마주나기 한다. 4~5월에 잎겨드랑이에서 연한 자주색 꽃이 1~3송이 핀다. 꽃부리가 긴 병을 닮았다. » 41

까마중 가지과 (여름)
줄기는 곧게, 또는 비스듬히 자란다. 달걀 모양의 잎은 어긋나기 한다. 5~7월에 흰색 꽃이 핀다. 열매가 검은색으로 익으면 단맛이 나고 독이 약간 있다. 까맣고 반질반질한 열매가 스님의 머리를 닮아 붙인 이름이다. » 186

깨꽃 꿀풀과 (여름)
네모진 줄기는 가지가 많이 갈라진다. 잎은 마주나기 한다. 꽃대와 꽃자루가 모두 붉은색이다. 6~10월에 가지와 줄기 끝에서 밝은 주홍색 꽃이 모여 핀다. 입술 모양의 꽃잎은 윗입술이 길고, 아랫입술은 3갈래로 갈라진다. 꽃을 빨면 달콤한 꿀맛이 난다. 품종에 따라 꽃의 크기와 색이 다양하다. '샐비어'라고도 한다. » 121

깨풀 대극과 (여름)
줄기는 곧게 서고, 가지가 갈라진다. 짧은 털이 난다. 잎은 어긋나기 하며, 달걀 모양 또는 넓은 창끝 모양이다. 끝이 뾰족하고, 가장자리에 둔한 톱니가 있다. 잎 앞면은 누운 털이 드물게 나고, 뒷면은 잎맥 위에 털이 난다. 7~8월에 잎겨드랑이에서 작은 갈색 꽃이 핀다. 암꽃은 삿갓 모양의 꽃싸개가 싸고 있고, 수꽃은 줄기 윗부분에 이삭 모양으로 달린다. 잎이 깻잎을 닮아 붙인 이름이다. » 210

꼬리풀 현삼과 (여름)
줄기는 곧게 서고, 위로 굽은 잔털이 있다. 긴 창끝 모양의 잎은 끝이 뾰족하고 마주나기 한다. 7~8월에 줄기와 가지 끝에서 푸른빛을 띤 자주색 또는 연한 보라색 꽃이 빽빽하게 달려 아래쪽에서 위쪽으로 피어 올라간다. 흰색 꽃이 피는 '**흰꼬리풀**'도 있다. 긴 꽃차례의 모양이 동물의 꼬리처럼 보여서 붙인 이름이라고 한다. » 125

꼭두서니 꼭두서니과 (여름)
줄기는 네모지고, 잎은 심장 모양이며 4장씩 돌려나기 하는 것처럼 보인다. 하지만 2장은 잎이고 2장은 떡잎으로 마주나기 한다. 7~9월에 연한 녹색 꽃이 핀다. 둥근 열매는 검게 익는다. '고읍두송 → 곡도송 → 꼭도손'에서 변한 이름이며, '꼭두색(붉은색)으로 물들이는 풀'이라는 뜻이다. » 214

꽃다지 십자화과 (봄)

줄기는 곧게 서고, 짧은 털과 별 모양의 하얀 털이 있다. 뿌리잎은 주걱 모양이며, 가장자리에 톱니가 있다. 날렵한 달걀 모양의 줄기잎은 어긋나기 한다. 4~5월에 긴 줄기 끝에서 십자 모양의 노란색 꽃들이 모여 아래에서부터 위쪽으로 피어 올라간다. 짧은 털이 있는 열매는 긴 타원형으로 납작하다. 옛말 '굿다대'에서 변한 이름이며, 차례대로 꽃을 피고 닫는 모습에서 붙인 이름이라고 한다. » 56

꽃마리 지치과 (봄)

주걱 모양의 뿌리잎이 뭉쳐서 나오고, 방석 모양으로 펼쳐져 겨울을 난다. 4~6월에 줄기나 가지 끝에 달린 꽃차례가 태엽처럼 풀리면서 연한 하늘색 꽃이 핀다. 꽃 가운데에 노란색 동그라미 무늬가 있다. 꽃차례가 둥글게 말려 붙인 이름이다. » 34

꽃며느리밥풀 현삼과 (여름)

줄기는 투박하게 네모지며 곧게 선다. 잎은 좁은 달걀 모양으로 끝이 뾰족하며, 마주나기 한다. 7~8월에 줄기 끝에서 입술 모양의 붉은색 꽃잎이 모여 핀다. 아랫입술에 흰색 무늬 2개가 밥풀처럼 보인다. 며느리가 밥이 잘 되었는지 밥풀을 입에 넣었는데, 시어머니가 이를 핑계로 며느리를 때려죽이자 며느리 무덤가에 피어난 꽃이라는 전설이 있다. » 124

꽃받이 지치과 (봄)

주걱 모양인 뿌리잎은 뭉쳐나고 가장자리가 쭈글쭈글하다. 방석 모양으로 펼쳐져 겨울을 난다. 4~9월에 줄기 윗부분의 잎겨드랑이에서 연한 하늘색 꽃이 한 송이씩 핀다. 꽃송이마다 잎 한 장이 받친 모양에서 붙인 이름이다. '꽃바지'라고도 한다. » 35

꽃범의꼬리 꿀풀과 (여름)

줄기는 네모지며 곧게 선다. 7~9월에 마치 금붕어가 입을 뻐끔거리는 모양으로 흰색, 분홍색, 보라색 꽃이 핀다. '피소스테기아'라고도 한다. 꽃대의 꽃이 범의 꼬리를 닮아 붙인 이름이라고 한다. » 122

꽃창포 붓꽃과 (여름)

뜰이나 꽃밭, 공원에 심기도 한다. 줄기는 곧게 서고, 잎은 두 줄로 늘어서 자란다. 잎의 주맥이 뚜렷하다. 6~7월에 줄기 또는 가지 끝에서 짙은 보라색 바탕에 안쪽에 노란색 줄이 있는 꽃이 핀다. 잎의 크기가 크고 '창포'와 비슷하게 생겨 '꽃이 피는 창포'라는 뜻에서 붙인 이름이다. 비슷한 종으로 **노랑꽃창포**가 있다. » 145

꽃향유 꿀풀과 (가을)

줄기는 네모지며 곧게 선다. 달걀 모양이거나 좁은 달걀 모양 잎은 끝이 뾰족하고, 마주나기 한다. 9~10월에 줄기와 가지 끝에서 한쪽 방향으로 분홍빛의 자주색 꽃이 이삭 모양으로 빽빽하게 핀다. 비슷한 종인 **향유**(우리말 이름은 '노야기')보다 잎의 톱니가 거칠고 예리하며, 꽃차례의 길이와 폭이 모두 크고 꽃 색이 도드라져서 붙인 이름이다. » 119

꽈리 가지과 (여름)

줄기는 곧게 서고, 가지가 갈라진다. 한 마디에서 2장씩 나는 잎은 어긋나기 한다. 6~7월에 잎 사이에서 흰색 꽃이 한 송이씩 핀다. 꽃받침으로 둘러싸인 열매는 둥글고, 붉은색으로 익는다. 둥근 열매의 씨를 파낸 뒤 껍질을 놀잇감 삼아 입에 넣고 내는 소리에서 붙인 이름이라고 한다. » 188

꿀풀 꿀풀과 (봄)

줄기는 네모지고 여러 대가 모여 나며, 가지가 갈라진다. 긴 달걀 모양의 잎은 마주나기 한다. 5~7월에 보라색 꽃이 이삭 모양으로 빽빽하게 모여 핀다. 꽃을 뽑아 맛을 보면 꿀처럼 달콤하다. 꿀이 많아 붙인 이름이다. 여름에 열매를 맺은 후 꽃이 말라 '하고초'라고도 한다. 흰색 꽃이 피는 '**흰꿀풀**', 붉은색 꽃이 피는 '**붉은꿀풀**'이 있다. » 40

꿩의바람꽃 미나리아재비과 (봄)
잎자루가 길고 잎이 여러 갈래이다. 4~5월에 꽃대 하나에 흰색 꽃이 한 송이씩 피며, 꽃잎은 없고 꽃받침 8~16장이 꽃잎처럼 보인다. 바람꽃 종류 가운데 꽃받침 수가 많은 것이 특징이다. 꿩 소리가 들리는 산에서 봄바람이 불기 시작하면 꽃을 피운다 해서 붙인 이름이라고 한다. » 74

꿩의밥 골풀과 (봄)
줄기는 땅속줄기에서 모여 난다. 줄기에서 잎 2~3장이 어긋나기 하지만, 대부분 잎은 땅속줄기에서 모여나기 한다. 잎에 흰 털이 많다. 4~5월에 줄기 끝부분에서 작은 꽃이 둥근 모양으로 모여 핀다. 꿩이나 새가 열매를 먹는다 하여 붙인 이름이다. » 49

끈끈이대나물 석죽과 (여름)
마디가 있는 줄기는 곧게 서고, 줄기 윗부분의 마디에서 끈적끈적한 즙이 나온다. 잎은 긴 달걀 모양으로 끝이 뾰족하다. 6~8월에 줄기 끝부분에서 진한 분홍색이거나 흰색 꽃이 모여 핀다. 줄기가 대나무처럼 뿌연 녹색이고, 끈적끈적한 끈끈이가 있어 붙인 이름이다. » 98

ㄴ

나도냉이 십자화과 (봄)
줄기는 곧게 선다. 뿌리에서 잎자루가 긴 잎이 모여 나는데 무 잎과 닮았으며 반들반들하다. 5~6월에 십자 모양의 노란색 꽃이 촘촘히 모여 핀다. 냉이와 비슷하게 생겨 붙인 이름이다. » 56

나문재 명아주과 (여름)
줄기는 곧게 서며, 가늘고 길게 가지를 친다. 줄기에 촘촘히 나는 잎은 어긋나기 한다. 잎을 자른 단면은 반달 모양이며 짠맛이 난다. 여름에는 푸른색이지만 가을에는 붉은색으로 변한다. 7~8월에 줄기나 잎겨드랑이에서 노란빛이 도는 작은 녹색 꽃이 핀다. '갯솔나물'이라고도 하며, 여름철 푸른색일 때는 나물로 먹지만, 가을에는 붉은빛과 짠맛을 물에 우려내 밥이나 죽에 넣어 먹기도 한다. » 207

나비나물 콩과 (여름)
줄기는 네모지고 여러 대가 모여 난다. 한 자리에 작은 잎 2장이 모여 달리고 어긋나기 한다. 8월에 붉은빛을 띤 보라색 꽃이 촘촘히 모여 핀다. 열매는 완두콩처럼 생겼다. 모여 달린 잎 2장이 나비를 닮아 붙인 이름이다. 이른 봄에 어린 싹을 먹는다. » 104

나사말 자라풀과 (여름)
줄 모양의 부드러운 잎은 물속에 잠겨 물결을 따라 움직인다. 암수딴그루로 8~9월에 물 위로 나온 긴 꽃대 끝에 연노란색 암꽃이 핀다. 물 위에 떠다니는 수꽃과 수정된 암술 꽃대는 나사처럼 꼬불꼬불 꼬여 물속으로 가라앉아 열매를 맺는다. 꽃대가 나사처럼 꼬이는 물풀이라는 뜻에서 붙인 이름이다. » 221

나팔꽃 메꽃과 (여름)
다른 물체를 감고 올라가며 덩굴로 자란다. 잎은 3~5갈래로 갈라져 끝이 뾰족하고, 어긋나기 한다. 7~9월에 붉은빛을 띤 자주색, 붉은색, 흰색 꽃이 아침에 핀다. 꽃받침에 떨어져 나가기 쉬운 부드러운 털이 조금 있다. 꽃 모양이 나팔을 닮아서 붙인 이름이다. 잎이 심장 모양인 '**둥근잎나팔꽃**'도 있다. » 114

낙지다리 돌나물과 [여름]
줄기는 곧게 서고, 잎은 창끝 모양이며 어긋나기 한다. 7월에 줄기 끝에서 가지가 사방으로 갈라져 노란빛이 도는 녹색 꽃이 모여 핀다. 위에서 내려다본 꽃대 모양이 낙지 다리를 닮아 붙인 이름이다. » 210

남산제비꽃 제비꽃과 [봄]
보통 제비꽃 종류와는 달리, 뿌리에서 뭉쳐난 잎이 여러 갈래로 갈라진다. 4~6월에 흰색 꽃이 옆으로 피는데 꽃잎 안쪽에 자주색 줄무늬가 있다. 남산에서 처음 발견되어 붙인 이름이다. » 78

냉이 십자화과 [봄]
뿌리에서 모여 난 잎은 깃 모양으로 깊게 갈라지고, 방석 모양으로 펼쳐져 겨울을 난다. 줄기잎은 창끝 모양이며 어긋나기 한다. 5~6월에 줄기나 가지 끝에서 십자 모양의 흰색 꽃이 아래쪽에서 위쪽으로 핀다. 열매는 납작하고 심장 모양이다. 지방에 따라 '나생이', '나시' 등으로 불린다. 약이나 채소를 가리키던 순우리말 '나이'에서 '낭이→냉이'로 변했다. » 75

노랑어리연꽃 조름나물과 [여름]
줄기는 물속에서 길게 비스듬히 자란다. 잎은 물 위에 뜬다. 물 위에 뜨는 잎은 수련 잎과 비슷하고 윤기가 난다. 7~9월에 노란색 꽃잎 5장의 가장자리에 긴 털이 있다. 노란색 꽃에 연꽃을 닮아 붙인 이름이다. 어리는 '비슷하거나 가까움'을 나타내는 말이다. **어리연꽃**은 흰색 바탕에 가운데가 노란색인 꽃 10여 송이가 물 위에서 모여 핀다. » 158

노랑제비꽃 제비꽃과 [봄]
줄기는 가늘고, 털이 거의 없거나 잔털이 약간 있다. 잎은 심장 모양으로 가장자리에 톱니가 있다. 잎 뒷면은 갈색을 띤다. 4~6월에 잎겨드랑이에서 나온 꽃자루에 노란색 꽃이 핀다. » 62

노랑코스모스 국화과 [여름]
줄기는 곧게 서며 가지가 많이 갈라진다. 마주나기 하는 잎은 둥그런 삼각 모양에 깃 모양으로 깊게 두 번 갈라진다. 줄기 아래쪽 잎은 잎자루가 길지만, 위쪽 잎은 잎자루가 없다. 7~9월에 가지 끝에서 주황색 꽃이 한 송이씩 핀다. » 172

노루귀 미나리아재비과 [봄]
뿌리에서 잎이 3~6장 모여 달린다. 잎은 갈라진 삼각 모양에 털이 많다. 4월에 분홍색, 흰색, 보라색 꽃이 핀다. 꽃잎은 없고 꽃받침 6~8장이 꽃잎처럼 보인다. 꽃이 질 무렵 새 잎이 세로로 말려 올라오고 하얀 털로 덮여 있는 모습이 노루의 귀를 닮아 붙인 이름이다. » 23

노루발 노루발과 [여름]
뿌리잎은 여러 장이 모여 난다. 잎자루가 길고 두꺼우며 타원형이다. 잎맥을 따라 무늬가 있으며 잎자루와 잎 뒷면은 자주색이다. 6~7월에 꽃대가 올라와 노란빛을 띤 흰 꽃이 핀다. 원래 한자 이름은 '사슴발굽 풀'이라는 뜻인데, 우리나라에는 사슴보다 노루가 흔하여 바꿔 부른 것이라고 한다. » 184

노루오줌 범의귀과 [여름]
뜰이나 꽃밭, 공원에 심기도 한다. 줄기는 곧게 서고, 작은 잎이 여러 장 모여 달려 어긋나기 한다. 7~8월에 줄기 끝에서 연한 분홍색 꽃이 원뿔 모양으로 모여 핀다. 뿌리에서 노루의 오줌 냄새가 나서 붙인 이름이다. » 102

누린내풀 마편초과 [여름]
네모진 줄기는 곧게 선다. 잎은 넓은 달걀 모양에 끝이 뾰족하고, 마주나기 한다. 독특한 냄새가 나는데 꽃이 필 무렵이면 더욱 심해진다. 7~8월에 줄기와 가지 끝에서 보라색 꽃이 피며, 암술대와 수술대가

활 모양으로 길게 휘어진다. 식물 전체에서 누린내가 나서 붙인 이름이다. » 117

다알리아(달리아) 국화과 (여름)

고구마처럼 덩이뿌리로 번식한다. 잎은 마주나기 하며, 앞면은 짙은 녹색, 뒷면은 약간 흰빛이 돈다. 꽃은 7월에서 서리가 내릴 때까지 피며, 줄기와 가지 끝에서 한 송이씩 옆을 향해 핀다. 품종에 따라 꽃 색과 크기가 다양하다. » 135

닥풀 아욱과 (여름)

줄기는 곧게 서고 가지가 없다. 잎은 어긋나기 하며 8~9월에 연한 노란색 꽃이 핀다. 긴 타원형인 열매가 익으면 5갈래로 터진다. 닥나무로 한지를 만들 때 뿌리를 풀(접착제)로 사용하여 붙인 이름이다. » 154

단풍잎돼지풀 국화과 (여름)

줄기는 곧게 서고, 거친 털이 빽빽하다. 잎은 단풍잎처럼 3~5갈래로 깊이 갈라지고, 마주나기 한다. 7~9월에 암꽃이 아래쪽에, 수꽃은 위쪽에 달리며 꽃가루가 많이 날린다. 잎 모양이 단풍잎과 비슷하여 붙인 이름이다. '생태계 교란 야생생물'이다. » 216

단풍취 국화과 (여름)

줄기는 곧게 서고, 갈색 털이 드문드문 있다. 잎은 줄기 가운데로 4~7장이 돌려나기 한 것처럼 달린다. 가장자리가 7~11갈래로 갈라지는데 단풍잎과 비슷하다. 7~9월에 줄기 끝에서 흰색 꽃이 핀다. 잎 모양이 단풍잎을 닮은 나물(취)이라 하여 붙인 이름이다. 어린잎을 나물로 먹는다. » 194

달맞이꽃 바늘꽃과 (여름)

뿌리에서 모여 난 잎은 방석 모양으로 펼쳐져 겨울을 나고, 줄기잎은 창끝 모양이며 어긋나기 한다. 7월에 잎겨드랑이에서 노란색 꽃이 한 송이씩 달리며, 저녁에 피었다가 다음날 아침에 시든다. 밤에 피어 달을 맞이하는 꽃이라는 뜻에서 붙인 이름이다. » 157

달뿌리풀 벼과 (여름)

뿌리줄기는 땅 위로 길게 뻗고, 줄기는 곧게 선다. 잎은 어긋나기 하며, 긴 창끝 모양이다. 9월에 자주색 꽃이 원뿔 모양으로 모여 핀다. 털이 달린 씨앗은 바람에 날려 멀리 퍼진다. 갈대와 비슷하지만 뿌리줄기가 땅 위로 뻗고, 윗부분의 잎집이 자주색을 띠며, 꽃이삭이 갈대보다 엉성하다. 산소가 풍부한 모래자갈 땅을 좋아해 '뿌리줄기가 달리듯이 뻗는다'라는 뜻에서 붙인 이름이다. » 223

닭의덩굴 마디풀과 (여름)

줄기는 다른 물체를 감으며 덩굴로 자란다. 긴 심장 모양의 잎은 끝이 뾰족하고, 어긋나기 한다. 6~9월에 잎겨드랑이에서 흰빛이 도는 녹색 꽃이 모여 핀다. 통통한 달걀 모양의 작은 열매는 날개가 있고 세모져 있다. '닭'과 '덩굴'을 합친 이름이다. » 204

닭의장풀 닭의장풀과 (여름)

줄기가 비스듬히 땅을 기면서 뿌리를 내린다. 잎은 긴 달걀 모양에 끝이 뾰족하며, 어긋나기 한다. 7~8월에 잎겨드랑이에서 나온 꽃대 끝에 반달 모양의 꽃싸개에 싸인 선명한 파란색 꽃이 핀다. 꽃은 오후가 되면 시든다. 닭장 주변에서 자라는 풀이라는 뜻에서 붙인 이름이라 한다. '닭의밑씻개', '닭개비' 등 여러 이름이 있다. 닭의장풀보다 꽃 색이 짙은 '**자주닭개비**'는 수술대에 세포가 있어 식물학에서 세포 실험 재료로 사용하기도 한다. » 137

담배풀 국화과 (여름)
줄기는 곧게 서고 잔털이 빽빽하다. 뿌리잎은 꽃이 필 무렵에 시들고, 긴 타원형의 잎은 어긋나기 한다. 8~9월에 잎겨드랑이나 가지 끝에서 꽃잎과 꽃자루가 없는 연노란색 꽃이 한 송이씩 달린다. 끝부분이 새 부리 모양인 열매는 끈끈한 즙을 내어 다른 물체에 잘 달라붙는다. 이 풀에서 특이한 냄새가 나서 '여우오줌풀'이라고도 한다. 긴 줄기 끝에 매달린 꽃 모양이 담뱃대 같아 붙인 이름이라고 한다. » 215

대극 대극과 (봄)
똑바로 자라는 줄기 밑부분에서 가지가 갈라진다. 줄기에서 난 잎은 어긋나기 하고, 줄기 윗부분의 잎 5장은 돌려나기 한다. 줄기를 자르면 하얀 즙이 나온다. 6월에 줄기 끝에서 잎이 변한 꽃싸개에 싸여 술잔 모양으로 노란색 꽃이 핀다. 독이 있다. » 64

대나물 석죽과 (여름)
줄기는 여러 대가 나와 곧게 선다. 가지가 많이 갈라지며, 마디가 뚜렷하다. 타원형 잎은 끝이 뾰족하고, 마주나기 한다. 6~7월에 가지 끝에서 흰색 꽃이 모여 핀다. 줄기에 마디가 있고 잎이 대나무를 닮았으며, 어린줄기를 나물로 먹어 붙인 이름이다. » 178

댑싸리 명아주과 (여름)
뜰이나 꽃밭, 공원에 심기도 한다. 줄기는 곧게 서고, 가지가 많이 갈라진다. 잎은 가느다란 창끝 모양이며, 어긋나기 한다. 7~8월에 암수딴그루로 잎겨드랑이에서 노란빛이 도는 작은 녹색 꽃이 모여서 핀다. 다 자란 것을 잘라 말려서 빗자루를 만든다. 열매는 '지부자'라고 하여 아주 오래전부터 약으로 쓰였다. '대싸리'가 변한 이름이라고 한다. » 205

더덕 초롱꽃과 (여름) 📖
뿌리를 먹거나 약으로 쓰려고 심기도 한다. 줄기는 매끈하고, 덩굴로 다른 물체를 감고 올라가며 자란다. 긴 타원형 잎은 어긋나기 하며, 앞면은 녹색, 뒷면은 흰색이다. 줄기와 잎을 자르면 하얀 즙이 나온다. 8~9월에 짧은 가지 끝에서 아래를 향해 종 모양의 녹색 꽃이 피며, 안쪽에 진한 자주색 반점이 있다. » 214

덩굴별꽃 석죽과 (여름)
줄기는 덩굴로 자라며 마디가 있다. 잎은 달걀 모양이며, 마주나기 한다. 7~8월에 가지 끝에서 흰색 꽃이 핀다. 식물 전체에 꼬불꼬불한 털이 나 있다. 열매는 콩 모양이며 검은색으로 익는다. 덩굴로 자라며 활짝 핀 꽃(꽃잎이 5장으로 끝이 2갈래로 갈라져 있다)이 별꽃을 닮아 붙인 이름이다. » 178

데이지 국화과 (봄) ✿
수염 같은 뿌리가 사방으로 퍼진다. 뿌리에서 모여 나온 뿌리잎은 거꾸로 세운 달걀 모양이다. 흰색, 연한 붉은색, 붉은색, 붉은빛을 띤 자주색 꽃이 봄부터 가을까지 핀다. » 45

도깨비가지 가지과 (여름)
줄기는 곧게 서고, 날카로운 가시가 있다. 잎은 긴 타원형이다. 잎자루와 잎 뒷면의 가운데 맥을 따라 날카로운 가시가 있다. 간혹 물결 모양의 톱니가 있는 잎도 있고, 어긋나기 한다. 6~10월에 흰색이나 연한 보라색 꽃이 핀다. 익지 않은 열매는 독이 있으며, 어디든 자라기 시작하면 없애기가 아주 힘들다. 가시가 많은 모습을 도깨비에 빗대어 붙인 이름이라 한다. '생태계 교란 야생생물'이다. » 187

도깨비바늘 국화과 (여름) 📖
줄기는 네모지며 곧게 선다. 잎은 여러 갈래로 갈라지고 마주나기 한다. 8~9월에 줄기나 가지 끝에서 노란색 꽃이 핀다. 열매가 폭죽이 터지는 모양으로 달린다. 가느다란 열매 끝에 가시가 3~4개 있어 동물이나 사람 옷에 잘 달라붙는다. 열매가 다른 물체에 잘 달라붙어서 붙인 이름이라고 한다. » 163

도둑놈의갈고리 콩과 (여름)
줄기는 곧게 선다. 긴 잎자루 끝에 작은 잎 3장이 모여 달려 어긋나기 한다. 7~8월에 잎겨드랑이나 줄기 끝에서 붉은빛을 띤 보라색 꽃이 모여 달린다. 열매는 반달 모양의 꼬투리이며, 갈고리 모양의 털이 있어 동물이나 사람 옷에 잘 달라붙는다. 열매가 잘 달라붙는 모습을 도둑이 물건을 쓸어담는 갈고리에 빗대어 붙인 이름이라고 한다. 비슷한 종으로 이 풀보다 크고, 작은 잎 5~7장이 깃 모양으로 모여 달리는 '큰도둑놈의갈고리'가 있다. » 103

도라지 초롱꽃과 (여름)
밭에 심어 기르거나 뜰이나 꽃밭, 공원에 심기도 한다. 뿌리는 물기가 많은 덩이뿌리이며, 줄기는 곧게 선다. 잎은 달걀 모양에 끝이 뾰족하고 어긋나기, 마주나기, 돌려나기 한다. 줄기나 잎을 자르면 하얀 즙이 나온다. 7~8월에 줄기 끝에서 보라색, 흰색 꽃이 피며, 가장자리가 5갈래로 갈라지고 끝이 삼각형이다. 뿌리는 약이나 나물로 먹는다. '도라차 →도랏→도라지'로 변했다. » 126

독말풀 가지과 (여름)
온실이나 화분에 심기도 한다. 줄기는 곧게 서며, 잎은 달걀 모양이다. 줄기와 잎자루가 검은 자줏빛을 띤다. 잎 가장자리에 날카롭고 불규칙한 톱니가 있으며, 어긋나기 한다. 8~9월에 줄기 끝이나 잎겨드랑이에서 깔때기 모양에 꽃잎이 5갈래로 얕게 갈라지는 연한 자주색 꽃이 핀다. 꽃은 저녁에 피었다가 다음 날 아침에 시든다. '잎과 씨에 독이 많은 풀'이라는 뜻에서 붙인 이름이다. 열대 아시아 원산으로 흰 꽃이 피는 **'흰독말풀'**은 줄기나 잎자루에 자줏빛을 띠지 않는다. » 123

독일붓꽃 붓꽃과 (봄)
5~6월에 잎겨드랑이에서 흰색, 보라색, 자주색, 노란색, 주황색 꽃이 핀다. 유럽 원산지의 붓꽃들을 사람의 손으로 수정하여 품종이 다양하다. » 48

독활 두릅나무과 (여름)
속이 빈 줄기는 곧게 서며, 엉성하게 가지를 친다. 작은 잎 여러 장이 모여 달려 어긋나기 한다. 7~8월에 가지 끝에서 연한 녹색 꽃이 둥글게 모여 핀다. 열매는 꽃이 핀 모양으로 달리고 9~10월에 검게 익는다. 새순이 돋아날 때는 두릅나무와 비슷하지만 줄기에 가시가 없다. '땃두릅', '땅두릅'이라고도 한다. 이름은 바람에 움직이지 않는다는 뜻이다. » 212

돌나물 돌나물과 (봄)
줄기는 땅 위로 뻗고, 잎은 3장씩 돌려나기 한다. 줄기와 잎에 물기가 많고 연하다. 5~6월에 노란색 꽃이 별 모양으로 핀다. 돌밭에서도 잘 자라 붙인 이름이며, '돈나물'이라고도 한다. » 58

돌단풍 범의귀과 (봄)
뿌리줄기는 바위틈으로 뻗는다. 뿌리줄기에서 나온 긴 잎자루 끝에 5~7갈래로 갈라진 잎이 단풍잎을 닮았다. 5~6월에 긴 꽃대 끝에서 흰색 꽃이 촘촘히 모여 핀다. 잎 모양이 단풍잎과 비슷하고, 바위틈에서 자라나 붙인 이름이다. » 77

돌콩 콩과 (여름)
줄기는 덩굴로 자라고, 갈색 털이 아래로 향해 있다. 작은 잎이 3장 모여 달려 어긋나기 한다. 7~8월에 나비 모양의 붉은빛을 띤 보라색 꽃이 모여 핀다. 열매는 콩꼬투리와 비슷하고, 겉에 갈색 털이 많다. 밭에서 재배하는 콩의 기원이 되는 종으로, 야생에서 자라는 콩이라는 뜻에서 붙인 이름이다. » 105

돌피 벼과 (여름)
줄기는 여러 대가 모여 나고, 곧게 서거나 비스듬히 위를 향해 자란다. 마디가 5~6개 있다. 잎은 칼 모양이다. 7~8월에 줄기 끝에서 연한 녹색 꽃이 자잘하게 모여 핀다. 열매가 익으면 고개를 숙인다. 주로 논밭이나 그 주변에 나는 잡초로, 옛날에는 '밭피'라고 하여 곡식으로 여겼으나 일제 강점기 때 곡식이 아니라는 뜻에서 이름 붙였다고 한다. 이와 비슷한 '**물피**'는 잔 이삭에 까끄라기가 있다. » 226

동의나물 미나리아재비과 (봄)
줄기는 곧게 서거나 비스듬히 자란다. 뿌리잎은 둥근 심장 모양으로 가장자리에 톱니가 있고, 줄기잎은 어긋나기 한다. 4~5월에 줄기 끝에서 노란색 꽃 2송이씩 위를 향해 핀다. 꽃잎은 없으며 꽃받침조각이 5~6장으로 갈라지고, 수술이 많다. 독이 있지만 말려서 약재로 쓴다. 잎 모양이 곰취와 비슷하지만, 털이 거의 없고 두툼하며 톱니가 밋밋하다. 오므린 잎 모양이 물동이를 닮아 '동이나물'이라고도 한다. » 52

동자꽃 석죽과 (여름)
뜰이나 꽃밭, 공원에 심기도 한다. 줄기는 곧게 서고 마디가 뚜렷하다. 잎은 긴 타원형이며, 마주나기 한다. 7~8월에 줄기 끝에서 주황색 꽃이 한 송이씩 핀다. 깊은 산속 어느 암자에서, 겨울을 준비하기 위해 마을로 내려간 스님을 기다리다가 배고픔과 추위로 얼어 죽은 동자의 무덤에서 피어난 꽃이라는 전설이 있다. » 98

돼지풀 국화과 (여름)
줄기는 곧게 서고, 전체에 짧은 털이 있다. 잎은 여러 갈래로 깊게 갈라진다. 밑부분은 마주나기 하고 윗부분은 어긋나기 한다. 8~9월에 줄기와 가지 끝에서 연녹색 꽃이 피고, 꽃가루가 많이 날린다. 일본 이름(돈초)을 우리말로 바꾼 이름이다. '생태계 교란 야생생물'이다. » 216

두루미천남성 천남성과 (봄)
줄기는 곧게 선다. 잎자루가 긴 잎 1장이며, 새의 발 모양으로 갈라져 작은 잎 13~19장이 양쪽에 달리고, 가운데 작은 잎 1장이 특히 작다. 작은 잎은 거꾸로 세운 창끝 모양이며, 양끝이 뾰족하다. 5~6월에 줄기 끝에서 녹색 꽃이 피고, 꽃덮개 속에 들어 있는 꽃이삭 끝이 차츰 뾰족해지면서 꼬리처럼 위로 솟구친다. 독이 있다. 꽃이 핀 모습이 두루미가 날아가는 모습과 비슷하여 붙인 이름이다. » 88

두메부추 백합과 (여름)
뜰이나 꽃밭, 공원 등에 심기도 한다. 땅속에 있는 비늘줄기는 파뿌리와 비슷하다. 뭉쳐 나오는 잎은 줄 모양으로 살찐 부추잎 같다. 잎을 자른 단면은 반타원형이다. 8~9월에 꽃대 끝에서 연한 분홍색 꽃이 둥글게 모여 핀다. 사람이 많이 살지 않는 변두리나 깊은 산속(두메)에서 자라는 부추라는 뜻에서 붙인 이름이다. » 140

둥굴레 백합과 (봄)
뜰이나 꽃밭, 공원에 심기도 한다. 줄기는 곧게 서고, 끝부분으로 가면서 약간 구부러진다. 좁은 타원형 잎은 2줄로 어긋나기 하고, 한쪽으로 치우친다. 5~6월에 줄기 중간 부분 잎겨드랑이에서 종 모양의 꽃이 1~2송이씩 피는데 아랫부분은 흰색, 윗부분은 녹색이다. 둥근 열매는 9~10월에 검은색으로 익는다. 열매 모양이나 꽃 모양이 둥근 것에서 붙인 이름이라고 한다. » 89

둥근털제비꽃 제비꽃과 (봄)
뿌리에서 뭉쳐난 잎은 심장 모양이며 털이 많다. 4~5월에 연한 보라색 꽃이 핀다. 제비꽃 종류 중에서 가장 먼저 꽃이 핀다. 잎의 모양이 둥글고 털이 많아 붙인 이름이다. » 30

들깨풀 꿀풀과 (여름)

줄기는 투박하게 네모지고 곧게 서며, 자줏빛이 돈다. 긴 타원형 잎은 끝이 뾰족하다. 잎 가장자리에 날카로운 톱니가 6쌍 이상 있고, 마주나기 한다. 8~9월에 줄기와 가지 끝에서 입술 모양의 연한 자주색 꽃이 이삭 모양으로 촘촘히 모여 달린다. 식물 전체에서 강한 냄새가 난다. 들깨와 향이 비슷한 풀이라는 뜻에서 붙인 이름이다. 이 풀은 아래 잎에 잎자루가 있고, 위 잎에는 잎자루가 없다. 이와 비슷한 '산들깨'는 잎자루가 위아래 모두 있고, 줄기와 마디에 하얀 털이 있다. » 120

등골나물 국화과 (여름)

줄기는 곧게 서고, 자줏빛이 도는 무늬가 있다. 잎은 넓은 창끝 모양이고, 가장자리의 톱니가 규칙적이며 날카롭고 뚜렷하다. 마주나기 한다. 7~10월에 줄기 끝에서 흰색 꽃이 핀다. 잎맥에 등골처럼 고랑이 있어서 붙인 이름이라고 한다. » 191

등심붓꽃 붓꽃과 (봄)

뜰이나 꽃밭, 공원에 심기도 한다. 줄기 아래쪽에 납작한 줄 모양의 잎이 어긋나기 한다. 5~6월에 줄기 끝에서 보라색 꽃이 피며, 안쪽은 노란색이다. 꽃은 하루 만에 시든다. 꽃이 붓꽃을 닮았고, 꽃의 중심이 노란색이라 붙인 이름이다. 흰색 꽃이 피는 '흰등심붓꽃'도 있다. » 48

디기탈리스 현삼과 (여름)

줄기는 곧게 서고, 잎은 어긋나기 한다. 7~8월에 줄기 끝에서 종 모양의 붉은빛을 띤 자주색이나 흰색 꽃이 아래쪽으로 비스듬하게 이삭 모양으로 모여 핀다. 꽃에 진한 갈색 반점이 흩어져 있다. 이름은 '장갑의 손가락'이라는 뜻에서 비롯되었으며, 식물 전체에 독이 있다. » 124

딱지꽃 장미과 (여름)

줄기는 가지가 갈라지고, 잎자루와 더불어 솜털이 있다. 줄기잎은 작은 잎 15~29장이 깃 모양으로 모여 달리고, 어긋나기 한다. 잎 뒷면에 하얀 솜털이 빽빽하고, 타원 모양의 턱잎이 있다. 뿌리잎은 옆으로 퍼지고 하얀 솜털이 없다. 6~7월에 노란색 꽃이 핀다. 뿌리잎이 땅에 달라붙어 퍼져 나간 모양에서 붙인 이름이라고 한다. » 149

땅채송화 돌나물과 (봄)

줄기 윗부분과 가지가 모여 곧게 서고, 무리지어 자란다. 줄기와 잎에 물기가 많다. 잎은 원기둥 모양이며 끝이 뭉툭하고, 잎자루가 없다. 5~7월에 곁가지 끝에서 노란색 꽃이 3~10송이 핀다. » 59

떡쑥 국화과 (봄)

줄기는 곧게 서며, 하얀 털로 덮여 있어 흰색으로 보인다. 뿌리잎은 타원형으로 꽃이 필 때 시들고, 줄기잎은 긴 주걱 모양이며, 어긋나기 한다. 5~7월에 줄기 끝에서 쌀알 모양의 노란색 꽃이 핀다. 옛날에 이 풀로 떡을 만들어 먹어서 붙인 이름이다. » 70

뚝갈 마타리과 (여름)

줄기는 곧게 서고, 하얀 털이 많다. 뿌리잎과 줄기잎의 모양이 다르며, 마주나기 하고 앞뒷면에 하얀 털이 있다. 7~8월에 줄기 끝과 가지 끝에서 흰색 꽃이 모여 핀다. 마타리보다 냄새가 더 심하다. » 189

뚝새풀 벼과 (봄)

줄기는 곧게 서고, 4~6월에 줄기 끝에서 긴 꽃이삭이 달린다. 꽃이삭은 처음에는 연두색이었다가 차츰 갈색으로 변한다. 소의 먹이로 이용한다. 논둑에서 잘 자란다 하여 붙인 이름이라고 한다. » 91

뚱딴지 국화과　　　　　　　　　　(여름)

줄기는 굵고 곧게 서며, 짧고 거친 털이 있다. 잎은 긴 타원형으로 끝이 뾰족하며, 아래쪽에서는 마주나기 하고 위쪽에서는 어긋나기 한다. 9~10월에 줄기 윗부분에서 노란색 꽃이 핀다. 땅속의 덩이줄기를 '돼지감자'라고 한다. 가축의 먹이로 북아메리카에서 들여와 심었으나 먹거리나 약으로 쓰인다. 꽃과 잎이 감자와는 전혀 다른데, 뿌리가 감자를 닮아 엉뚱하다는 뜻에서 붙인 이름이라고 한다. » 160

띠 벼과　　　　　　　　　　(봄)

땅속에서 뿌리줄기가 옆으로 뻗으며 무리지어 자란다. 5월에 줄기 끝에서 긴 꽃이삭이 잎에 싸여 나온다. 처음에는 흰색 또는 연한 보라색이지만 차츰 누런빛을 띤 녹색으로 바뀐다. 솜털이 달린 씨앗은 바람에 날려 흩어진다. 어리고 연한 꽃이삭은 단맛이 있어 빨아 먹는다는 뜻에서 '삘기'라고 한다. » 92

ㄹ

렙탄스아주가 꿀풀과　　　　　　　　　(봄)

주걱 모양의 잎은 뿌리에서 모여나며, 방석 모양으로 펼쳐져 겨울을 난다. 윤기가 있고 진한 자줏빛을 띤다. 보라색, 흰색, 분홍색 꽃이 줄기 끝에서 모여 피며, 다양한 원예 품종이 있다. » 38

ㅁ

마 마과　　　　　　　　　　(여름)

덩이뿌리를 얻기 위해 밭에 심기도 한다. 줄기는 자주색이고, 잎겨드랑이에 살눈이 생긴다. 잎은 긴 심장 모양으로 끝이 뾰족하고, 마주나기 또는 돌려나기 한다. 6~7월에 암수딴그루로 잎겨드랑이에서 꽃이 핀다. 암꽃은 밑으로 처지고, 수꽃은 위로 곧게 선다. 덩이뿌리는 먹거리나 약으로 쓰인다. » 201

마거리트 국화과　　　　　　　(봄)

줄기는 아랫부분이 나무처럼 단단하고, 잎은 쑥갓 모양이며 마주나기 한다. 3~5월에 흰색, 노란색, 분홍색, 붉은색 꽃이 핀다. 홑꽃과 겹꽃도 있다. » 83

마디풀 마디풀과　　　　　　　(여름)

줄기는 곧게 서거나 비스듬히 누워 자란다. 잎은 긴 타원형이며 어긋나기 한다. 6~7월에 잎겨드랑이에서 꽃잎은 없고 꽃받침 5장에 초록빛이 도는 흰색 꽃이 핀다. 가장자리가 붉은색을 띠기도 한다. 마디가 많은 풀이라는 뜻에서 붙인 이름이다. » 176

마름 마름과　　　　　　　　(여름)

물속의 진흙 속에 뿌리를 박고 자라며, 줄기가 수면까지 자란다. 줄기 끝에서 삼각 모양의 잎들이 사방으로 퍼져 수면을 덮는다. 타원 모양의 잎자루 속에 공기가 들어 있어 잎이 물 위에 뜬다. 7~8월에 잎겨드랑이에서 흰색 꽃 한 송이가 위를 향해 핀다. 열매는 삼각 모양으로 양끝이 뿔처럼 뾰족하고 가운데가 둥글다. 가을에 익은 열매는 물속으로 가라앉아 이듬해 봄에 싹을 틔운다. 열매 속은 밤 맛이 난다. 마름은 '말'과 '음(엄)'을 합친 이름으로 '먹음직스러운 큰 열매가 열리는 물풀'이라는 뜻이다. » 183

마타리 마타리과　　　　　　　(여름)

꽃밭, 공원에 심기도 한다. 줄기는 곧게 서며, 윗부분에서 가지가 갈라진다. 아랫부분에 털이 조금 있다. 잎은 어긋나기 하며, 줄기잎은 깃 모양으로 깊이 갈라지고 양면에 누운 털이 있다. 밑에 달리는 잎은 잎자루가 있고, 위로 갈수록 없어진다. 뿌리잎은 달걀 모양 또는 긴 타원형이다. 7~8월에 가지 끝에서 노란색 꽃이 모여 핀다. 뿌리에서 장 삭는 냄새가 난다. '막'은 거칠고 험한 것, '타리'는 갈기를 의미하는 순우리말에서 비롯된 이름이라고 한다. » 159

만수국아재비 국화과 (여름)
줄기는 곧게 서고, 윗부분에서 가지가 많이 갈라진다. 가장자리에 가느다란 톱니가 있는 깃 모양의 작은 잎이 여러 장 모여 마주나기 한다. 7~9월에 가지 끝에서 연한 노란색 꽃이 4~7송이 핀다. 독특한 향이 강하다. 잎이 만수국을 닮고 꽃이 작아서(아재비) 붙인 이름이다. 쓰레기더미나 길가의 빈터에서 자란다 하여 '쓰레기풀'이라고도 한다. » 161

말냉이 십자화과 (봄)
뿌리잎은 거꾸로 세운 달걀 모양이며, 잎자루가 있다. 뿌리에서 모여 나서 사방으로 퍼진다. 5월에 가지 끝과 줄기 끝에서 십자 모양의 흰색 꽃이 모여 핀다. 열매는 둥글넓적하고 둘레에 날개가 있고 끝에 홈이 있다. 냉이 종류 중 꽃과 열매가 제일 크다. 열매가 큰 냉이라는 뜻에서 붙인 이름이다. » 76

말똥비름 돌나물과 (여름)
줄기는 부드럽고 연약하다. 줄기 밑부분이 옆으로 뻗으면서 마디에서 뿌리가 내린다. 잎은 주걱 모양이며, 꽃대가 올라오기 전까지 촘촘히 붙어 있어 꽃처럼 보인다. 6~8월에 노란색 별 모양의 꽃이 핀다. 열매를 맺지 않고 잎겨드랑이에서 살눈을 내어 번식한다. '말똥'과 '비름'을 합친 이름으로, 살눈이 떨어지는 모습을 말똥에 빗대어 붙인 이름이라고 한다. » 148

말즘 가래과 (여름)
땅속줄기는 옆으로 뻗는다. 마디에서 뿌리와 줄기가 나오고 가지가 많다. 물속에 잠긴 잎은 어긋나기 한다. 6~9월에 줄기 끝에서 자란 꽃이삭에 연한 갈색 꽃이 핀다. '말'과 '즘(주름)'을 합친 이름으로, 물속에 사는 가늘고 주름진 풀을 뜻한다. » 220

망초 국화과 (여름)
줄기는 곧게 서고, 전체에 털이 있다. 주걱 모양의 뿌리잎은 겨울 동안 방석 모양으로 펼쳐져 자란다. 거꾸로 창끝 모양의 줄기잎은 어긋나기 한다. 7~9월에 가지와 줄기 끝에서 위로 향한 흰색 짧은 혀꽃이 모여 핀다. 개항 이후에 이 풀이 우리나라에 들어온 후 나라가 망했다는 뜻에서 붙인 '망국초'의 이름을 줄인 것이라고 하며, 또 '우거질 망'의 한자를 붙인 이름이라고도 한다. » 196

매듭풀 콩과 (여름)
줄기는 비스듬히 서고, 3장씩 모여 달린 작은 잎은 어긋나기 한다. 7~8월에 나비 모양으로 진한 분홍색 꽃이 1~2송이씩 핀다. 잎이나 꽃이 마치 매듭 진 것처럼 하나하나 매달린 모양에서 붙인 이름이다. » 103

매발톱 미나리아재비과 (봄)
여러 갈래로 갈라진 줄기는 매끈하고, 잎은 여러 장이 모여 난다. 5~7월에 노란빛이 도는 자주색 꽃이 가지 끝에서 아래를 향해 핀다. 위로 뻗은 긴 꿀주머니(꽃뿔) 모양이 매가 발톱을 오므리고 있는 모습을 닮아 붙인 이름이라고 한다. 보라색 꽃이 피는 '**하늘매발톱**'은 북부지방의 고산지대에서 자란다. » 22

매자기 사초과 (여름)
뿌리줄기는 길게 가로로 뻗으며, 끝에 덩이줄기가 달린다. 세모진 줄기는 모여 나며, 곧게 선다. 7~10월에 줄기 끝에서 갈색 꽃이삭이 모여 달린다. 땅속의 덩이줄기는 영양분이 많아 기러기 등의 철새들의 먹이가 된다. 이 풀이 마르면 매로 쓸 만한 작대기라는 뜻에서 붙인 이름이라고 한다. » 229

맥문동 백합과　〔여름〕

뜰이나 꽃밭, 공원에 심기도 한다. 줄기는 잎과 따로 구분되지 않으며, 잎은 짙은 녹색으로 밑에서 모여나기 한다. 5~6월에 긴 꽃대에서 연한 자주색 꽃이 빽빽하게 핀다. 열매는 가을에 검은빛을 띤 자주색으로 익는다. 덩이뿌리가 보리(맥)를 닮고 겨울에도 잎이 지지 않아 붙인 이름이라고 한다. » 143

맨드라미 비름과　〔여름〕

줄기는 곧게 서고 붉은빛이 돈다. 잎은 어긋나기 하고, 7~8월에 붉은색, 흰색, 노란색 꽃이 핀다. 꽃 윗부분은 닭의 볏 모양이고, 아래쪽에 작은 꽃들이 빽빽하게 핀다. 닭의 볏을 닮아 '계관화'라고도 하며, '만두라미 → 맨드람이 → 맨드라미'로 바뀌었다. 품종을 개량한 **촛불맨드라미**는 꽃이삭이 촛불 모양이다. » 96

머위 국화과　〔봄〕

땅속줄기가 사방으로 뻗으면서 무리지어 자란다. 뿌리에서 나온 잎은 잎자루가 길고 콩팥 모양이며, 가장자리에 톱니가 있다. 4월에 잎보다 꽃이 먼저 여러 송이 모여 핀다. 암수딴그루로, 수꽃은 연한 노란색, 암꽃은 흰색에 가깝다. 줄기와 어린싹으로 음식을 해 먹는다. '머구' '머우'라고도 한다. » 65

메꽃 메꽃과　〔여름〕

하얀 뿌리줄기가 땅속으로 뻗으면서 줄기가 나와 다른 물체를 감고 올라가며 덩굴로 자란다. 긴 창끝 모양의 잎은 어긋나기 한다. 6~8월에 잎겨드랑이에서 깔때기 모양의 분홍색 꽃이 한 송이씩 핀다. 나팔꽃과 달리 한낮에 꽃이 핀다. 하얀 뿌리줄기를 '메'라고 하는데, 이른 봄에 캐서 밥 지을 때 올려서 쪄 먹은 것에서 붙인 이름이라고 한다. » 115

메리골드 국화과　〔여름〕

줄기는 밑에서부터 가지가 많이 갈라진다. 깃 모양의 잎은 어긋나기 한다. 초여름부터 서리가 내릴 때까지 노란색, 연한 노란색, 붉은빛을 띤 노란색 꽃이 줄곧 핀다. 원예 품종으로, 프랑스 품종에는 '만수국', 아프리칸 품종에는 '천수국'이라는 이름을 붙인다. » 134

며느리밑씻개 마디풀과　〔여름〕

줄기는 네모지고, 잎자루와 줄기 아래로 갈고리 모양의 가시가 있다. 다른 물체를 타고 오르며 덩굴로 자란다. 잎자루가 길고 세모꼴 잎은 어긋나기 한다. 7~8월에 줄기나 가지 끝, 잎겨드랑이에서 연한 분홍색 꽃이 둥글게 모여 피는데, 꽃잎은 없고 꽃받침이 5장으로 갈라진다. 잎에서 신맛이 난다. 며느리를 미워하는 시어머니가 가시가 있는 이 잎으로 밑을 닦으라고 해서 붙인 이름이라고 한다. » 94

며느리배꼽 마디풀과　〔여름〕

줄기와 잎자루 아래로 가시가 나 있어 다른 물체를 걸고 오르며 덩굴로 자란다. 잎은 삼각 모양으로 끝이 뾰족하다. 잎자루는 잎 밑에서 약간 위쪽에 붙고 어긋나기 한다. 7~9월에 가지 끝의 잎겨드랑이에서 연한 녹색 꽃이 모여 피며, 열매는 푸른빛을 띤 자주색으로 익는다. 잎에서 신맛이 난다. 많이 닮은 '며느리밑씻개'보다 잎자루가 잎의 배꼽 위치에 있어 붙인 이름이라고 한다. » 205

멸가치 국화과　〔여름〕

줄기는 곧게 선다. 뿌리잎은 꽃이 필 때까지 그대로 남아 있으며, 심장 모양의 줄기잎은 어긋나기 한다. 8~9월에 긴 꽃대 끝에서 흰색 꽃이 핀다. 정확한 이름의 유래는 알려지지 않았다. '개머위', '말굽취'라고도 한다. » 192

명아주 명아주과　〔여름〕

식물 전체가 하얀 가루로 덮여 있다. 줄기는 곧게 서며, 녹색 줄이 있다. 마름모꼴의 잎은 어긋나기 하고,

어린잎은 가운데와 뒷면에 붉은색이 돈다. 6~7월에 노란색 또는 연한 녹색 꽃이 이삭 모양으로 모여 핀다. 지방에 따라 '능쟁이', '는장이'라고도 한다. 잘 자란 명아주의 줄기로 만든 지팡이를 '청려장'이라 한다. 이름의 유래는 알 수 없으며, 옛 우리말 이름은 '도토랏'이다. 크기가 명아주보다 작은 **좀명아주**는 녹색 꽃이 원뿔 모양으로 모여 핀다. » 206

무릇 백합과 (여름)
땅속의 비늘줄기는 달걀 모양이다. 가늘고 긴 잎이 2장씩 나오는데 약간 두껍고 끝이 뾰족하다. 7~9월에 긴 꽃대에서 진한 분홍색 꽃이 위쪽으로 빽빽하게 모여 핀다. 흰색 꽃이 피는 '흰무릇'도 있다. 옛말 '물옷(둥그런 알줄기)'에서 변한 이름이라고 한다. '물구', '물굿', '물구지'라고도 한다. » 142

무스카리 백합과 (봄)
가을에 알뿌리를 심지만 한번 심고 그대로 두면 해마다 저절로 꽃대가 올라와 꽃이 핀다. 이른 봄 줄기 끝에서 푸른빛을 띤 자주색 꽃이 포도송이 모양으로 모여 핀다. 이 꽃에서 사향(사향노루의 사향주머니 분비물, 무스크) 냄새가 난다고 하여 붙인 이름이다. » 46

문모초 현삼과 (봄)
줄기는 곧게 자란다. 잎은 좁고 긴 타원형이며 마주나기 한다. 4~5월에 잎겨드랑이에서 붉은빛이 도는 흰색 꽃이 한 송이씩 달린다. 열매는 둥글며 벌레집이 되기도 한다. 열매가 모기(문)의 어미(모)격이라 하여 붙인 이름이다. » 81

물달개비 물옥잠과 (여름)
뿌리 부분에서 줄기 5~6대가 한군데서 나온다. 9월에 잎보다 낮은 꽃자루 끝에서 푸른빛을 띤 보라색 꽃이 3~7송이씩 한쪽에 모여 핀다. 물가에서 자라고 달개비(닭의장풀)를 닮아 붙인 이름이다. » 138

물레나물 물레나물과 (여름)
줄기는 곧게 선다. 잎에 투명한 점이 있고 창끝 모양이다. 어긋나기 하며, 연꽃잎처럼 물방울이 맺히지 않는다. 6~8월에 노란색 바탕에 붉은빛이 도는 꽃이 핀다. 꽃잎 모양이 물레 모양과 비슷하여 붙인 이름이다. » 155

물망초 지치과 (봄)
줄기는 밑부분에서 갈라지며, 줄기와 잎에 털이 있다. 4~6월에 하늘색, 분홍색, 흰색의 작은 꽃이 핀다. 꽃이름은 '나를 잊지 마세요'라는 뜻이다. » 35

물봉선 봉선화과 (여름)
줄기는 곧게 서고 마디가 불룩하게 튀어나온다. 넓은 창끝 모양의 잎은 끝이 뾰족하고, 어긋나기 한다. 8~9월에 긴 꽃자루에 붉은빛이 도는 털이 있고, 진한 분홍색 꽃이 핀다. 봉선화의 꽃과 모양이 비슷하다. 열매가 익으면 저절로 갈라지면서 검은색 씨앗이 튕겨 나간다. 물가에서 자라고 꽃이 봉선화를 닮아 붙인 이름이다. 흰색 꽃이 피는 **흰물봉선**, 노란색 꽃이 피는 **노랑물봉선**이 있다. » 111

물양귀비 택사과 (여름)
뿌리는 물속의 진흙 속에 있고, 잎은 물 위에 떠서 자란다. 7~9월에 연한 노란색 꽃이 피며, 가운데 부분은 붉은색이다. 꽃 모양이 양귀비를 닮았고, 물에서 자라 붙인 이름이다. » 147

물옥잠 물옥잠과 (여름)
줄기는 곧게 서고, 잎은 심장 모양이며 윤기가 난다. 9월에 잎보다 높은 줄기 끝에서 원뿔 모양으로 푸른빛을 띤 보라색 꽃이 모여 핀다. '물에서 자라는 옥잠화'라는 뜻에서 붙인 이름이다. » 139

미국가막사리 국화과 (여름)

줄기는 곧게 서고, 자주색이다. 작은 잎 3~5장이 모여 달리며, 마주나기 한다. 9~10월에 노란색 꽃이 핀다. 가막사리보다 모인꽃싸개 조각이 길다. 열매는 폭죽이 터지는 모양으로 달리며 열매 끝에 가시 모양의 털이 두 개 있어 동물이나 사람의 옷에 잘 달라붙는다. 미국 원산인 가막사리라는 뜻에서 붙인 이름이다. » 162

미국나팔꽃 메꽃과 (여름)

다른 물체를 감고 올라가며 덩굴로 자란다. 잎은 3~5갈래로 깊게 갈라지며 끝이 뾰족하고, 어긋나기 한다. 6~10월에 나팔 모양으로 붉은빛을 띤 연한 자주색 꽃이 1~2송이 핀다. 꽃받침에 떨어지지 않는 거칠고 긴 털이 빽빽하다. 열매는 둥글고 털이 많다. 미국 원산인 나팔꽃이라는 뜻에서 붙인 이름이다. 잎이 둥근 '**둥근잎미국나팔꽃**'도 있다. » 114

미국미역취 국화과 (여름)

줄기는 곧게 서며, 털이 거의 없다. 잎은 창끝 모양으로 끝이 뾰족하다. 윗부분에 톱니가 젖혀져 있으며 어긋나기 한다. 7~8월에 줄기 윗부분에서 노란색 꽃이 모여 핀다. 미역취를 닮았고 북아메리카에서 왔다고 하여 붙인 이름이다. 이와 비슷한 종으로 줄기에 털이 빽빽하고 암술대가 긴 '**양미역취**'는 '생태계 교란 야생생물'이다. » 164

미국부용 아욱과 (여름)

줄기는 곧게 서고, 잎은 타원형이다. 여름에 붉은색, 흰색, 분홍색, 진한 분홍색의 큰 꽃이 아침에 피고 저녁에 진다. 미국 원산인 이 꽃은 중국 원산인 나무로 자라는 부용과는 다르다. » 108

미국쑥부쟁이 국화과 (여름)

줄기는 윗부분이 휘어지며, 가지가 많이 갈라진다. 뿌리잎은 방석 모양으로 겨울을 나고, 주걱 모양의 줄기잎은 어긋나기 한다. 9~10월에 가지 끝에서 흰색 꽃이 모여 핀다. 미국 원산이고, 쑥부쟁이를 닮아 붙인 이름이다. '생태계 교란 야생생물'이다. 쑥부쟁이보다 잎 가장자리가 밋밋한 편이다. » 195

미국자리공 자리공과 (여름)

줄기는 곧게 서고, 가지가 붉은색이다. 잎은 달걀 모양으로 끝이 뾰족하며, 어긋나기 한다. 6~9월에 붉은빛이 도는 흰색 꽃이 핀다. 열매는 진한 자주색으로 9~11월에 익는다. 미국에서 들어온 자리공이라 하여 붙인 이름이다. 꽃들이 간격을 두고 약간 느슨하게 붙고, 꽃차례가 늘어진다. 꽃들이 서로 빽빽하게 붙고, 꽃차례가 곧추서는 자리공과 구별된다. » 176

미나리 산형과 (여름)

곧게 선 줄기는 밑에서 가지가 갈라져 옆으로 퍼진다. 속이 비어 있다. 뿌리잎과 줄기잎은 어긋나기 하며, 여러 장이 깃 모양으로 모여 달린다. 작은 잎에 톱니가 있다. 7~9월에 줄기 끝 또는 잎과 마주나기 하는 꽃대 끝에서 우산살 모양으로 흰색 꽃이 모여 핀다. 연한 줄기와 잎에서 독특한 향이 나며, 나물로 먹는다. '미르(물)에 사는 나물'이라는 뜻이다. » 180

미나리냉이 십자화과 (봄)

줄기는 곧게 서고, 전체에 짧은 털이 빽빽하다. 잎은 깃 모양으로 작은 잎이 모여 달리고 어긋나기 한다. 6~7월에 가지 끝과 줄기 끝에 십자 모양의 흰색 꽃이 촘촘히 달린다. 잎은 미나리를 닮고, 꽃은 냉이를 닮아 붙인 이름이다. » 77

미나리아재비 미나리아재비과 (봄)

줄기는 곧게 서고, 하얀 털이 빽빽하게 난다. 뿌리잎은 3~5갈래로 깊게 갈라지고, 창끝 모양의 줄기잎은 3갈래로 깊게 갈라진다. 6월에 노란색 꽃이 피며 윤

기가 있다. 미나리와 비슷하다는 뜻에서 붙인 이름이지만 독이 있어 미나리처럼 먹을 수 없다. » 50

미모사 콩과 (여름)
줄기는 곧게 선다. 깃털처럼 여러 장 모여 달린 잎을 건드리면 마치 잠을 자듯이 오므리고 축 늘어져 '잠풀', '함수초'라고 한다. 7~8월에 연한 분홍색 꽃이 둥글게 모여 피고, 열매 꼬투리에 가시털이 있다. 그리스어의 '배우' 또는 '흉내 내기(mime)'를 뜻하는 미모스(mimos)에서 비롯되었다. » 107

미역취 국화과 (여름)
줄기는 곧게 선다. 잎자루에 날개가 있으며, 창끝 모양의 잎 가장자리에 톱니가 있다. 끝이 뾰족하고 어긋나기 한다. 7~10월에 줄기 윗부분에서 노란색 꽃 3~5송이가 뭉쳐서 핀다. '미역'과 '취(나물)'를 합친 이름으로, 이 풀을 끓는 물에 데치면 미끈미끈한 점액이 미역의 미끈거리는 성질과 비슷하여 붙인 이름이라고 한다. » 164

민들레 국화과 (봄)
줄기가 없다. 깃 모양으로 깊게 갈라진 잎이 뿌리에서 모여 나며, 방석 모양으로 펼쳐져 겨울을 난다. 4~5월에 뿌리에서 꽃대가 나와 노란색 꽃이 핀다. 꽃이 지고 나면 잎보다 꽃대가 훨씬 길어진다. 갓털이 달린 씨는 둥근 공 모양이며, 씨앗이 익으면 바람을 타고 멀리 퍼진다. 뿌리와 잎자루를 자르면 하얀 즙이 나온다. 서양민들레와 달리 꽃받침이 뒤로 젖혀지지 않고 꽃을 받쳐준다. 유래는 알 수 없으나 '므은드레→믄드레'를 거쳐 '민들레'가 되었다. 꽃이 흰색인 '흰민들레'도 있다. » 66

밀나물 백합과 (여름)
덩굴손으로 다른 식물을 감으며 자란다. 잎은 달걀 모양으로 5~7줄의 잎맥이 뚜렷하고, 어긋나기 한다.

암수딴그루로, 5~7월에 잎겨드랑이에서 노란빛을 띤 녹색 꽃 15~30송이가 모여 핀다. 둥근 열매는 검은색으로 익는다. 어린순을 나물로 먹는다. » 222

바랭이 벼과 (여름)
줄기는 땅 위를 기면서 마디에서 뿌리를 내린다. 7~8월에 줄기 끝에서 갈라진 3~8가지에 하얀 털이 달린 연녹색 이삭이 모여 달린다. '밭, 벌판, 바닥에 뿌리를 내리고 사는 풀'이라는 뜻에서 붙인 이름이라고 한다. 바랭이보다 크기가 큰 '왕바랭이'는 들이나 황무지에서 자란다. 줄기에 2~3개의 마디가 있고 줄기와 잎이 매우 질기며, 이삭이 편평하다. » 224

바위채송화 돌나물과 (여름)
줄기 밑부분이 옆으로 뻗으며 자라고, 윗부분은 곧게 선다. 꽃이 달리지 않는 가지에는 잎이 빽빽하게 난다. 잎은 어긋나기 하며 육질이다. 8~9월에 작은 노란색 꽃이 핀다. 채송화를 닮았고 바위에 자라서 붙인 이름이다. » 148

바위취 범의귀과 (봄)
잎과 꽃이 아름다워 심기도 한다. 줄기 전체에 붉은 갈색의 긴 털이 있다. 기는줄기 끝에서 새싹을 틔워 자라며 겨울에도 죽지 않는다. 뿌리줄기에서 모여 나는 잎은 콩팥 모양이다. 앞면에 잎맥 7~9줄이 손바닥 모양으로 뻗고, 뒷면은 자줏빛이 도는 붉은색이다. 5월에 꽃대가 나와 흰색 꽃이 피며, 꽃잎 5장 중에 아래쪽 꽃잎 2장이 더 크다. 바위틈에서 잘 자라는 나물이라는 뜻에서 붙인 이름이다. » 85

박주가리 박주가리과 (여름)

줄기는 다른 물체를 감고 올라가며 덩굴로 자란다. 잎은 심장 모양이고 마주나기 한다. 7~8월에 잎겨드랑이에서 별 모양의 흰색 또는 연한 분홍색 꽃이 모여 피며, 꽃 안쪽에 하얀 털이 빽빽하다. 줄기나 잎에 상처를 내면 하얀 즙이 나온다. 열매는 긴 달걀 모양으로 끝이 뾰족하고, 익으면 갈라져서 하얀 털이 달린 씨앗이 바람에 날린다. 열매가 박처럼 쪼개져 '박쪼가리'라 부르던 이름이 변한 것이라고 한다. » 116

박하 꿀풀과 (여름)

줄기는 네모지고 곧게 서며, 짧은 털이 있다. 잎은 긴 타원형으로 끝이 뾰족하며, 마주나기 한다. 잎의 기름샘에서 분비하는 기름의 향이 식물 전체에서 풍긴다. 7~10월에 줄기와 가지 윗부분의 잎겨드랑이마다 연한 자주색 꽃이 촘촘히 돌려가며 핀다. 향기가 좋으며 줄기와 잎은 약으로 쓰인다. 한자 이름을 그대로 따왔다. » 119

반하 천남성과 (봄)

땅속에 알줄기에서 잎이 1~2장 나와 각각 작은 잎 3장으로 갈라져 달린다. 잎자루 위쪽 끝이나 밑부분 안쪽에 동그란 모양의 살눈이 하나 달리는데 이 눈이 떨어져 싹이 트기도 한다. 5~6월에 알줄기에서 나온 꽃줄기 끝에 꽃이 핀다. 긴 꽃덮개 속에 둥근 막대 모양의 꽃이삭이 들어 있다. 독이 있다. 여름의 중간쯤에서 나온다 하여 붙인 이름이다. » 89

방가지똥 국화과 (봄)

줄기는 곧게 선다. 뿌리잎은 방석 모양으로 펼쳐져 겨울을 난다. 줄기잎은 깃 모양으로 갈라지고 잎 가장자리는 들쑥날쑥한 톱니 모양이다. 줄기를 감싸면서 어긋나기 한다. 잎이나 줄기를 자르면 하얀 즙이 나온다. 5~9월에 가지 끝에서 노란색 꽃이 핀다. '상추'의 옛말 '방귀아디→방기아디→방가지'와, 상추보다 품질이 떨어지는 야생초라는 뜻의 '똥'을 붙인 이름이라고 한다. » 69

방아풀 꿀풀과 (여름)

줄기는 네모지며 곧게 선다. 잎은 넓은 달걀 모양으로 끝이 뾰족하고, 가장자리에 톱니가 있다. 잎 뒷면에 잎맥을 따라 잔털이 나 있다. 8~9월에 잎겨드랑이에서 입술 모양의 연한 자주색 꽃이 피고, 암술과 수술이 꽃잎 밖으로 길게 나온다. » 121

배암차즈기 꿀풀과 (봄)

네모진 줄기는 곧게 선다. 긴 타원형의 뿌리잎은 주름이 많고 방석 모양으로 펼쳐져 겨울을 나며, 꽃이 필 때 없어진다. 줄기잎은 긴 타원형이며 마주나기 한다. 5~7월에 자주색 꽃이 뱀이 입을 크게 벌리고 있는 것처럼 피어나 붙인 이름이다. '차즈기(소엽)'는 들깨와 비슷하지만, 식물 전체에 자줏빛이 돌고 향이 짙다. » 40

배초향 꿀풀과 (여름)

집 주변에 심기도 한다. 줄기는 네모지며 곧게 선다. 달걀 모양의 잎은 마주나기 한다. 7~9월에 가지 끝에서 입술 모양의 자주색 꽃이 원기둥 모양으로 촘촘하게 모여 핀다. 수술 2개가 길게 밖으로 뻗어 있다. 식물 전체에서 강한 향기가 나며 '방아잎'이라고도 한다. 경상도에서는 이 잎으로 생선을 싸서 먹기도 한다. 외국에서 발간되는 '허브HERB' 백과에서 'Korean HERB(한국의 약초)'로 소개가 되어 있다. » 118

배풍등 가지과 (여름)

줄기는 덩굴로 자라고, 전체에 샘털이 빽빽하게 난다. 아래쪽 잎은 3~5갈래로 갈라지고, 윗부분의 잎은 긴 타원형에 어긋나기 한다. 8~9월에 흰색 꽃이 피며 꽃잎이 뒤로 젖혀진다. 열매는 붉은색으로 익으며 독이 있다. 풍(중풍)을 물리치는 약으로 쓴다 하여 붙인 이름이라고 한다. » 187

백일홍 국화과 (여름)

잎은 마주나기 하고, 6~10월에 긴 꽃대 끝에서 머리 모양으로 꽃이 핀다. 가장자리에 암꽃인 혀 모양의 꽃이 8~20송이, 가운데에 관 모양의 꽃이 달린다. 관 모양의 꽃은 꽃부리 끝이 5갈래로 갈라지며, 보통 노란색이다. 품종은 꽃의 크기에 따라 구별하며, 꽃 색이 여러 가지다. 꽃이 100일 동안 핀다고 하여 붙인 이름이다. » 133

백합 백합과 (봄)

공원이나 꽃밭에 심기도 하고, 꽃을 꺾어서 꽃다발이나 꽃바구니를 만들기 위해 심어 기른다. 비늘 모양의 땅속줄기로 번식하며, 줄기는 곧게 서고 잎은 어긋나기 한다. 5~6월에 줄기 끝에서 나팔 모양의 흰색 꽃이 피며, 향기가 짙다. » 84

뱀딸기 장미과 (봄)

땅 위로 길게 뻗은 줄기에 긴 털이 있다. 꽃이 필 때는 짧지만 열매가 익을 무렵 마디에서 뿌리가 나와 길게 뻗는다. 잎자루 끝에 작은 잎 3장이 모여 달리며, 4~5월에 노란색 꽃이 핀다. 둥글고 빨간 열매에 씨앗이 오돌토돌 붙어 있다. 뱀이 다닐 법한 풀숲에서 자라고, 줄기가 뱀처럼 기면서 자라는 모양에서 이름을 붙였다. » 59

번행초 번행초과 (봄)

줄기는 땅을 기면서 자라고, 가지를 많이 쳐서 포기가 커진다. 잎은 둥근 삼각 모양으로 표면이 우글쭈글하며, 하얀 가루 같은 것이 있어 까슬하고 어긋나기 한다. 4~11월에 잎겨드랑이에서 종 모양으로 노란색 꽃이 피고, 제주에서는 1년 내내 꽃이 핀다. 영어 이름은 '뉴질랜드 시금치'로, 영국 탐험가 쿡 선장이 뉴질랜드에서 발견하여 유럽에 소개한 데서 비롯되었다. 우리나라에서 자라는 유일한 번행초과의 식물이다. » 52

벌개미취 국화과 (여름)

뜰이나 꽃밭에 심기도 한다. 줄기는 곧게 서고, 줄기잎은 긴 창끝 모양이며 어긋나기 한다. 6~10월에 연한 보라색 꽃이 핀다. 벌판에서 자라는 개미취라 하여 붙인 이름이다. 개미취보다 털이 없고, 머리 모양의 꽃이 크며 열매에 갓털이 없어 구별된다. » 129

벌깨덩굴 꿀풀과 (봄)

네모진 줄기는 꽃이 피어 있을 때는 곧게 자라다가 꽃이 지고 씨앗을 맺으면 덩굴처럼 옆으로 길게 뻗는다. 잎은 심장 모양으로 꽃대에 5장가량 나며 마주나기 한다. 5월에 줄기 윗부분의 잎겨드랑이에서 보라색 꽃 4송이가 한쪽 방향을 보고 층층이 핀다. 입술 모양의 꽃잎에 긴 털과 짙은 보라색 점이 있다. 덩굴처럼 자라고 꽃에 향기가 있어 벌들이 좋아하며, 잎이 깨꽃과 비슷하여 붙인 이름이다. » 37

벌사상자 산형과 (여름)

줄기는 곧게 서고, 속이 비어 있다. 잎은 어긋나기 하고, 작은 잎 여러 장이 깃 모양으로 모여 달린다. 5~8월에 줄기나 가지 끝에서 흰색 꽃이 모여 핀다. 사상자는 작은 꽃차례에 5~9송이지만, 벌사상자는 15~30송이로 꽃송이가 많다. 열매는 타원형이며, 날개같이 볼록한 세로줄이 있다. 벌판에서 자라는 사상자라 하여 붙인 이름이다. » 181

벌씀바귀 국화과 (봄)

줄기는 곧게 자란다. 줄기잎은 어긋나기 하고, 뿌리잎은 기다란 창끝 모양이며, 가장자리에 톱니가 약간 있거나 밋밋하다. 줄기잎 윗부분의 잎은 귀 모양으로 잎자루를 감싸고, 아랫부분의 잎은 귀 모양으로 줄기를 감싼다. 5~7월에 줄기 끝에서 작고 연한 노란색 꽃이 우산살 모양으로 모여 핀다. 벌판에서 자라는 씀바귀라는 뜻에서 붙인 이름이다. » 68

범부채 붓꽃과 (여름)
뜰이나 꽃밭, 공원에 심기도 한다. 뿌리줄기는 짧고 옆으로 뻗는다. 납작한 잎이 두 줄로 마주나서 부챗살처럼 퍼지며, 녹색 바탕에 흰빛이 돈다. 7~8월에 줄기 끝과 가지 끝에서 노란빛을 띤 붉은색 바탕에 진한 붉은색 반점이 있는 꽃이 핀다. 꽃의 붉은색 반점이 호랑이 무늬를 닮았고, 잎이 부채 모양이라 붙인 이름이라고 한다. » 145

벼룩나물 석죽과 (봄)
줄기에 털이 없으며 가늘다. 밑부분에서 많은 가지가 퍼져 나와 큰 포기처럼 보인다. 잎은 작고 길쭉하며 끝이 뾰족하다. 4~5월에 가늘고 긴 꽃자루 끝에서 흰색 꽃이 핀다. 5장 달린 꽃잎이 깊게 갈라져 10장처럼 보이며, 암술대가 2~3개, 수술은 5~7개이다. 작고 연약하며 벼룩처럼 작은 꽃이 피는 나물이라는 뜻에서 붙인 이름이라고 한다. 이와 비슷한 '**벼룩이자리**'는 꽃잎이 5장에 갈라지지 않으며, 암술이 3개, 수술이 10개이다. » 73

별꽃 석죽과 (봄)
줄기는 밑부분에서 가지가 많이 갈라져 비스듬하게 자란다. 달걀 모양의 잎은 마주나기 한다. 3~5월에 흰색 꽃이 피며, 암술머리가 3개로 갈라지고, 수술이 1~7개이다. 꽃잎은 5장이지만 끝이 깊게 갈라져 10장처럼 보인다. 꽃 모양이 별을 닮아 붙인 이름이다. '**쇠별꽃**'은 잎이 크고 풍성해서 별꽃에 '쇠(牛)' 자를 붙인 이름이다. » 74

복수초 미나리아재비과 (봄)
뜰이나 꽃밭, 공원에 심기도 한다. 잎은 여러 번 깃 모양으로 깊게 갈라진다. 5월 초순에 줄기 끝에서 노란색 꽃이 한 송이씩 피며, 2~3송이씩 피는 것도 있다. 꽃은 햇빛이 비치는 한낮에 벌어지고, 밤에는 오므린다. 꽃잎은 20~30장이다. 수술이 많아 꽃밥 전체가 둥글게 보이고 짧은 털이 있다. 복과 장수를 기원하는 뜻에서 붙인 이름이다. 독이 있지만 약으로 쓴다. » 50

봄망초 국화과 (봄)
줄기는 위쪽에서 가지를 치고, 연한 털이 있으며 속은 비어 있다. 뿌리잎은 거꾸로 세운 창끝 모양이나 주걱 모양이며 겨울에 방석 모양으로 펼쳐져 자란다. 줄기잎은 잎자루가 없고 주걱 모양이며, 줄기를 감싸면서 어긋나기 한다. 5월에 줄기 끝에서 흰색 꽃이 여러 송이 핀다. 꽃봉오리 때는 고개를 숙이지만 꽃이 필 때는 고개를 든다. 개망초보다 흰색 혀꽃(가장자리에 있는 혀 모양의 꽃)이 무척 많다. 이른 봄에 피는 망초라는 뜻에서 붙인 이름이다. » 82

봄맞이 앵초과 (봄)
전체에 털이 있다. 둥근 달걀 모양의 잎은 뿌리에서 10~30장이 뭉쳐 나와 방석 모양으로 펼쳐져 겨울을 난다. 4~5월에 꽃대 1~25대가 모여 나고 그 끝에 우산 모양으로 흰색 꽃이 4~10송이 핀다. 이른 봄에 꽃이 피어 봄을 맞이하는 뜻에서 붙인 이름이다. » 80

봉선화 봉선화과 (여름)
줄기는 곧게 서고 수분이 많으며, 밑부분의 마디가 도드라진다. 긴 타원형의 잎은 끝이 뾰족하고, 어긋나기 한다. 7~9월에 붉은색, 주홍색, 분홍색, 흰색으로 홑꽃과 겹꽃이 함께 핀다. 꽃과 잎을 찧어 손톱에 물을 들인다. 꽃이 봉황의 모습을 닮아 붙인 이름이다. '봉숭아'라고도 한다. » 112

부들 부들과 (여름)
줄기는 원기둥 모양이고 곧게 선다. 잎은 줄 모양이며, 밑부분이 줄기를 완전히 감싼다. 7월에 수꽃은 윗부분에, 암꽃은 수꽃의 바로 아랫부분에 피며, 열매는 긴 기둥 모양에 붉은빛을 띤 갈색이다. 꽃가루받이가 일어날 때 부들부들 떤다는 데서 붙인 이름이다. 부들보다 크기가 작은 '**애기부들**'은 수꽃은 윗부분에, 암꽃은 수꽃에서 2~6센티미터 밑에 피며, 열매는 긴 기둥 모양에 황백색이다. » 136

부레옥잠 물옥잠과   (여름)

잎자루는 길이 10~20센티미터로, 가운데가 부풀어 마치 물고기의 부레처럼 물 위에 뜬다. 잎은 달걀 모양이며 윤기가 난다. 8~9월에 연한 자주색 바탕에 노란색 점이 있는 꽃이 모여 핀다. 꽃은 하루만 피었다가 시든다. 잎자루가 물고기의 부레와 물옥잠을 닮아 붙인 이름이라 한다. » 138

부처꽃 부처꽃과   (여름)

습지나 연못가에 심기도 한다. 줄기는 곧게 서고 윗부분에서 가지가 갈라진다. 잎은 넓은 창끝 모양이며 마주나기 한다. 7~8월에 줄기와 가지 윗부분에서 진한 분홍색 꽃이 모여 핀다. 불교의 명절인 백중날에 연꽃 대신 이 꽃을 부처님 앞에 꽂았다 하여 붙인 이름이라고 한다. 비슷한 종으로 흰색 꽃이 피는 '**흰부처꽃**'과 줄기에 털이 있는 '**털부처꽃**'이 있다. 주변에서 주로 보이는 풀은 털부처꽃이다. » 113

분꽃 분꽃과   (여름)

줄기는 마디가 굵으며, 가지가 많이 갈라진다. 잎은 마주나기 하고, 6~10월에 붉은색, 흰색, 노란색 또는 여러 색이 뒤섞인 꽃이 핀다. 저녁 때부터 이튿날 아침까지 피며 향기가 있다. 열매는 둥글고 검은색으로 겉에 주름이 있다. 열매를 빻으면 밀가루처럼 하얀 분가루가 나와 붙인 이름이다. » 97

붉은서나물 국화과   (여름)

연약한 줄기는 곧게 서며, 붉은빛이 돈다. 잎은 긴 타원 모양으로 가장자리에 불규칙한 톱니가 있고, 어긋나기 한다. 9~10월에 연한 노란색 꽃이 위를 향해 핀다. 씨앗에 하얀 갓털이 있어 바람에 날린다. 쇠서나물과 비슷하지만 줄기에 털이 없다. 붉은빛이 도는 쇠서나물이라는 뜻에서 붙인 이름이다. » 217

붉은토끼풀 콩과   (여름)

말과 소 등 가축의 먹이로 재배하면서 야생으로 퍼졌다. 줄기는 곧게 선다. 잎자루에 잎 3장이 모여 달리며 어긋나기 한다. 6~7월에 분홍색 꽃이 머리 모양으로 둥글게 모여 핀다. 토끼풀과 비슷하지만 줄기에 털이 퍼져 있어 쉽게 구별된다. 붉은색 꽃이 피는 토끼풀이라 하여 붙인 이름이다. » 106

붓꽃 붓꽃과   (봄)

뜰이나 꽃밭, 공원에 심기도 한다. 잎은 곧게 서고 줄 모양으로 끝이 뾰족하다. 잎 가운데의 주맥이 뚜렷하지 않다. 5~6월에 길게 자란 꽃대 끝에서 보라색 꽃이 핀다. 꽃봉오리가 먹을 머금은 붓을 닮아 붙인 이름이다. 4~5월에 피는 '**각시붓꽃**'은 붓꽃보다 작고 예쁘다 하여 붙인 이름이다. » 47

비비추 백합과   (여름)

뜰이나 꽃밭, 공원에 심기도 한다. 줄기와 잎은 따로 구분되지 않고 모두 뿌리에서 나와 비스듬히 퍼진다. 7~8월에 연한 보라색 꽃이 한쪽으로 치우쳐서 핀다. 비비면 거품이 나면서 독성이 빠지고 부드러워지므로, 잎에서 거품이 나올 때까지 손으로 비벼서 먹는다 하여 붙인 이름이라고 한다. » 139

비수리 콩과   (여름)

줄기는 곧추서다가 아래로 휜다. 아랫부분이 나무처럼 단단하고, 가지가 많이 갈라진다. 잎은 어긋나기 하며, 작은 잎 3장이 빽빽하게 모여 달린다. 8~9월에 잎겨드랑이에서 나비 모양의 흰색 꽃이 핀다. 줄기대가 단단해지면 낫으로 베어내기도 힘들어 바싹 마른 비수리 줄기로 빗자루를 만들기도 했다. '야관문'이라고도 한다. » 179

뿌리뱅이 국화과 (봄)

뿌리잎은 거꾸로 세운 창끝 모양이며 깃털처럼 깊게 갈라진다. 방석 모양으로 펼쳐져 겨울을 나며 어긋나기 한다. 줄기나 잎을 자르면 하얀 즙이 나온다. 5~6월에 줄기 끝의 가지마다 노란색 꽃이 핀다. 뿌리에서 돋아나는 새싹의 모습에서 남부지방의 사투리인 '뽀리'와 '뱅이'를 합친 이름이라고 한다. » 70

뽕모시풀 뽕나무과 (여름)

줄기는 곧게 선다. 잎은 넓은 달걀 모양으로 끝이 뾰족하고, 어긋나기 한다. 9~10월에 줄기나 가지의 잎겨드랑이에서 암꽃과 수꽃이 둥근 덩어리 모양으로 함께 핀다. 열매가 익으면 용수철처럼 씨앗이 튕겨져 흩어진다. 잎이 모시풀 잎과 비슷하고, 자르면 하얀 즙이 나오는 것이 뽕나무를 닮아 붙인 이름이며, 뽕나무과에 속하는 유일한 풀이다. » 202

사데풀 국화과 (여름)

줄기는 곧게 선다. 뿌리잎은 꽃이 필 무렵에 시들며, 긴 타원형의 줄기잎은 잎 사이가 짧고 어긋나기 한다. 줄기나 잎을 자르면 하얀 즙이 나온다. 8~10월에 노란색 꽃이 핀다. » 168

사랑초 괭이밥과 (봄)

뿌리에서 나온 잎자루 끝에 심장 모양의 자주색 잎이 3장씩 모여 달린다. 5~7월에 연한 분홍색 꽃이 핀다. 햇빛에 민감하게 반응하여 흐린 날과 밤에는 꽃과 잎을 접는다. 우리나라에서 부르는 이름은 나비라는 뜻의 '파필리오나케아사랑초'이지만 '사랑초', '자주잎옥살리스'라고도 한다. '옥살리스'는 괭이밥에 속하는 식물을 가리킨다. 비슷한 종인 **'덩이괭이밥'**은 작은 덩이줄기로 번식한다. 5~10월에 분홍색 꽃이 피며, 잎은 녹색이다. » 33

사마귀풀 닭의장풀과 (여름)

줄기는 비스듬히 땅을 기면서 자라고, 연한 녹색이지만 자줏빛이 돈다. 잎은 좁은 창끝 모양이며 어긋나기 한다. 8~9월에 줄기 끝이나 잎겨드랑이에서 붉은빛을 띤 연한 자주색 꽃이 한 송이씩 핀다. 수술 6개 중 3개는 꽃가루를 만들어내고, 길이가 짧은 3개는 가짜 수술이다. 몸에 난 사마귀를 없애려고 이 풀을 짓이겨 발랐다고 하여 붙인 이름이라 한다. 어린잎과 줄기를 먹는다. » 137

사상자 산형과 (여름)

줄기는 곧게 서고, 속이 꽉 차 있다. 잎은 어긋나기 하고, 작은 잎 여러 장이 깃 모양으로 모여 달린다. 6~8월에 줄기 끝이나 가지 끝에서 흰색 꽃 5~9송이가 모여 핀다. 열매에 가시 같은 짧은 털이 있어 다른 물체에 잘 달라붙는다. '사상'은 '뱀이 똬리를 튼 자리'라는 뜻이다. '뱀도랏'이라고도 한다. » 181

사철베고니아 베고니아과 (봄)

줄기는 밑에서 가지가 많이 갈라진다. 잎은 어긋나기 하고, 표면에 잔돌기가 있으며 윤기가 난다. 여름에 햇볕을 쬐면 전체가 붉은색 또는 붉은 자주색으로 변하며 안으로 오그라들기도 한다. 4~10월에 잎겨드랑이에서 흰색, 분홍색, 붉은색 꽃이 계속 핀다. » 34

사철쑥 국화과 (여름)

줄기는 곧게 서며, 밑부분은 나무질이다. 봄에 빽빽하게 모여 나는 뿌리잎은 부드러운 하얀 털로 덮였고, 꽃이 필 때쯤 마른다. 잎의 갈래 조각이 실처럼 가늘다. 8~9월에 줄기 끝에서 작은 녹색 꽃이 둥글게 모여 달린다. 사계절 사는 쑥이라는 뜻에서 붙인 이름이라고 한다. 약으로 많이 쓰인다. » 218

산괴불주머니 현호색과 (봄)
곧게 선 줄기 전체에 하얀 가루가 덮여 있어 흰색으로 보인다. 잎은 어긋나기 하고, 2회 깃 모양으로 갈라진다. 작은 잎은 줄 모양의 긴 타원형이며 끝이 뾰족하다. 4~6월에 줄기와 가지 끝에서 입술 모양의 노란색 꽃이 모여 피며, 열매는 염주처럼 잘록하다. 옛날에 어린아이들이 차고 다니던 '괴불주머니'와 산에서 자란다는 뜻에서 붙인 이름이다. » 54

산국 국화과 (여름)
줄기는 곧게 서고, 하얀 털이 있다. 잎은 넓은 달걀 모양으로 다섯 갈래로 갈라지고 어긋나기 한다. 9~10월에 줄기 끝과 가지 끝에서 노란색 꽃이 핀다. 산에서 자라고 국화를 닮아 붙인 이름이다. » 165

산달래 백합과 (봄)
땅속 비늘줄기에서 잎이 나와 겨울을 난다. 5~6월에 꽃대 끝에서 흰색 또는 연한 분홍색 꽃이 둥글게 모여 핀다. 우리가 주로 시장에서 사 나물로 해먹는 달래는 바로 이 풀이며, 진짜 '달래'는 산달래보다 크기가 매우 작고, 숲속에서 드물게 자란다. 순우리말 달래라는 이름은 '달랑달랑 앙증맞게 매달린 동그란 땅속 비늘줄기'에서 따왔다고 한다. » 45

산부추 백합과 (여름)
땅속에 있는 비늘줄기는 파뿌리와 비슷하다. 가느다란 줄 모양의 잎 3~6장이 위로 퍼지며, 잎을 자른 단면은 삼각형에 흰빛이 도는 녹색이다. 8~9월에 붉은빛을 띤 보라색 꽃이 꽃대 끝에서 둥글게 모여 핀다. 산에서 자라는 부추라는 뜻에서 붙인 이름이다. » 140

살갈퀴 콩과 (봄)
줄기는 밑에서 가지가 갈라지며 덩굴이 진다. 깃 모양으로 여러 장 달린 잎은 어긋나기 하며, 끝에 덩굴손이 있어 다른 물체를 감아 오르며 자란다. 5월에 잎겨드랑이에서 진한 분홍색 꽃이 나비 모양으로 1~2송이 피고, 끝이 뾰족하게 갈라진 꽃받침이 5장 있다. 세 갈래인 덩굴손의 모양이 갈고리처럼 생겨서 붙인 이름이다. » 26

삼백초 삼백초과 (여름)
땅속뿌리는 흰색이고, 줄기는 곧게 선다. 잎은 긴 심장 모양으로 끝이 뾰족하며, 어긋나기 한다. 줄기 윗부분의 잎 2~3장은 꽃이 필 무렵 흰색이 된다. 꽃처럼 보여 곤충을 불러들이기 위한 방법이다. 6~8월에 흰색 꽃이 이삭 모양으로 핀다. 뿌리, 잎, 꽃 세 가지가 흰색이라 붙인 이름이다. » 174

삼잎국화 국화과 (여름)
줄기는 곧게 선다. 아래쪽 잎은 5~7갈래, 위쪽 잎은 3~5갈래로 갈라지고 어긋나기 한다. 짧은 털이 있고 잎자루가 길다. 줄기 위로 갈수록 잎자루가 짧아지고 잎 가장자리가 밋밋하다. 7~9월에 노란색 혀 모양의 꽃잎과 노란빛을 띤 녹색의 관 모양의 꽃이 핀다. 잎이 삼잎을 닮아 붙인 이름이라고 한다. 줄기와 가지 끝에서 겹꽃이 피는 '**겹삼잎국화**'도 있다. » 170

삽주 국화과 (여름)
줄기는 곧게 서고, 윗부분에서 가지가 갈라진다. 뿌리잎은 꽃이 필 때 시들고, 줄기잎은 긴 타원형으로 가장자리에 바늘 모양의 가시가 있다. 어긋나기 한다. 잎 표면에 윤기가 있다. 7~10월에 줄기 끝에서 흰색 꽃이 둥글게 핀다. 독특한 향이 나는 뿌리줄기를 '창출'이라고 한다. » 198

상사화 백합과 (여름)
알뿌리에서 봄에 줄 모양의 잎이 나와 6~7월에 시들면, 7~8월에 꽃대가 올라와 붉은빛을 띤 연한 자주색 꽃 4~8송이가 모여 핀다. 이름은 잎과 꽃이 만나지 못해 서로를 생각하는 꽃이라는 뜻이다. » 144

새모래덩굴 새모래덩굴과 (봄)
줄기는 다른 물체를 감아 오르며 덩굴로 자란다. 잎 뒷면은 흰빛이 돌며, 방패 모양으로 5~7각이 지고 가장자리가 밋밋하다. 잎자루가 며느리배꼽처럼 잎의 배꼽 위치에 붙는다. 암수딴그루로 4~6월에 연한 노란색 꽃이 핀다. 향이 독특하며 독이 있다. 사투리에서 따온 이름으로, 그 뜻은 '작은 머루(포도과의 새머루)를 닮은 덩굴'이라고 한다. » 55

새삼 메꽃과 (여름)
줄기가 다른 식물을 타고 오르면 뿌리는 없어진다. 다른 식물에 붙어 기생하면서 덩굴로 자란다. 주로 나무껍질이 얇거나 새로 난 부드러운 가지에 기생한다. 줄기는 철사 모양에 주홍색이 돌고, 잎은 퇴화하여 비늘 같은 모양으로 남아 있다. 8~9월에 붉은 꽃가루가 있는 흰색 꽃이 이삭 모양으로 여러 송이 모여 핀다. 열매는 달걀 모양으로 10월에 익는데, 뼈가 부러진 토끼가 새삼의 열매를 먹고 부러진 허리가 나았다고 하여 '토사자'라고 한다. 모든 식물에 기생하는 **'미국실새삼'**은 미국에서 들어온 실새삼이라는 뜻으로, 줄기가 가늘고 빨간 꽃가루가 없다. » 186

새완두 콩과 (봄)
줄기는 밑에서 가지가 갈라지고 잔털이 있다. 깃 모양으로 여러 장 달린 잎은 어긋나기 하며, 끝에 덩굴손이 있어 다른 물체를 감아 오르며 자란다. 5~6월에 연한 보라색 꽃이 나비 모양으로 3~4송이 피고 열매 표면에 잔털이 많다. 꽃의 크기가 작아서 붙인 이름이다. » 26

새콩 콩과 (여름)
줄기는 덩굴로 자라고, 하얀 털이 아래로 향해 있다. 작은 잎 3장이 모여 달린 잎은 어긋나기 한다. 7~8월에 잎겨드랑이에서 꽃잎 끝이 연한 보라색인 나비 모양의 꽃이 모여 핀다. 열매는 콩꼬투리 모양에 약간 휘어지고 한쪽으로 갈색 털이 촘촘히 난다. 잎 모양이 돌콩보다 넓고 짧다. 콩보다 작고 볼품이 없으며, 그다지 쓸모 있지 않다는 뜻에서 '새'를 붙였다고 한다. » 105

새팥 콩과 (여름)
덩굴로 자라며 전체에 털이 빽빽하다. 끝이 뾰족한 긴 달걀 모양의 작은 잎 3장이 모여 달린다. 가장자리가 2~3갈래로 갈라지기도 하며, 어긋나기 한다. 7~8월에 나비 모양의 연한 노란색 꽃 2~3송이가 옆을 향해 달린다. 재배종 팥의 기원이 되는 종이라고 한다. » 152

새포아풀 벼과 (봄)
우리나라 벼과 식물 중에서 가장 작아 보통 1센티미터 남짓으로 자란다. 줄기는 뿌리에서 모여 나와 다발 형태로 자란다. 잎은 어긋나기 하며, 양끝이 둥그스름하다. 5~6월에 연한 녹색 꽃이삭이 성기게 달린다. '새'와 '포아(그리스어로 풀과 나무를 뜻한다)'를 합친 말로, 아주 작고 보잘것없는 풀을 뜻한다. » 92

서양금혼초 국화과 (봄)
줄기는 여러 대가 뿌리에서 뭉쳐 자란다. 억센 털이 빽빽한 잎은 뿌리에서 모여 나며, 거꾸로 세운 창끝 모양이다. 5~6월에 가지 끝에서 노란색 꽃이 피고, 갓털이 달린 씨는 둥근 공 모양이다. '생태계 교란 야생생물'이다. 이와 달리 '금혼초'는 줄기잎, 뿌리잎이 있고 머리 모양의 꽃도 크다. 민들레와 비슷하여 '민들레아재비', '개민들레'라고도 한다. » 67

서양등골나물 국화과 (여름)
줄기는 곧게 서고 가지를 많이 친다. 달걀 모양의 잎은 끝이 뾰족하고, 마주나기 한다. 8~10월에 꽃잎이 없는 흰색 꽃이 모여 핀다. 서양에서 들어온 등골나물이라는 뜻에서 붙인 이름이다. 등골나물보다 꽃송이가 많다. '생태계 교란 야생생물'이다. » 191

서양민들레 국화과 (봄)
줄기가 없고, 잎은 거꾸로 세운 창끝 모양이다. 잎 가장자리가 깃 모양으로 깊게 갈라지고 뿌리에서 모여 나며, 방석 모양으로 펼쳐져 겨울을 난다. 3~9월에 뿌리에서 꽃대가 나와 노란색 꽃이 피며, 꽃받침이 뒤로 젖혀진다. 씨앗이 붉은색인 '**붉은씨서양민들레**'도 있다. » 66

서양벌노랑이 콩과 (여름)
가축 먹이로 외국에서 들여왔다. 깎아낸 땅을 메우기 위해 심기도 하고, 야생으로 퍼져 저절로 자라기도 한다. 줄기는 밑부분에서 가지가 많이 갈라지며, 비스듬히 옆으로 누워 자란다. 작은 잎 3장이 모여 달리고, 어긋나기 한다. 5~9월에 꽃대 끝에서 나비 모양의 노란색 꽃 4~7송이가 모여 핀다. 서양에서 들어온 벌노랑이라 하여 붙인 이름이다. 산이나 양지바른 풀밭에서 자라는 '**벌노랑이**'는 6~8월에 노란색 꽃 2~3송이가 모여 핀다. 유난히 선명하게 눈에 띄는 노란 꽃이라는 뜻에서 붙인 이름이라고 한다. » 153

서양톱풀 국화과 (여름)
줄기는 곧게 선다. 긴 타원형의 잎은 가장자리가 깃 모양으로 깊게 갈라진다. 갈라진 조각은 줄 모양이며, 어긋나기 한다. 6~9월에 줄기 끝에서 가운데가 연한 분홍색 꽃이 모여 피며, 꽃 바깥쪽에는 혀 모양의 흰색 꽃이 달린다. 서양에서 들어온 톱풀이라는 뜻에서 붙인 이름이다. » 197

서울제비꽃 제비꽃과 (봄)
뿌리에서 뭉쳐난 잎은 세모진 긴 타원 모양이며, 가장자리에 톱니가 있다. 잎자루 위쪽으로 작은 날개가 있다. 4~5월에 제비꽃보다 연한 보라색으로 꽃이 피고, 꽃자루에 털이 있다. 서울에서 처음으로 발견되어 붙인 이름이다. » 30

석류풀 석류풀과 (여름)
줄기는 가늘고, 밑에서부터 가지가 많이 갈라진다. 긴 타원형 잎은 3~5장씩 돌려나기 하고, 윗부분에서 마주나기 한다. 가운데 잎맥이 뚜렷하다. 7~10월에 가지 끝이나 잎겨드랑이에서 꽃잎은 없고, 꽃받침이 5장인 초록빛이 도는 흰색 꽃이 핀다. 잎의 모양이 석류나무의 잎을 닮아 붙인 이름이다. » 177

석산 수선화과 (여름)
뜰이나 꽃밭, 공원에 심기도 한다. 비늘줄기는 달걀 모양이며, 잎은 윤기가 나는 짙은 녹색이다. 9~10월에 잎이 없어진 비늘줄기에서 꽃대가 나와 30~50센티미터의 꽃대 끝에서 붉은색 꽃이 위를 향해 핀다. 꽃 밖으로 나온 7~8센티미터의 긴 수술은 둥글게 휘어진다. 꽃이 시들고 나면 짙은 녹색 잎이 나와서 겨울을 보내고 이듬해 봄에 시든다. 이름은 '돌마늘'이라는 뜻이며, '꽃무릇'이라고도 한다. » 144

석잠풀 꿀풀과 (여름)
줄기는 투박하게 네모지며 곧게 선다. 잎은 창끝 모양이며 마주나기 한다. 6~9월에 줄기 윗부분에서 연한 분홍색 꽃이 마디 사이에서 돌려나기로 층층이 핀다. 한자로 '석잠'은 민물에 사는 날도래의 애벌레를 가리키며, 우리말로는 '물여우'라 한다. 희고 긴 땅속 줄기의 덩이뿌리가 물여우의 몸통을 닮아 붙인 이름이라고 한다. » 120

선개불알풀 현삼과 (봄)
줄기는 곧게 선다. 아래쪽 잎은 달걀 모양에 마주나기 하고, 창끝 모양인 위쪽 잎은 어긋나기 한다. 위로 갈수록 잎이 점점 작아진다. 3~6월에 하늘색 꽃이 피며, 꽃잎에 줄무늬가 있다. 개불알풀과 비슷하지만 똑바로 서서 자라는 모습에서 붙인 이름이다. 개불알풀 종류는 보통 꽃자루가 긴데 이 풀은 꽃자루가 거의 없다. 열매는 작고 납작한 접시 모양이다. » 43

선밀나물 백합과 (봄)
줄기는 곧게 선다. 잎자루가 길고, 넓은 타원형 잎은 어긋나기 한다. 암수딴그루로 5~6월에 밑부분의 잎겨드랑이에서 연한 녹색 꽃이 핀다. 열매는 둥글고 검은색으로 익으며 흰 가루로 덮여 있다. 덩굴로 자라는 밀나물과 달리 똑바로 서서 자라는 모양에서 붙인 이름이다. » 90

선씀바귀 국화과 (봄)
줄기는 밑에서 여러 대가 나온다. 뿌리에서 나온 긴 타원형의 잎은 방석 모양으로 퍼지며, 끝이 뾰족하거나 새 깃털처럼 갈라지기도 한다. 꽃이 필 때까지 남아 있다. 5~6월에 줄기 끝에서 흰색 또는 보랏빛이 도는 흰색 꽃이 피며, 혀 꽃잎이 씀바귀보다 많은 25장 안팎이다. 똑바로 서서 자라는 씀바귀라는 뜻에서 붙인 이름이다. 노란색 꽃이 피는 **노랑선씀바귀**도 있다. » 82

설악초 대극과 (여름)
줄기 아래 잎은 녹색이고, 윗부분의 잎은 꽃이 필 무렵 녹색 바탕에 흰색 무늬가 생긴다. 9월에 흰색 꽃이 핀다. 흰색 무늬의 잎 모양이 산에 눈이 내린 것처럼 하얘서 붙인 이름이다. » 189

세잎양지꽃 장미과 (봄)
뿌리에서 나온 긴 잎자루 끝에 작은 잎 3장이 모여 달린다. 4~5월에 길게 자란 꽃대에서 노란색 꽃이 여러 송이 핀다. 양지꽃과 비슷하지만 잎자루 하나에 작은 잎 3장 달린 모양에서 붙인 이름이다. » 60

소리쟁이 마디풀과 (봄)
줄기는 곧게 선다. 뿌리잎은 잎자루가 길고 창끝 모양이거나 긴 타원형이며, 가장자리가 쭈글쭈글하고 아랫부분은 미끈미끈하다. 줄기잎은 창끝 모양으로 끝이 뾰족하고 어긋나기 한다. 5~6월에 가지 끝에서 녹색 꽃이 층층이 돌려 핀다. 열매가 익으면 바람에 부딪쳐 소리가 난다 하여 붙인 이름이다. » 87

속속이풀 십자화과 (봄)
줄기는 곧게 선다. 뿌리잎과 줄기잎은 깊게 갈라지고 어긋나기 한다. 5~6월에 십자 모양의 노란색 꽃이 모여 핀다. 열매는 긴 원기둥 모양이다. 어린 싹을 나물로 먹기도 한다. » 57

솔나물 꼭두서니과 (여름)
줄기는 곧게 서고 윗부분에서 가지가 갈라진다. 잎은 줄 모양이며 끝이 뾰족하고, 돌려나기 한다. 잎 뒷면에 털이 있다. 6~8월에 잎겨드랑이와 줄기 끝에서 노란색 꽃이 모여 핀다. 꽃 향기가 강하다. 솔잎처럼 가느다란 나물이라는 뜻에서 붙인 이름이다. » 158

솔새 벼과 (여름)
줄기는 모여 나고, 마디가 9~14개 있다. 8~9월에 잎겨드랑이에서 부챗살 모양으로 달리는 꽃이삭의 가지마다 커다란 갈색 잔 이삭이 한쪽 방향으로 달린다. 뿌리로 솔(수세미)을 만드는 새(띠, 벼과 식물을 아우르는 말)라는 뜻에서 붙인 이름이다. '솔줄', '솔풀'이라고도 한다. 이와 모습이 비슷한 '**개솔새**'는 꽃차례가 꽃싸개 밖으로 나와 있다. » 228

솜나물 국화과 (봄)
줄기는 없으며, 잎이 뿌리에서 뭉쳐난다. 봄에 나는 잎은 작은 달걀 모양에 하얀 거미줄 같은 털이 있지만, 가을에 나는 잎은 무 잎처럼 깃 모양으로 갈라진다. 5~9월에 흰색 또는 연한 자주색 꽃이 긴 꽃대 끝에서 한 송이 핀다. 가을에 피는 꽃은 꽃잎이 벌어지지 않고 바로 열매를 맺고, 갈색 갓털이 달린 씨는 공 모양이다. 잎과 줄기에 털이 많아 솜 같고, 나물로 먹어서 붙인 이름이다. » 81

송엽국 석류풀과 (봄)

잎은 둥그런 통 모양에 도톰한 다육질이며, 마주나기한다. 겨울에도 죽지 않고 늘푸른색이라 '사철채송화'라고 한다. 4~6월에 분홍색 꽃이 핀다. 다양한 원예 품종이 있다. » 20

쇠무릎 비름과 (여름)

줄기는 곧게 서고, 가지가 많이 갈라진다. 마디가 있고 네모져 있다. 긴 타원형 잎은 끝이 뾰족하며 마주나기 한다. 8~9월에 잎겨드랑이와 줄기 끝에서 녹색 꽃이 이삭 모양으로 모여 아래부터 핀다. 꽃이 피고 난 뒤에는 작은 꽃들이 아래로 휘어져 줄기에 착 달라붙는다. 열매는 긴 타원형으로 옷이나 동물의 털에 잘 달라붙어 멀리까지 이동한다. 마디 모양이 소의 무릎처럼 보여서 붙인 이름이다. 비슷한 종으로는 양지바른 곳에서 자라고 부드러운 털이 빽빽한 '털쇠무릎'이 있다. » 209

쇠비름 쇠비름과 (여름)

줄기는 갈색이 도는 붉은색이고 육질이다. 가지가 많이 갈라져 옆으로 비스듬히 퍼지며 자란다. 다육질에 윤기가 나는 잎은 주걱 모양이며 마주나기, 어긋나기 한다. 가지 끝부분의 잎은 돌려나기 한 것 같아 보인다. 6~8월에 줄기나 가지 끝에서 노란색 꽃이 하루만 피고 진다. '쇠'와 '비름'을 합친 이름으로, 먹을 수 있는 나물이지만 비름보다는 억세고 거칠어서 '쇠'를 붙였다. » 146

쇠서나물 국화과 (여름)

줄기는 곧게 서고, 전체에 붉은빛을 띤 갈색의 억센 털이 있다. 뿌리잎은 거꾸로 세운 창끝 모양이며, 줄기잎은 좁은 창끝 모양에 어긋나기 한다. 줄기나 잎을 자르면 하얀 즙이 나온다. 6~9월에 줄기와 가지 끝에서 노란색 꽃이 핀다. 잎이 길게 내민 소의 혀(쇠서) 모양을 닮은 것에서 붙인 이름이다. » 168

수까치깨 벽오동과 (여름)

줄기는 곧게 서고, 윗부분에 별 모양의 털이 있다. 잎은 달걀 모양으로 끝이 뾰족하며 어긋나기 한다. 6~8월에 잎겨드랑이에서 나온 긴 꽃대 끝에 노란색 꽃이 핀다. 암술머리가 흰색이고 꽃받침조각이 뒤로 완전히 젖혀진다. 열매는 원기둥 모양으로 별 모양의 털이 있다. 수컷 까치깨라는 뜻에서 붙인 이름이라고 한다. '까마귀의 깨'라는 뜻의 일본 이름을 우리 식으로 바꾼 **'까치깨'**는 수까치깨와 달리 꽃받침조각이 수평으로 퍼진다. » 155

수레국화 국화과 (여름)

줄기에 하얀 털이 빽빽하다. 줄기 밑부분 잎은 어긋나기 하고, 윗부분 잎은 줄 모양이며 가장자리가 밋밋하다. 꽃은 6~7월에서 가을까지 핀다. 통꽃이 머리 모양으로 모여 피었지만, 가장자리 통꽃이 커서 혀 모양의 꽃으로도 보인다. 꽃 색은 선명한 파란색, 연한 붉은색, 흰색 등이다. » 136

수련 수련과 (여름)

화분이나 연못에 심기도 한다. 뿌리는 물속의 진흙 속에 묻혀 있으며, 수면까지 자라는 잎자루 끝에 잎이 달려 물 위에 뜬다. 잎 아랫부분이 깊게 갈라진다. 두툼하며 윤기가 나고 뒷면이 자주색이다. 6~8월에 수술이 노란색인 흰색 꽃이 피며, 노란색, 보라색, 분홍색 꽃이 피는 원예 품종도 있다. 밤에 꽃잎을 접고 있는 모습에서 '잠자는 연꽃'이라는 뜻에서 붙인 이름이다. » 179

수선화 수선화과 (봄)

달걀 모양의 비늘줄기에서 잎이 난다. 이른 봄에 노란색이나 흰색 꽃이 핀다. 덧꽃부리(안쪽에 있는 꽃부리)는 품종에 따라 노란색, 주황색이 있다. 꽃이 진 뒤에 알뿌리를 캐서 보관하였다가 가을에 심는다. 다양한 원예 품종이 있다. » 71

수염가래꽃 초롱꽃과 (여름)
줄기는 옆으로 뻗고, 잎은 창끝 모양이며 어긋나기 한다. 6~8월에 잎겨드랑이에서 흰색, 연한 분홍색 꽃이 핀다. 꽃잎은 5장으로 보이지만, 실제로는 2장이다. 꽃잎의 윗입술은 양옆으로 갈라지고, 아랫입술은 3갈래로 갈라져 아래로 펼쳐진다. 갈라진 꽃이 수염 같다 하여 붙인 이름이다. » 127

수영 마디풀과 (봄)
줄기는 곧게 선다. 넓은 창끝 모양인 뿌리잎은 모여 나며, 양옆으로 귓불처럼 볼록하게 튀어나온 부분이 아래로 향해 있다. 줄기잎은 긴 타원형이며 어긋나기 한다. 암수딴그루로 5~6월에 가지에서 녹색이나 자주색을 띤 작은 꽃받침 6장이 모여 피지만 꽃잎은 없다. 줄기나 잎에서 신맛이 난다. » 86

수크령 벼과 (여름)
짧은 땅속줄기에서 모여 나는 줄기는 곧게 서며, 마디가 4~6개 있다. 8~10월에 원기둥 모양으로 꽃이삭이 달린다. 꽃을 싸는 꽃싸개가 진한 자주색으로, 생김새가 독특하고 아름답다. 그령, 또는 암그령에 비해 억세고, 꽃이삭이 커서 '수컷 그령'이란 뜻에서 붙인 이름이다. » 225

수호초 회양목과 (봄)
줄기는 옆으로 기다가 곧게 선다. 잎은 네모진 거꾸로 세운 달걀 모양이며, 어긋나기 한다. 4~6장이 층층이 모여 달린다. 짙은 녹색에 윤기가 있다. 4~5월에 흰색 꽃이 이삭 모양으로 모여 핀다. » 85

실유카 용설란과 (여름)
줄기는 거의 없고 짧은 뿌리줄기가 옆으로 뻗는다. 잎은 뿌리줄기에서 40~60장이 나와 붙어 있다. 줄 같은 창끝 모양의 잎 가장자리에 구불거리는 실 모양의 섬유질이 달려 있다. 6~7월에 초록빛이 도는 흰색 꽃이 많이 핀다. '유카'라는 이름은 서인도제도 하이티의 지명에서 따왔다고 한다. » 201

쑥 국화과 (여름)
줄기는 곧게 서며, 거미줄 같은 털로 덮여 있다. 뿌리잎과 밑부분의 잎은 나중에 사라진다. 뒷면에 하얀 털이 빽빽하게 난 줄기잎은 흰색으로 보이며, 여러 갈래로 깊게 갈라지고 어긋나기 한다. 7~9월에 줄기 끝에서 초록빛이 도는 붉은색 꽃이 모여 핀다. 나물과 쌈, 약으로 두루 쓰인다. 땅속 뿌리줄기 마디에서 새순이 '쑥쑥' 돋아나는 모습에 빗대어 붙인 이름이라고 한다. » 218

쑥부쟁이 국화과 (여름)
줄기는 자줏빛을 띠며 곧게 선다. 윗부분에서 가지가 많이 갈라진다. 잎은 창끝 모양이며 어긋나기 한다. 7~10월에 줄기와 가지 끝에서 머리 모양의 꽃이 한 송이씩 핀다. 혀꽃은 연한 보라색, 가운데 관 모양의 꽃은 노란색이다. 잎이 쑥을 닮았고, 꽃은 참취(참취와 같은 취나물 종류를 사투리로 '부지깽이나물'이라고 하는데 '부쟁이'는 '부지깽이'에서 비롯되었다)를 닮아 붙인 이름이라고 한다. » 128

씀바귀 국화과 (봄)
줄기는 곧게 선다. 잎은 거꾸로 세운 창끝 모양이며 톱니가 얕다. 5~7월에 줄기 끝 가지마다 혀 꽃잎이 5~12장인 꽃이 핀다. 흰색 꽃이 피는 '흰씀바귀'도 있다. 씀바귀 종류는 잎이나 줄기, 뿌리를 자르면 하얀 즙이 나오며 맛이 쓰다. 이 쓴맛에서 붙인 이름이라고도 한다. 씀바귀 종류는 햇살이 충분할 때 꽃잎을 열고, 서산에 해가 기울기 전에 꽃잎을 닫는 수면 운동을 한다. » 67

아네모네 미나리아재비과 （봄）

가을에 알뿌리를 심는다. 꽃부리가 퇴화되어 거의 없고, 꽃부리를 싸고 있는 4~27장의 꽃받침이 꽃잎처럼 보인다. 4~5월에 흰색, 붉은색, 보라색, 붉은 보라색, 푸른색 꽃이 핀다. 아네모네는 어느 한 종을 가리키는 것이 아닌 '바람꽃 종류'를 통틀어 일컫는 이름이다. 이름은 '바람'을 뜻하는 '아네모스'에서 비롯되었다. » 22

아프리카봉선화 봉선화과 （여름）

줄기는 곧게 선다. 잎은 짧고, 달걀 모양으로 끝이 뾰족하며 어긋나기 한다. 줄기 윗부분에서는 돌려나기 한 것처럼 보인다. 6~9월에 붉은색, 연분홍색, 흰색 꽃이 핀다. 봉선화와 달리 홑꽃만 핀다. » 112

알록제비꽃 제비꽃과 （봄）

뿌리에서 뭉쳐난 잎은 심장 모양이다. 잎 표면은 짙은 녹색이며 잎맥을 따라 흰색 무늬가 있고, 뒷면은 자주색이다. 4~5월에 보라색 꽃이 옆을 향해 핀다. 잎에 무늬가 있어 붙인 이름이다. » 32

알방동사니 사초과 （여름）

줄기는 세모지고, 여러 대가 모여나기 한다. 잎은 꽃대보다 짧고, 납작한 줄 모양이다. 양면에 털은 없지만 가장자리가 껄끄럽다. 8~10월에 줄기 끝에서 검은빛을 띤 갈색의 작은 이삭들이 둥그렇게 모여 달린다. 방동사니 종류 가운데 홀로 꽃차례가 둥근 공처럼 생겨서 붙인 이름이다. » 230

애기나리 백합과 （봄）

줄기는 곧게 서다가 위쪽에서 비스듬히 휘어진다. 가지가 없거나 1~2갈래로 갈라진다. 긴 타원형 잎은 끝이 뾰족하고, 어긋나기 하며 잎자루가 없다. 4~5월에 가지 끝에서 연한 녹색 꽃 한두 송이가 고개를 숙이고 피며, 꽃잎 끝이 뾰족하다. 열매는 둥글고 검게 익는다. 나리보다 꽃 크기가 작아 붙인 이름이다. 비슷한 종으로는 이 꽃보다 꽃이 여러 송이 피고, 가지가 더 많이 갈라지며, 암술대와 수술대의 길이가 짧은 '큰애기나리'가 있다. » 84

애기나팔꽃 메꽃과 （여름）

다른 물체를 감고 올라가며 덩굴로 자란다. 잎은 심장 모양이며 끝이 뾰족하고, 어긋나기 한다. 7~10월에 자주색이나 흰색 꽃이 피며, 위에서 보면 오각형이다. 꽃 크기가 작아 붙인 이름이며, '좀나팔꽃'이라고도 한다. » 185

애기똥풀 양귀비과 （봄）

줄기는 곧게 자라고, 분을 칠한 듯 흰빛이 돈다. 어릴 때 곱슬 털이 있지만 자라면서 사라진다. 잎은 여러 번 갈라지고, 어긋나기 한다. 5~8월에 가지 끝에서 노란색 꽃이 모여 핀다. 이 풀의 검은색 씨앗에 하얀 덩어리(엘라이오좀)가 붙어 있어 이것을 좋아하는 개미가 씨앗을 멀리 퍼뜨린다. 독이 있다. 줄기나 잎에 상처가 나면 나오는 노란색 즙을 애기 똥에 빗대어 붙인 이름이다. » 53

애기수영 마디풀과 （봄）

줄기는 곧게 선다. 창끝 모양인 뿌리잎은 모여 나며, 양옆으로 귓불처럼 볼록하게 튀어나온 부분이 퍼져 있다. 줄기잎도 창끝 모양에 어긋나기 한다. 4~6월에 줄기 끝에서 붉은빛을 띤 녹색의 작은 꽃받침이 모여 피고 꽃잎은 없다. 잎과 줄기에서 신맛이 난다. 수영보다 크기가 작다는 뜻에서 붙인 이름이다. '생태계교란 야생생물'이다. » 86

애기풀 원지과 (봄)
산지의 양지 쪽 무덤가에서 많이 볼 수 있다. 줄기는 밑에서 여러 대가 나와 곧게 서거나 비스듬히 선다. 잎은 달걀 모양이며 어긋나기 한다. 4~5월에 자주색 꽃이 나비 모양으로 피는데, 꽃잎처럼 보이는 것은 꽃받침이고, 꽃술처럼 잘게 갈라진 것이 꽃잎이다. 열매는 동글납작하고 넓은 날개가 있으며 위쪽이 움푹 들어갔다. 풀이 작고 귀여워 붙인 이름이다. » 28

앵초 앵초과 (봄)
뿌리에서 모여 난 잎은 긴 달걀 모양이며 겉에 주름이 져 있다. 4월에 꽃대가 길게 올라와 그 끝에서 분홍색 꽃이 7~20송이 핀다. 꽃 모양이 앵두꽃을 닮아 붙인 이름이다. » 36

약모밀 삼백초과 (여름)
뜰이나 꽃밭, 공원에 심기도 한다. 줄기는 곧게 서고 자줏빛이 돈다. 잎은 심장 모양으로 끝이 뾰족하며, 어긋나기 한다. 6월경에 줄기 끝에서 짧은 꽃대가 나와 꽃잎은 없고, 십자 모양의 하얀 꽃싸개가 4장인 꽃이 핀다. 약으로 쓰이고 잎의 모양이 메밀(모밀)을 닮아 붙인 이름이다. 잎과 줄기에서 물고기 비린내가 나서 '어성초'라고도 한다. » 174

양지꽃 장미과 (봄)
뿌리에서 잎이 여러 장 나온다. 잎자루가 길고 작은 잎 3~15장이 깃 모양으로 달린다. 가장자리가 날카로운 톱니 모양이다. 4~6월에 길게 자란 꽃대에서 노란색 꽃이 여러 송이 핀다. 양지바른 곳에서 잘 자라 붙인 이름이다. » 60

어저귀 아욱과 (여름)
옷감을 짜기 위해 재배하였으나 야생으로 퍼졌다. 줄기는 곧게 서고, 윗부분에서 가지가 갈라지며 털이 빽빽하다. 잎은 둥근 심장 모양이며 어긋나기 한다. 독특한 향이 나며, 잎 뒷면에 부드러운 털이 빽빽하다. 8~9월에 줄기 윗부분의 잎겨드랑이에서 노란색 꽃이 한 송이씩 핀다. 열매는 바퀴 모양이다. 단단한 줄기를 자를 때 '어적어적' 하는 소리가 나는 데서 붙인 이름이라고 한다. » 154

억새 벼과 (여름)
줄기는 모여 나고 큰 포기를 이루며 자란다. 칼 모양의 억센 잎은 어긋나기 하며, 가장자리에 날카로운 톱니가 있다. 9월에 줄기 끝에서 갈라지는 가지마다 흰빛을 띤 갈색 꽃이 촘촘하게 달린다. 열매가 익으면 씨앗에 붙은 하얀 털이 부풀어 바람에 날린다. 잎이 억센 새(말, 띠 등, 벼과 식물을 아우르는 말)라 하여 붙인 이름이라고 한다. 억새의 열매는 익으면 반쯤 고개를 숙이지만, 갈대는 벼처럼 고개를 푹 숙인다. 물가에서 자라는 '물억새'는 이삭이 작고 까끄라기가 없는 점이 억새와 다르다. » 228

얼치기완두 콩과 (봄)
줄기는 밑에서 가지가 갈라지며 덩굴이 진다. 깃 모양으로 여러 장 달린 잎은 어긋나기 하며, 잎 끝의 덩굴손으로 다른 물체를 감아 오르며 자란다. 덩굴손은 갈라져 있지 않다. 5~6월에 분홍색 꽃이 나비 모양으로 1~3송이씩 핀다. '얼치기'는 모양새가 새완두와 살갈퀴의 중간, 곧 이것도 저것도 아닌 중간치를 뜻한다. » 27

엉겅퀴 국화과 (여름)
줄기는 곧게 선다. 줄기 아래쪽에 털이 나지만 곧 없어지고, 위쪽에 거미줄 같은 털이 난다. 깃처럼 갈라진 긴 잎 끝에 날카로운 가시가 있으며, 어긋나기 한다. 6~8월에 가지 끝, 줄기 끝에서 붉은빛을 띤 자주색 관 모양의 꽃이 한 송이씩 핀다. 열매에 하얀 갓털이 있어 바람에 날린다. '큰 가시가 있다'는 뜻을 지닌 옛말 '한거싀'가 변한 이름이라고 한다. » 130

여뀌 마디풀과 (여름)
줄기는 곧게 선다. 잎자루가 없고, 잎은 창끝 모양으로 끝이 뾰족하며 어긋나기 한다. 6~9월에 연한 초록색에 끝부분이 분홍색 꽃이 이삭 모양으로 휘어져 핀다. 잎을 씹으면 매운맛이 난다. '엿귀'에서 변한 이름으로, 꽃이삭에 작은 열매가 주렁주렁 엮여 있는 모습에서 붙인 이름이라고 한다. » 204

여뀌바늘 바늘꽃과 (여름)
줄기는 곧게 또는 비스듬히 서고, 붉은빛이 돈다. 잎은 창끝 모양이고, 가을에 붉은색으로 물들며 어긋나기 한다. 9월에 잎겨드랑이에서 바늘처럼 생긴 긴 씨방 끝에 꽃받침과 꽃잎, 그리고 수술이 4개인 노란색 꽃이 달린다. 꽃이 지고 나면 꽃받침은 씨방 끝에 남아 있다. 잎이 여뀌 모양이고 열매가 바늘처럼 생겨서 붙인 이름이다. » 156

여우구슬 대극과 (여름)
줄기는 곧게 선다. 가지에만 달리는 잎은 촘촘하게 어긋나기 한다. 7~8월에 잎겨드랑이에서 자그마한 붉은 갈색 꽃이 핀다. 열매는 구슬 모양으로 주름이 지고 열매자루가 없다. 잎 아래에 요망스럽게 매달려 있는 열매를 빗대어 붙인 이름이라고 한다. » 211

여우주머니 대극과 (여름)
줄기는 비스듬하게 선다. 잎은 긴 타원형에 주맥이 뚜렷하다. 잎 간격이 듬성듬성하며 어긋나기 한다. 6~7월에 잎겨드랑이에서 연한 녹색의 작은 꽃이 한 송이 또는 여러 송이 핀다. 열매는 납작한 구슬 모양으로 주름이 지고 자루가 있다. 열매에 자루가 있는 모양에서 '주머니'란 이름이 더해졌다. » 211

여우팥 콩과 (여름)
덩굴로 자라며, 전체에 털이 퍼져 있다. 달걀 모양의 마름모꼴 작은 잎 3장이 모여 달리며, 어긋나기 한다. 8월에 나비 모양의 노란색 꽃이 3~8송이씩 핀다. 잎 모양이 여우의 앞 얼굴을 닮았다는 뜻에서 붙인 이름이라고 한다. » 152

연꽃 연과 (여름)
화분이나 연못에 심기도 한다. 뿌리줄기는 물속의 땅에서 옆으로 길게 자란다. 뿌리줄기에서 나온 잎자루는 길고 속이 비었으며 가시가 있다. 잎자루 끝에 달리는 둥근 잎은 수면보다 위에서 자라며 물에 젖지 않는다. 7~8월에 꽃대가 나와 연한 분홍색이나 흰색 꽃이 핀다. 열매는 '연밥'이라고도 한다. 옛말 '런곳'이 변한 이름이다. » 99

염주괴불주머니 현호색과 (봄)
곧게 선 줄기 전체에 하얀 가루가 덮여 있어 흰색으로 보인다. 잎은 어긋나기 하고, 2회 깃꼴로 갈라진다. 작은 잎은 쐐기 모양으로 끝이 뾰족하고, 가장자리는 깊게 갈라졌다. 4~5월에 괴불주머니처럼 입술 모양의 노란색 꽃이 모여 피며, 열매는 잘록하다. 바닷가 쪽에서 자라며, 줄기를 자르면 불쾌한 냄새가 난다. 열매가 염주 모양이라 붙인 이름이다. » 54

오이풀 장미과 (여름)
줄기는 곧게 선다. 뿌리잎은 깃 모양이며 여러 장이 모여 달린다. 줄기에 달리는 잎은 어긋나기 한다. 잎에 삼각 모양의 톱니가 있다. 7~9월에 줄기 끝에서 진한 자주색 꽃이 위쪽에서 피기 시작하고 가장자리에 털이 있다. 줄기나 잎을 자르면 오이 냄새가 나서 붙인 이름이다. » 102

옥잠화 백합과 (여름)
잎은 뿌리에서 모여 나며, 잎자루가 길다. 8~9월에 긴 꽃대 끝에서 흰색 꽃이 밤에 피었다가 다음날 아침에 시들며, 향기가 좋다. 꽃봉오리가 옥비녀(옥잠)를 닮았다 해서 붙인 이름이다. » 200

왕고들빼기 국화과 (여름)
줄기는 곧게 선다. 뿌리잎은 깃 모양으로 깊게 갈라지고 꽃이 필 때 시든다. 줄기잎 윗부분은 긴 타원형의 창끝 모양으로 밋밋하거나 잔 톱니가 있다. 아랫부분은 뒤로 젖혀진 깃 모양으로 깊이 갈라지며, 톱니가 드문드문 있다. 어긋나기 한다. 7~9월에 가지 끝에서 연한 노란색 꽃이 핀다. 줄기나 잎을 자르면 하얀 즙이 나온다. 고들빼기보다 크기가 커서 붙인 이름이다. 비슷한 종으로 잎이 갈라지지 않고 창처럼 뾰족한 '**가는잎왕고들빼기**'가 있다. » 167

왜제비꽃 제비꽃과 (봄)
뿌리에서 뭉쳐난 잎은 긴 달걀 모양이며, 가장자리에 둥그런 톱니가 있다. 3~5월에 보라색 꽃이 아래를 향해 피고, 아래쪽 꽃잎은 흰색 바탕에 보라색 줄무늬가 있다. 제비꽃보다 꿀주머니가 가늘다. 일본에서 자라는 제비꽃이라는 뜻에서 붙인 이름이다. » 31

용머리 꿀풀과 (여름)
줄기는 네모지고 뿌리줄기에서 모여 난다. 잎은 좁은 줄 모양이며 마주나기 한다. 6~8월에 줄기 끝에서 입술 모양의 보라색 꽃이 핀다. 아래로 처진 꽃잎에 털이 있고, 가장 큰 꽃잎에는 자주색 점이 있다. 꽃 모양을 용의 머리에 빗대어 붙인 이름이다. » 117

우산나물 국화과 (여름)
뜰이나 꽃밭, 공원에 심기도 한다. 줄기는 곧게 서고, 잎은 7~9갈래로 깊게 갈라진다. 6~9월에 흰색 꽃이 모여 핀다. 둥글게 펼쳐진 잎 모양이 우산과 비슷하여 붙인 이름이다. 어린싹을 나물로 먹는다. » 193

원추리 백합과 (여름)
줄 모양인 잎은 끝이 둥글게 뒤로 젖혀지며, 마주나기 한다. 6~8월에 노란색 꽃이 꽃줄기 끝에서 6~8송이씩 달리며, 아침에 피었다가 저녁에 시든다. 걱정을 잊게 해준다는 뜻인 훤초(萱草)에서 '원쵸리→원추리'로 변한 이름이다. 어린잎을 나물로 먹는데 '넓나물', '넘나물'이라 한다. 원추리보다 크기가 큰 '**왕원추리**'는 7~8월에 꽃자루 끝이 2개로 갈라져 노란빛이 도는 주황색 겹꽃이 피기도 한다. 원추리보다 크기가 커서 붙인 이름이다. » 173

원추천인국 국화과 (여름)
줄기는 곧게 서며 털이 있다. 잎은 어긋나기 한다. 6~8월에 가지 끝에서 피는 노란색 혀 꽃잎 안쪽은 진한 자주색, 가운데 관 모양의 꽃은 검은빛이 돈다. 관 모양의 꽃이 원추(원뿔)를 닮았다 하여 붙인 이름으로, '루드베키아'라고도 한다. » 170

유홍초 메꽃과 (여름)
다른 물체를 감으면서 덩굴로 자란다. 잎은 여러 갈래로 갈라진 깃 모양이며 어긋나기 한다. 7~8월에 깔때기 모양의 붉은색이나 흰색 꽃이 핀다. 한자 이름을 그대로 따왔으며 '누홍초'라고도 한다. 꽃이 유홍초와 비슷하고 잎이 둥근 '**둥근잎유홍초**'도 있다. » 115

은방울꽃 백합과 (봄)
잎은 긴 타원형으로 끝이 뾰족하다. 5월에 잎 2장과 함께 나온 잎보다 짧고 가느다란 꽃줄기는 아래로 휘어진다. 꽃줄기 윗부분에서 방울 모양의 흰색 꽃 10여 송이가 아래를 향해 핀다. 열매는 둥글고 붉은색으로 익는다. 독이 있다. 흰색 꽃이 방울 모양을 닮아 붙인 이름이다. » 83

이고들빼기 국화과 (여름)
줄기는 곧게 서고 자줏빛이 돈다. 진한 보라색 무늬가 있는 뿌리잎은 꽃이 필 때 시들고, 줄기잎은 주걱 모양이며 어긋나기 한다. 줄기나 잎을 자르면 하얀 즙이 나온다. 8~9월에 가지 끝에서 혀 꽃잎이 13장 안팎인 연한 노란색 꽃이 모여 피고, 꽃이 지고 나면 꽃머리가 아래로 향한다. 고들빼기와 달리 줄기 아래쪽 잎은 줄기를 감싸지 않는다. 잎의 톱니가 이(치아)를 닮아 붙인 이름이다. » 166

이질풀 쥐손이풀과   (여름)
줄기는 비스듬히 옆으로 뻗으면서 자란다. 잎은 3~5갈래로 갈라진 손바닥 모양이며 마주나기 한다. 윗부분에 불규칙한 톱니가 있다. 8~9월에 꽃자루가 두 갈래로 갈라져 분홍색 또는 흰색 꽃이 한 송이씩 핀다. 열매가 익으면 껍질이 다섯 갈래로 갈라져서 말려 올라가고 씨앗이 튕겨 나간다. 전염병인 이질(배가 아프고 열이 나며 설사를 일으키는 병) 치료에 쓰이는 풀이라는 뜻에서 붙인 이름이라고 한다. » 110

익모초 꿀풀과   (여름)
전체에 하얀 털이 나고, 줄기는 투박하게 네모지며 곧게 선다. 깊게 갈라진 잎은 마주나기 한다. 7~8월 줄기 윗부분에서 붉은빛을 띤 자주색 꽃이 층층이 돌려가며 핀다. 약으로 쓰이며, 즙을 내서 마시면 매우 쓰다. '어머니를 이롭게 하는 풀'이라는 뜻에서 붙인 이름이다. » 118

일일초 협죽도과   (여름)
줄기는 곧게 서며 가지가 많이 갈라진다. 7~9월에 짧은 꽃대에서 매일 꽃 한 송이씩 번갈아 핀다. 흰색, 분홍색, 붉은색, 주홍색 꽃이 있다. 매일매일 피는 꽃이라 하여 붙인 이름이다. » 109

ㅈ

자귀풀 콩과   (여름)
줄기는 곧게 선다. 작은 잎 10~20쌍이 깃 모양으로 모여 달리고, 어긋나기 한다. 7월에 잎겨드랑이에서 나비 모양의 연한 노란색 꽃이 2~3송이 핀다. 열매는 납작하고 길며 마디가 6~8개 있다. 잎을 건드리거나 빛이 어두워지면 오므리면서 하루 종일 햇빛을 따라 방향을 튼다. 잎을 접는 자귀나무를 닮은 풀이라는 뜻에서 붙인 이름이다. » 151

자라풀 자라풀과   (여름)
줄기가 길게 뻗으면서 마디에서 뿌리를 내린다. 동그란 잎 뒷면에 공기를 담고 있는 주머니가 있어 물 위에 뜬다. 8~9월에 꽃대가 물 위로 올라와 흰색 꽃이 피며, 하루가 지나면 시든다. 잎 뒷면의 공기주머니가 자라의 등을 닮았다 하여 붙인 이름이다. » 200

자운영 콩과   (봄)
들이나 꽃밭, 공원에서 저절로 자라기도 한다. 줄기는 밑에서 가지를 치며, 옆으로 비스듬히 자라다가 곧추선다. 깃 모양으로 여러 장 달린 잎은 어긋나기 한다. 4~5월에 붉은 보라색 꽃이 나비 모양으로 둥글게 모여서 피는데 그 모습이 보랏빛 구름 같다는 뜻에서 이름 붙였다. 드물게 흰색 꽃이 피기도 한다. 뿌리에 달린 뿌리혹이 땅을 기름지게 하여 논밭의 비료로 재배한다. » 28

자주개자리 콩과   (여름)
줄기는 곧추서거나 비스듬히 자라며, 가지가 많이 갈라진다. 작은 잎 3장이 모여 달려 어긋나기 한다. 7~8월에 나비 모양의 연한 자주색 꽃이 모여 핀다. 가축의 먹이로 외국에서 들여온 '알팔파(가장 질이 좋은 가축 먹이라는 뜻)'가 야생으로 퍼져 나가 자리를 잡은 귀화식물이다. 자주색 꽃이 피는 개자리라는 뜻에서 붙인 이름이다. » 106

자주광대나물 꿀풀과 (봄)
네모진 줄기는 밑부분이 비스듬히 누워 가지를 치고, 위쪽은 곧게 선다. 위쪽 잎은 자주색, 아래쪽으로 갈수록 녹색을 띠며, 마주나기 한다. 4~5월에 줄기 위쪽의 잎겨드랑이와 가지 끝에서 입술 모양의 연한 분홍색 꽃이 층층이 모여 핀다. 아랫입술 꽃잎은 3갈래로 갈라지고 꽃잎 안쪽에 자주색 점이 있다. 잎이 자주색인 광대나물이라는 뜻에서 붙인 이름이다. » 39

자주괴불주머니 현호색과 (봄)
현호색과 다른 점은, 땅속에 덩이줄기가 없고 뿌리가 긴 타원형이다. 잎은 깃 모양으로 여러 갈래로 갈라지며 어긋나기 한다. 4~5월에 줄기 끝에서 좁고 긴 입술 모양의 자주색 꽃이 아래를 향해 핀다. 독이 있어 나물로 먹으면 안 된다. 괴불주머니 모양에 꽃이 자주색이라 붙인 이름이다. » 25

자주천인국 국화과 (여름)
줄기와 잎에 털이 빽빽하게 난다. 잎은 긴 달걀 모양으로 끝이 좁고 뾰족하며, 어긋나기 한다. 7~10월에 흰색, 분홍색, 진분홍색 혀꽃이 피며, 가운데 관 모양의 꽃은 진한 자주색에 가시 또는 솔방울 모양이다. 이 모양에서 그리스어로 '고슴도치'를 뜻하는 '에키네시아' 또는 '에키나세아'라고 하며, '자주루드베키아'라고도 한다. » 133

작약 작약과 (봄)
줄기는 곧게 선다. 뿌리잎이 1~2회 갈라지며, 윗부분의 잎은 세 갈래로 갈라지기도 한다. 5~6월에 줄기 끝에서 흰색이나 붉은색의 큰 꽃이 한 송이씩 달리며, 노란 수술이 많다. » 24

잔개자리 콩과 (봄)
비료나 가축의 먹이로 사용하려고 심었으나 야생으로 퍼졌다. 줄기는 눕거나 비스듬히 자란다. 잎자루가 있으며, 작은 잎 3장이 모여 달리고 잎 끝부분에만 자잘한 톱니가 있다. 어긋나기 한다. 꽃이 없을 때는 자주개자리와 비슷하지만 크기가 작다. 5~7월에 나비 모양의 노란색 꽃이 둥글게 모여 핀다. 작은 꽃이 피는 개자리라는 뜻에서 붙인 이름이다. 비슷한 종으로 '개자리'가 있다. » 62

잔디 벼과 (봄)
줄기는 곧게 선다. 뿌리줄기는 길게 뻗으며, 마디에서 잎과 꽃줄기가 나온다. 5월에 꽃줄기 끝에 꽃이삭이 달리며 6월에 열매가 검은색으로 익는다. 옛말 '견띠'가 변한 이름이다. » 90

장구채 석죽과 (여름)
줄기는 곧게 서고, 자줏빛이 도는 녹색이다. 잎은 창끝 모양이며 마주나기 한다. 7월에 잎겨드랑이에서 흰색 꽃이 층층이 핀다. 줄기 끝에 달린 열매가 장구 치는 채를 닮아 붙인 이름이다. » 177

장대나물 십자화과 (봄)
줄기는 곧게 선다. 뿌리잎은 창끝 모양이며, 줄기를 감싸는 줄기잎은 타원형에 어긋나기 한다. 4~6월에 줄기 윗부분에서 십자 모양의 연한 노란색 꽃이 촘촘히 모여 핀다. 기다란 막대 모양의 열매는 4~6센티미터이며 줄기를 따라 곧게 선다. 장대처럼 곧게 자라서 붙인 이름이다. » 55

재쑥 십자화과 (봄)
줄기는 곧게 서고 전체에 하얀 털이 있다. 잎은 깃 모양으로 여러 갈래 갈라지고, 어긋나기 한다. 5~6월에 십자 모양의 노란색 꽃이 가지 끝에서 촘촘히 모여 핀다. 식물체에 상처를 내면 좋지 않은 냄새가 난다. 어린순의 맛이 냉이와 비슷하고, 잎 모양이 당근을 닮아 '당근냉이'라고도 하며, 잎 모양이 뿌옇고 쑥을 닮아 붙인 이름이라고 한다. » 58

전동싸리 콩과 (여름)

줄기는 곧게 서며, 향기가 난다. 긴 잎자루에 작은 잎 3장이 모여 달리고, 어긋나기 한다. 잎 가장자리에 톱니가 있다. 7~8월에 가지 끝이나 잎겨드랑이에서 난 꽃대에 노란색 꽃 30~40송이가 아래를 향해 핀다. 비슷한 종으로는 중앙아시아 원산인 귀화식물로 꽃이 흰색인 '흰전동싸리'가 있다. » 153

점나도나물 석죽과 (봄)

가지가 많이 갈라진 줄기는 비스듬히 자라며 자주색을 띤다. 잎은 달걀 모양이며 마주나기 한다. 5~7월에 긴 꽃대에 흰색 꽃이 모여 피고, 꽃잎과 꽃받침의 길이가 거의 비슷하다. 잎과 줄기에 잔털이 있다. 점처럼 크기가 작지만 나물로 먹을 수 있다는 뜻에서 붙인 이름이라고 한다. '유럽점나도나물'은 꽃자루가 짧아 꽃이 뭉쳐난 것처럼 보인다. » 73

접시꽃 아욱과 (여름)

줄기는 곧게 서고, 가지가 갈라지지 않으며 털이 많다. 잎은 어긋나기 하며, 6월에 줄기와 잎겨드랑이에서 붉은색, 진한 붉은색, 흰색, 분홍색 꽃이 핀다. 꽃잎이 겹꽃인 품종도 있다. 꽃 또는 열매가 접시를 닮아 붙인 이름이다. » 108

젓가락나물 미나리아재비과 (봄)

줄기는 곧게 서고 가지가 갈라진다. 뿌리잎은 3갈래로 깊이 갈라진다. 잎자루가 길며, 위로 갈수록 잎자루가 짧고 크기도 작다. 6월에 줄기나 가지 끝에서 노란색 꽃이 피며 열매는 타원형이다. 독이 있지만 햇볕에 말려 약으로 쓴다. 줄기에서 가지가 갈라진 모습에 빗대어 붙인 이름이라고 한다. » 51

제라늄 쥐손이풀과 (여름)

줄기 밑부분은 나무질이며, 전체에 붉은색 샘털이 있다. 잎자루가 길며, 잎은 심장 모양이다. 잎 가장자리는 5~7갈래로 얕게 갈라져 물결 모양이며, 둔한 톱니가 있다. 봄에서 여름에 긴 꽃대가 나와 꽃 5~30송이가 우산 모양으로 모여 핀다. 꽃 색이 품종에 따라 다양하다. 잎을 건드리면 독특한 냄새가 난다. » 111

제비꽃 제비꽃과 (봄)

뿌리에서 뭉쳐나는 잎은 창끝 모양 또는 세모진 창끝 모양이며, 잎자루에 날개가 있다. 4~5월에 가늘고 긴 꽃대 끝에서 보라색 또는 짙은 보라색 꽃이 한쪽을 향해 핀다. 철새인 제비가 우리나라에 날아올 무렵 꽃이 피어 붙인 이름이라고 하며, 꽃 뒤로 튀어나온 꿀주머니가 오랑캐의 머리 모양을 닮아 '오랑캐꽃'이라고도 한다. » 29

제비쑥 국화과 (여름)

줄기는 곧게 서거나 비스듬히 자라며, 여러 대가 모여 난다. 잎은 어긋나기 하고, 7~9월에 줄기 끝에서 노란빛이 도는 녹색 꽃이 모여 핀다. '져비쑥→졉의쑥→졔비쑥'에서 변한 이름이다. 어린순을 나물로 먹는다. » 219

조개나물 꿀풀과 (봄)

곧게 선 줄기에 길고 하얀 털이 빽빽하게 난다. 뿌리잎은 창끝 모양이고, 줄기잎은 긴 달걀 모양이며 마주나기 한다. 5~6월에 잎겨드랑이에서 입술 모양의 보라색 꽃이 층층으로 돌려가며 핀다. 꽃부리와 안쪽에 하얀 털이 있다. '자그맣다'의 사투리 '쪼깨만하다'에서 비롯된, '질이 떨어지는 조각 나물'이라는 뜻에서 붙인 이름이라고 한다. » 38

조개풀 벼과 (여름)

줄기는 마디에서 뿌리를 내어 기면서 자라고, 마디에서 나온 가지는 곧게 선다. 9~10월에 달리는 작은 꽃이삭에 뻣뻣하고 억센 털이 있다. 줄기를 감싸는 잎집과 잎 뒷면 가장자리에 거친 털이 나 있다. » 227

조뱅이 국화과 (여름)
줄기는 곧게 서고 자줏빛을 띠며, 거미줄 같은 털이 있거나 없다. 뿌리잎은 꽃이 필 때 시들고, 줄기잎은 어긋나기 하며 가장자리에 작은 가시가 있다. 암수딴그루이며, 5~8월에 가지 끝과 줄기 끝에서 하얀 털로 덮인 자주색과 분홍색 꽃이 핀다. 흰 꽃이 피는 '흰조뱅이'도 있다. '작은 가시가 있는 엉거시(엉엉퀴)'라는 '조방가시'가 변한 순우리말 이름이다. » 132

족도리풀 쥐방울덩굴과 (봄)
뜰이나 꽃밭, 공원에 심기도 한다. 땅속줄기의 마디에서 긴 잎자루가 달린 심장 모양의 잎이 2장씩 나온다. 4월에 항아리 모양의 진한 자주색 꽃이 바닥에 거의 붙어서 옆을 보고 핀다. 꽃 모양이 옛날 아가씨들이 시집갈 때 머리에 쓰던 족두리(옛말은 '족도리')를 닮아서 붙인 이름이다. 비슷한 종으로 잎이 두껍고 흰색 무늬가 있는 '**개족도리풀**'이 있다. » 20

졸방제비꽃 제비꽃과 (봄)
줄기는 곧게 서고 여러 대가 뭉쳐난다. 잎은 심장 모양이며 끝이 뾰족하다. 4~6월에 잎겨드랑이에서 자라는 긴 꽃자루 끝에 연한 보라색 꽃이 옆을 향해 핀다. 꽃잎 안쪽에 자주색 줄무늬가 있다. 어린잎과 줄기는 나물로 먹어 '졸방나물'이라고도 한다. 이름의 유래는 알려지지 않았다. » 79

좀가지풀 앵초과 (봄)
줄기는 땅에 붙어 옆으로 뻗으며, 5~6월에 노란색 꽃이 핀다. 열매가 가지 모양을 닮고, 크기가 작아 붙인 이름이다. » 64

좀씀바귀 국화과 (봄)
줄기가 옆으로 뻗으면서 자라며, 잎은 작고 둥근 모양이다. 5~6월에 뿌리에서 자란 꽃줄기에 노란색 꽃이 1~3송이 핀다. 보통 씀바귀 종류보다 크기가 작

아 붙인 이름이다. » 68

좁쌀풀 앵초과 (여름)
줄기는 곧게 서고, 윗부분에서 가지가 갈라진다. 잎은 창끝 모양이며, 마주나기 하거나 3~4장씩 돌려나기도 한다. 뒷면 밑부분에 잔 샘털이 있다. 6~8월에 줄기 끝에서 노란색 꽃이 원뿔 모양으로 모여 핀다. 꽃이 피기 전 꽃봉오리가 좁쌀처럼 생긴 모습에서 붙인 이름이라고 한다. » 157

종려방동사니 사초과 (여름)
줄기는 곧게 자라며, 여러 대가 모여 난다. 잎은 줄기 끝에서 우산살 모양으로 펼쳐져 난다. 3~4센티미터의 꽃대가 사방으로 뻗어 누런빛을 띤 녹색 꽃이 층층이 돌려가며 핀다. 잎이 종려나무를 닮아 붙인 이름이라 한다. » 232

종지나물 제비꽃과 (봄)
관상용으로 심었지만, 야생에 퍼져 저절로 자라기도 한다. 뿌리에서 뭉쳐난 잎은 심장 모양이다. 4~5월에 보라색, 흰색, 노란빛을 띤 녹색 꽃이 핀다. 어린잎이 종지(간장·고추장 따위를 담는 작은 그릇) 모양을 닮아 붙인 이름으로, 우리나라가 해방을 맞이한 이후 미국에서 건너와 '미국제비꽃'이라고도 한다. » 33

주름잎 현삼과 (봄)
줄기는 곧게 서거나 옆으로 비스듬하게 자란다. 잎은 주걱 모양이며, 잎 가장자리에 물결 모양의 주름이 있다. 마주나기 하며 줄기 위쪽에서는 어긋나기 한다. 5~8월에 연한 분홍색 꽃이 줄기 끝에서 피고, 아랫입술 꽃잎 가운데에 노란색 줄무늬가 있다. 잎 가장자리가 쭈글쭈글하게 주름이 잡힌 모양에서 붙인 이름이다. 줄기는 곧게 서고 밑부분에서 가지가 뻗지 않아 누운주름잎과 구별된다. '**누운주름잎**'은 기는줄기를 사방으로 뻗으면서 자란다. » 43

주름조개풀 벼과 (여름)
줄기는 기다가 마디에서 뿌리를 내리면서 곧게 서거나 비스듬히 자란다. 8~10월에 녹색의 작은 꽃이삭이 피며, 잘 달라붙는 긴 까끄라기가 있다. 열매가 익으면 끈적거리는 물질을 분비하여 사람이나 동물의 몸에 잘 붙는다. 잎에 주름이 있는 조개풀이라는 뜻에서 붙인 이름이다. » 227

주홍서나물 국화과 (여름)
줄기는 곧게 서며 가늘다. 잎은 긴 타원형에 아래쪽이 깊게 갈라지며, 어긋나기 한다. 7~9월에 꽃갓 끝이 주홍색인 머리 모양의 꽃이 아래를 향해 핀다. 어린잎을 나물로 먹고, 향기가 난다. 씨앗에 솜털 같은 흰 갓털이 있어 바람에 날린다. '주홍빛이 도는 서나물'이라는 뜻에서 붙인 이름이다. » 127

줄 벼과 (여름)
줄기는 모여 나며, 잎은 줄 모양에 날카롭다. 7~10월에 꽃이 피고 윗부분에 긴 까끄라기가 달린 암꽃이삭, 아랫부분에 수꽃이삭이 달린다. 줄이란 '노', '새끼' 따위처럼 무엇을 묶거나 동여매는 데에 쓰이는 가늘고 긴 물건을 통틀어 이르는 말로, 옛날에는 줄의 줄기와 잎을 이용하여 방석이나 멍석을 만들었다. '줄풀'이라고도 한다. » 224

중대가리풀 국화과 (여름)
줄기는 땅에 기면서 뿌리를 내린다. 잎은 주걱 모양이며 어긋나기 한다. 7~8월에 잎겨드랑이에서 머리 모양의 녹색 꽃이 한 송이씩 핀다. 열매 모양을 스님 머리에 빗대어 붙인 이름이라고 한다. » 217

쥐꼬리망초 쥐꼬리망초과 (여름)
전체에 짧은 털이 난다. 줄기는 가지가 많이 갈라지고 네모지며 마디가 굵다. 긴 타원형 잎은 끝이 뾰족하고, 마주나기 한다. 7~9월에 줄기나 가지 끝의 꽃차례 하나에 연한 자줏빛을 띤 붉은색 꽃이 한쪽 방향으로 한두 송이씩 순서대로 핀다. 꽃차례의 모양이 쥐꼬리를 닮아 붙인 이름이라고 한다. » 126

쥐방울덩굴 쥐방울덩굴과 (여름)
줄기는 가늘고, 다른 물체를 타고 올라가며 덩굴로 자란다. 잎은 심장 모양이며 어긋나기 한다. 7~8월에 잎겨드랑이에서 연한 녹색 꽃이 핀다. 색소폰처럼 생긴 통꽃 밑부분은 둥근 모양으로 커지고, 윗부분은 좁아졌다가 벌어져 한쪽이 길게 뾰족해진다. 열매는 둥글고, 익으면 6조각으로 갈라지면서 가는 실에 거꾸로 매달린 낙하산 모양이다. 씨앗에 넓은 날개가 있어 바람에 날아간다. 열매가 작은 방울(쥐)처럼 생겼고 덩굴로 자라 붙인 이름이다. 익은 열매의 생김새에 빗대어 '까마귀오줌통', '쥐방울'이라고도 한다. » 203

쥐손이풀 쥐손이풀과 (여름)
줄기는 비스듬하게 옆으로 뻗는다. 잎은 손바닥 모양으로 3~5갈래 갈라지고, 마주나기 한다. 줄기나 가지 윗부분 잎겨드랑이에서 꽃자루가 나와 6~8월에 분홍색이나 흰색 꽃이 한 송이씩 핀다. 줄기 밑부분에서는 꽃자루가 두 갈래로 갈라져 각각 한 송이씩 피기도 한다. 열매가 익으면 껍질이 다섯 갈래로 갈라져 말려 올라가고 씨앗은 튕겨 나간다. 한자 이름 '서장초'에서 검게 익은 열매를 쥐(서)의 손바닥(장) 모양에 빗대어 붙인 이름이다. » 110

쥐오줌풀 마타리과 (봄)
줄기는 곧게 서며, 마디에 하얀 털이 난다. 뿌리잎은 꽃이 필 때가 되면 시든다. 줄기잎은 5~7갈래로 갈라지며 마주나기 한다. 가장자리에 둔한 톱니가 있다. 5~8월에 연한 분홍색 꽃이 줄기 끝에서 둥글게 모여 핀다. 뿌리에서 쥐 오줌 냄새가 난다 하여 붙인 이름이다. » 44

지느러미엉겅퀴 국화과 (여름)

곧게 선 각진 줄기에 날개가 달리고, 가장자리에 가시가 있다. 톱니가 불규칙하고, 모양이 긴 타원형 잎 끝에 날카로운 가시가 있다. 어긋나기 한다. 6~8월에 가지 끝에서 붉은빛을 띤 자주색 꽃이 핀다. 흰 꽃이 피는 '흰지느러미엉겅퀴'도 있다. 줄기에 지느러미 같은 날개가 있어 붙인 이름이다. » 131

지면패랭이 꽃고비과 (봄)

줄기에서 가지가 많이 갈라져 잔디처럼 땅을 덮는다. 잎자루가 없고, 잎은 마주나기 한다. 4월에 흰색, 분홍색, 연한 분홍색, 붉은색, 자주빛을 띤 붉은색 꽃이 핀다. 멀리서 보면 잔디처럼 보이지만 예쁜 꽃이 피어 '꽃잔디'라고 하며, 패랭이꽃과 비슷한 꽃이 지면(땅)에 퍼지는 모습에서 붙인 이름이다. » 49

지칭개 국화과 (봄)

줄기는 곧게 선다. 뿌리잎은 방석 모양으로 펼쳐져 겨울을 나고 꽃이 필 무렵에 시든다. 줄기잎은 긴 타원 모양으로 깊이 갈라지고, 어긋나기 한다. 잎 뒷면에 솜털이 빽빽하여 흰색으로 보이며 특이한 냄새가 난다. 5~7월에 줄기 끝에서 엉겅퀴를 닮은 분홍색 꽃이 둥글게 모여 위를 향해 피는데 통꽃이다. 갓털이 달린 씨앗은 바람에 날려 멀리까지 이동한다. 원래 이름의 뜻은 확실하지 않지만, '즈츰개'라는 이름이 변한 것이라고 한다. » 44

진득찰 국화과 (여름)

줄기는 갈색을 띤 자주색이며, 곧게 선다. 잎에 불규칙한 톱니가 있고 달걀 모양의 삼각형이며, 마주나기 한다. 잎과 줄기에 잔털이 있다. 8~9월에 가지 끝에서 노란색 꽃이 핀다. 열매는 끈적끈적해서 다른 물체에 잘 달라붙는다. 이런 특성에서 붙인 이름이라고 한다. 비슷한 종으로는 줄기에 하얀 털이 빽빽하고, 꽃대에 샘털이 있는 '털진득찰'이 있다. » 161

질경이 질경이과 (여름)

뿌리에서 많은 잎이 모여 나와 방석처럼 퍼진다. 잎자루가 길고, 잎이 둥글다. 잎맥이 나란하며 가장자리가 물결 모양이다. 6~8월에 잎 사이에서 꽃대가 나와 작은 꽃이 이삭 모양으로 빽빽하게 모여 핀다. 열매가 익으면 검은색 씨앗 6~8개가 튕겨져 나오며, 물이 닿으면 끈적끈적하게 변한다. 길에서 자라는 나물이라는 뜻에서 붙인 '길경이'가 변한 이름이다. 길에서 밟혀 살아도 꿋꿋하게 버텨 나가는 모습에서 순우리말로 '배짱이'라고도 한다. 유럽 원산의 귀화식물인 '창질경이'는 잎 모양이 창을 닮았다. » 188

질경이택사 택사과 (여름)

뜰이나 꽃밭, 공원의 습지에 심기도 한다. 뿌리줄기에서 넓고 둥글거나 타원형의 잎이 모여 난다. 끝이 뾰족하고 가장자리가 밋밋하다. 잎자루가 길고, 잎에 세로 맥이 5~7줄 있다. 7~8월에 잎 사이에서 꽃대가 돌려나기 하면서 흰색 꽃들이 우산살 모양으로 모여 핀다. 잎이 질경이를 닮았고 꽃은 택사를 닮아 붙인 이름이다. » 199

짚신나물 장미과 (여름)

줄기는 곧게 선다. 전체에 긴 털이 나고, 가지가 갈라진다. 작은 잎 5~7장이 깃 모양으로 모여 달리고, 어긋나기 한다. 6~8월에 노란색 꽃이 핀다. 열매가 들어 있는 꽃받침에 갈고리 모양의 가시털이 있어 동물의 털이나 옷에 잘 붙는다. 열매가 짚신에 잘 달라붙고 어린순을 나물로 먹어 붙인 이름이라고 한다. » 150

차풀 콩과 (여름)

줄기는 곧게 서거나 비스듬하게 자라며, 붉은빛이 돈

다. 작은 잎 15~35쌍이 깃 모양으로 달리고, 어긋나기 한다. 7~8월에 잎겨드랑이에서 노란색 꽃이 한 송이씩 핀다. 줄기처럼 털이 있는 열매는 납작하고 길며, 약간 네모져 있다. 자귀풀과 비슷하지만, 크기가 작고 꽃송이 수가 다르다. 또 꽃이 나비 모양이 아니며, 열매에 마디가 없이 편평하다. 잎과 줄기를 말려 차로 끓여 마셔서 붙인 이름이라 한다. » 151

참나리 백합과 〔여름〕

뜰이나 꽃밭, 공원에 심기도 한다. 줄기는 곧게 서고 붉은 갈색을 띤다. 잎은 창끝 모양으로 가늘고 끝이 뾰족하며, 어긋나기 한다. 잎겨드랑이에 검은빛을 띤 갈색 살눈이 달리는데, 땅 위에 떨어지면 뿌리를 내리고 싹이 튼다. 7~8월에 줄기 끝과 가지 끝에서 4~20송이 꽃이 아래를 향해 핀다. 노란빛을 띤 붉은색 바탕에 검은빛을 띤 자주색 반점이 퍼져 있고, 꽃잎이 뒤로 말린다. 어린잎과 비늘줄기는 먹거나 약으로 쓰이며, '진짜로 좋은 나리'라는 뜻과 함께 꽃이 크고 아름다워 붙인 이름이라 한다. » 141

참취 국화과 〔여름〕

뜰이나 꽃밭에 심기도 한다. 줄기는 곧게 서고, 심장 모양의 뿌리잎은 꽃이 필 때쯤 시든다. 가장자리에 겹톱니가 있는 줄기잎은 어긋나기 한다. 8~10월에 가지 끝에서 흰색 꽃이 핀다. 맛과 향이 매우 좋고, 어느 곳에서나 볼 수 있는 '으뜸(참) 산나물(취)'이라는 뜻에서 붙인 이름이며, 봄의 어린잎을 '취나물'이라고도 한다. » 194

창포 천남성과 〔여름〕

칼 모양의 잎이 무더기로 나온다. 밑부분이 서로 얼싸안은 형태로 두 줄로 포개지고, 가운데 잎맥이 뚜렷하다. 5~6월에 꽃이 방망이 모양으로 핀다. 식물 전체에서 향기가 난다. 단오날(음력 5월 5일)에 뿌리와 잎을 우려낸 물로 머리를 감거나 뿌리를 깎아 머리에 꽂는 풍습이 있었다. » 221

채송화 쇠비름과 〔여름〕

줄기는 가지가 많이 갈라지며 붉은색이다. 잎은 어긋나고 물기가 많으며, 잎겨드랑이에 하얀 털이 모여난다. 7~10월에 가지 끝에서 붉은색, 흰색, 노란색, 진한 분홍색 꽃이 핀다. 줄기를 끊어 심어도 살아나는 생명력이 강한 식물이다. '자라는 것이 채소 같고, 잎이 솔잎처럼 가느다란 꽃'이라는 뜻이다. » 101

천남성 천남성과 〔봄〕

줄기는 곧게 서고, 때로는 자주색 반점이 있다. 잎 1장이 갈라져 작은 잎 3~5장 달리고, 가장자리에 톱니가 있다. 5~7월에 꽃이 피며 긴 꽃덮개 속에 둥근 막대 모양의 꽃이삭이 들어 있다. 열매는 붉게 익어 옥수수처럼 달린다. 독이 있다. 뿌리의 성질이 매우 강해 하늘에서 가장 기운이 강한 남쪽 별에 빗대어 붙인 이름이라고 한다. » 88

천일홍 비름과 〔여름〕

줄기 전체에 잔털이 있고 곧게 선다. 잎은 마주나기 하고, 7~10월에 줄기와 가지 끝에서 꽃 여러 송이가 둥글게 모여 핀다. 수술이 합쳐져 통처럼 되어 꽃밥이 겉으로 드러나기도 한다. 붉은색, 분홍색, 흰색 꽃이 핀다. 꽃 색깔이 오랫동안 변하지 않는다 하여 붙인 이름이다. » 96

초롱꽃 초롱꽃과 〔여름〕

뜰이나 꽃밭, 공원에 심기도 한다. 줄기 전체에 털이 퍼져 있고, 땅 위로 기어서 뻗는다(기는줄기). 줄기 윗부분에서 가지를 치며 잔털이 있다. 뿌리잎은 잎자루가 길고, 줄기잎은 잎자루에 날개가 있거나 없다. 6~8월에 흰색이나 연한 노란색 바탕에 짙은 반점이 있는 통꽃이 아래를 향해 달린다. 꽃 모양이 밤에 길을 밝히는 초롱불과 비슷하게 생겨서 붙인 이름이다. » 190

취명아주 명아주과 (여름)

줄기는 비스듬히 서고 붉은빛이다. 잎은 넓은 창끝 모양이며, 가장자리에 물결 모양의 톱니가 있다. 끝이 뭉툭하며 어긋나기 한다. 7~8월에 잎겨드랑이나 가지 끝에서 노란빛이 도는 녹색 꽃이 원뿔 모양으로 모여 핀다. 명아주 종류 가운데 크기가 작고, 잎 뒷면에 있는 하얀색 가루 모양의 털이 마치 쥐색 같다고 하여 '쥐명아주'라고도 한다. » 206

칠면초 명아주과 (여름)

줄기는 곧게 서고, 윗부분에서 가지가 많이 나온다. 잎은 방망이처럼 통통하고, 단면이 둥근 모양에 가깝다. 처음에는 녹색이지만 붉은 자주색으로 변한다. 어긋나기 하며, 짠맛이 난다. 8~9월에 잎겨드랑이에서 피는 녹색 꽃이 차츰 자주색으로 변한다. '칠면조'의 얼굴처럼 붉은색으로 변하는 모습에서 붙인 이름이라 한다. » 207

칸나 홍초과 (여름)

줄기는 곧게 자라며 뿌리줄기가 있다. 잎은 넓은 타원형이고 곁맥(가운데 잎맥에서 좌우로 갈라져서 가장자리로 향하는 잎맥)이 나란하다. 7~10월에 줄기 끝에서 붉은색, 노란색, 흰색, 분홍색 꽃이 피며, 다양한 원예 품종이 있다. » 143

코스모스 국화과 (여름)

잎은 깃 모양으로 가늘게 갈라지며 마주나기 한다. 9~10월에 흰색, 분홍색, 연한 붉은색 꽃이 피며, 혀꽃잎(6~8장) 끝이 톱니처럼 갈라진다. 품종에 따라 꽃이 피는 시기와 크기가 다르다. 그리스어로 코스모스는 '질서 정연함' 또는 '장식'을 뜻한다. 우리말 이름은 가냘픈 줄기가 실바람에 살랑거리는 모양에서 '살살이꽃'이라고 한다. » 134

콜레우스 꿀풀과 (여름)

줄기는 네모지고, 가지가 많이 갈라진다. 둥글거나 긴 잎은 마주나기 하며, 가장자리가 깊이 파이고 주름이 있다. 잎 색깔이 화려하고 아름다워 온실이나 뜰에 심는다. 야생에서는 7~8월에, 온실에서는 겨울과 봄에 입술 모양의 꽃이 핀다. » 122

콩다닥냉이 십자화과 (봄)

줄기는 곧게 선다. 윗부분에서 가지를 많이 쳐서 빗자루 모양으로 자란다. 깃 모양의 뿌리잎은 방석 모양으로 겨울을 난다. 줄기잎은 거꾸로 세운 창끝 모양이고, 어긋나기 한다. 5~7월에 가지 끝과 줄기 끝에서 십자 모양의 작은 흰색 꽃이 모여 핀다. 열매가 달린 자루를 흔들면 '다닥다닥' 소리가 난다는 '다닥냉이'에 열매가 콩 같다고 하여 붙인 이름이다. » 75

콩제비꽃 제비꽃과 (봄)

줄기는 곧게 선다. 뿌리잎은 콩팥 모양이며, 줄기잎은 넓은 심장 모양이다. 4~5월에 흰색이나 연한 분홍색 꽃이 피며, 꽃잎 안쪽에 자주색 줄무늬가 있다. 크기가 작아 붙인 이름이다. » 32

큰개불알풀 현삼과 (봄)

줄기는 옆으로 자라거나 비스듬히 서서 자란다. 세모진 달걀 모양의 잎은 아래쪽은 마주나기 하고, 위쪽은 어긋나기 한다. 3~6월에 하늘색 꽃이 피며, 꽃잎에 줄무늬가 있다. 개불알풀보다 꽃의 크기가 커서 붙인 이름이다. '봄까치풀'이라고도 한다. » 42

큰금계국 국화과 (여름)

줄기는 여러 대가 나온다. 뿌리잎은 모여 나며, 줄

기잎은 마주나기 한다. 앞뒷면에 거친 털이 있다. 6~8월에 긴 꽃대 끝에서 노란색 꽃이 한 송이씩 핀다. 혀 꽃잎은 8장이며, 끝이 톱니처럼 갈라진다. 금빛 닭을 닮은 국화라는 뜻의 금계국보다 크다는 뜻에서 붙인 이름이다. 금계국의 관 모양의 꽃은 누런빛의 갈색 또는 짙은 갈색이지만, 이 풀의 관 모양의 꽃은 노란색이다. 또한 전체적으로 짧은 털이 있어 털이 없는 노랑코스모스와 구별된다. » 172

큰까치수염 앵초과 (여름)

줄기는 곧게 서고, 붉은색을 띤다. 잎은 어긋나기 한다. 6~7월에 한쪽으로 굽은 꽃대에서 흰색 꽃이 빽빽하게 핀다. 줄기와 잎에서 시고 떫은맛이 난다. '큰까치수영'이라고도 한다. 비슷한 종으로는 주로 저수지나 물가 주변의 축축한 곳에서 자라며, 큰까치수염보다 줄기와 잎에 털이 많고 잎이 좁은 '까치수염(까치수영)'이 있다. » 184

큰꿩의비름 돌나물과 (여름)

뜰이나 꽃밭, 공원에 심기도 한다. 식물 전체가 물기가 많은 다육질이며, 줄기는 흰빛이 돌고 곧게 선다. 잎자루가 없으며, 잎은 달걀 모양에 2장씩 마주나기도 하고 돌려나기도 한다. 8~9월에 줄기 끝에서 흰색 바탕에 분홍빛이 도는 별 모양의 꽃들이 둥글게 모여 핀다. 수술은 꽃잎보다 1.5배 정도 길어 꽃 밖으로 나온다. 이름의 뜻은 알 수 없지만, 비슷한 종인 '꿩의비름'보다 크기가 커서 붙인 이름이다. 꿩의비름 꽃은 흰색 또는 붉은빛이 도는 흰색으로 색깔이 연하고, 수술은 꽃잎과 길이가 비슷하다. » 101

큰도꼬마리 국화과 (여름)

줄기는 곧게 서고, 겉이 거칠며 반점이 있다. 잎은 넓은 달걀 모양이다. 3~5갈래로 얕게 갈라지고 어긋나기 한다. 8~9월에 가지나 줄기 끝 잎겨드랑이에서 연한 녹색 꽃이 원뿔 모양으로 모여 달린다. 암꽃은 아래, 수꽃은 위쪽에 달린다. 열매 전체에 갈고리 모양의 가시가 있어 동물의 털이나 사람들의 옷에 잘 달라붙는다. 열매 끝부분에 뿔처럼 생긴 돌기가 2개 있다. '도꼬마리'는 열매 겉에 털이 있어 윤기가 없다. 가시 길이도 짧고 수가 적으며 돌기도 작다. 갈고리 같은 가시가 몸에 잘 붙는다는 뜻의 옛말 '도고체이→됫귀마리'가 변화한 이름이라고 한다. » 215

큰방가지똥 국화과 (봄)

줄기는 곧게 선다. 뿌리잎은 깃 모양으로 갈라지며, 가장자리는 불규칙한 가시 모양의 톱니가 있다. 방석 모양으로 펼쳐져 겨울을 난다. 줄기잎은 달걀 모양으로 끝이 뾰족하고, 줄기를 반쯤 감싸며 어긋나기 한다. 줄기나 잎을 자르면 하얀 즙이 나온다. 5~9월에 줄기와 가지 끝에서 노란색 꽃이 피는데 남쪽에서는 일 년 내내 꽃이 피기도 한다. 방가지똥보다 크게 자라 붙인 이름이다. » 69

큰뱀무 장미과 (여름)

줄기는 곧게 서며, 뿌리잎은 모여나기 한다. 줄기잎은 잎자루가 짧고, 작은 잎 3~5장이 어긋나기 한다. 6~8월에 노란색 꽃이 핀다. 열매는 노란빛을 띤 갈색 털로 덮여 있고, 꼭대기에 갈고리 모양의 암술대가 남아 있다. 비슷한 종으로 울릉도와 제주도, 남부 지방에서 자라는 '뱀무'가 있다. 뱀무는 '뱀'과 '무'를 합친 말로, 뱀이 다닐 법한 습기가 있는 곳에서 자라고, 뿌리에서 나오는 잎이 무를 닮아 붙인 이름이다. '큰뱀무'는 뱀무보다 크다는 뜻이다. » 149

큰비짜루국화 국화과 (여름)

줄기는 가지가 많이 갈라진다. 잎은 긴 타원형이며, 어긋나기 한다. 8~10월에 흰색 꽃이 피고, 9~10월에 열매가 익는다. 비짜루(빗자루) 모양을 닮았고, 크기가 큰 것에 빗대어 붙인 이름이다. 비슷한 종으로 북아메리카 원산의 귀화식물 '비짜루국화'가 있다. 비짜루국화보다 흔하게 보인다. » 195

큰엉겅퀴 국화과 (여름)
줄기는 곧게 서고 윗부분에서 가지가 갈라진다. 거미줄 같은 털이 있다. 깃털처럼 갈라진 잎 끝에 날카로운 가시가 있으며, 어긋나기 한다. 7~10월에 가지 끝과 줄기 끝에서 붉은빛을 띤 자주색 꽃이 아래를 향해 핀다. 엉겅퀴에 비해 크기가 커서 붙인 이름이라고 한다. » 130

큰피막이 산형과 (여름)
줄기가 옆으로 기면서 마디에서 뿌리를 내리며 자란다. 잎은 둥글고, 가장자리가 얕게 7갈래 정도 갈라지고 톱니가 있다. 잎자루가 길다. 6~8월에 잎겨드랑이에서 길게 올라온 꽃대에 흰색 꽃이 모여 핀다. 피가 나올 때 잎을 찧어 붙이면 피가 멎어서 '피막이'라고 하며, '큰피막이'는 피막이보다 크기가 크다 하여 붙인 이름이다. 비슷한 종인 '**선피막이**'는 큰피막이보다 약간 작고, 잎과 마주나기 하는 꽃은 잎 위로 올라오지 않는다. » 213

타래붓꽃 붓꽃과 (봄)
가느다란 칼 모양의 잎은 붓꽃과 달리, 비틀리고 끝이 날카롭다. 5~6월에 길게 자란 꽃대 끝에서 연한 보라색 꽃이 2~4송이 핀다. 잎이 실타래처럼 꼬여서 붙인 이름이다. » 47

털머위 국화과 (여름)
뜰이나 꽃밭, 공원에 심기도 한다. 잎은 뿌리에서 모여나기 하며, 콩팥 모양에 두껍고 윤기가 난다. 잎자루가 길다. 9~10월에 긴 꽃대에서 노란색 꽃이 핀다. 검은빛을 띤 갈색 열매에 긴 털이 달려 있다. 식물 전체에 털이 많고 머위를 닮아 붙인 이름이다. » 163

털별꽃아재비 국화과 (여름)
비스듬히 자라는 줄기 전체에 거친 털이 빽빽하게 난다. 달걀 모양으로 끝이 뾰족한 잎은 마주나기 한다. 6~9월에 줄기와 가지 끝에서 흰색 꽃이 피며, 꽃 아래에 붙은 꽃싸개에 끈적거리는 털이 있다. 꽃 가운데는 노란색 통꽃이, 바깥쪽에는 흰색 혀 꽃잎이 돌려난다. 비슷한 종으로는 식물 전체에 털이 적고 혀 꽃잎이 작은 '**별꽃아재비**'가 있다. » 193

털여뀌 마디풀과 (여름)
줄기는 굵고 털이 빽빽하다. 잎자루가 길고, 잎은 달걀 모양에 어긋나기 한다. 7~8월에 진한 분홍색 꽃이 이삭 모양으로 처지면서 핀다. 우리나라에서 자라는 여뀌류 중 가장 크고 모양이 뚜렷하여 다른 종류와 구별하기 쉽다. 털이 많아 붙인 이름이다. » 95

털중나리 백합과 (여름)
땅속의 비늘줄기는 달걀 모양이다. 잎은 줄 모양에 어긋나기 하며, 앞뒷면에 잔털이 빽빽하게 난다. 6~8월에 줄기 끝과 가지 끝에서 꽃 한 송이가 아래를 향해 핀다. 노란빛을 띤 붉은색 바탕에 자주색 반점이 있고, 꽃잎이 뒤로 말린다. 식물체에 털이 많은 중나리라 하여 붙인 이름이다. » 142

토끼풀 콩과 (봄)
줄기는 땅바닥을 기면서 자란다. 잎자루에 잎 3장이 모여 달리며 어긋나기 한다. 6~7월에 잎겨드랑이에서 꽃대가 나와 흰색 꽃이 머리 모양으로 둥글게 모여 핀다. 가축 먹이로 쓰려고 들어온 식물로, 토끼가 잘 먹는 풀이라는 뜻에서 붙인 이름이다. 영어 이름은 '(화이트) 클로버'이다. » 78

토레니아 현삼과 (여름)
줄기는 여러 갈래로 가지가 갈라진다. 잎자루가 없고, 잎은 마주나기 한다. 6~10월에 입술 모양으로 붉은색, 푸른빛을 띤 보라색, 보라색, 흰색 꽃이 핀다. 아랫입술 꽃잎 밑동에 노란색 무늬가 있다. » 125

톱풀 국화과 (여름)
줄기는 곧게 서고, 한곳에서 여러 대가 자란다. 잎은 약간 넓은 줄 모양이다. 가장자리가 깊게 갈라지고, 어긋나기 한다. 7~10월에 줄기 끝과 가지 끝에서 자잘한 흰색 꽃이 모여 핀다. 잎 모양이 톱을 닮아 붙인 이름이다. » 197

통발 통발과 (여름)
뿌리가 없이 물에 떠다닌다. 줄기 끝에서 겨울 싹을 내어 물속으로 가라앉아 겨울을 난다. 잎은 깃 모양으로 실같이 갈라져 어긋나기 하며, 일부는 벌레잡이 주머니가 되어 작은 벌레를 잡는다. 8~9월에 꽃대가 물 밖으로 나와 입술 모양의 노란색 꽃이 핀다. 벌레잡이 주머니가 물고기를 잡는 도구 통발과 비슷하다는 뜻에서 붙인 이름이다. » 159

투구꽃 미나리아재비과 (여름)
줄기는 곧게 선다. 잎은 끝이 3~5갈래로 깊이 갈라지며, 어긋나기 한다. 9월에 고깔 모양의 보라색 꽃이 모여 핀다. 꽃받침 5장이 꽃잎처럼 보이며, 겉에 털이 있다. 꽃잎 2장은 위쪽 꽃받침 속에 들어 있다. 땅속 덩이뿌리는 '초오'라고 하며 독이 있다. 꽃의 모양에서 따와 붙인 이름이다. » 100

통통마디 명아주과 (여름)
줄기는 곧게 서고, 가지가 1~2회 갈라져 마주난다. 퇴화한 잎이 작은 비늘조각으로 변하여 마디 위쪽에서 마주나기 한다. 가을에 붉은색으로 변하며, 짠맛이 난다. 8~9월에 가지 윗부분의 마디 사이에서 녹색 꽃이 3송이씩 달린다. 마디가 튀어나와 붙인 이름이다. » 208

ㅍ

파대가리 사초과 (여름)
줄기는 곧게 서고, 뿌리줄기가 뻗으면서 마디에서 뿌리가 생긴다. 7~10월에 줄기 끝에서 둥근 꽃이삭이 달린다. 줄기 끝에서 둥글게 모여 달리는 꽃이삭이 파꽃을 닮아 붙인 이름이다. » 231

파리풀 파리풀과 (여름)
줄기는 네모지고 곧게 서며, 마디 윗부분이 도드라지게 굵다. 잎은 세모진 달걀 모양이며, 마주나기 한다. 7~9월에 연한 자주색 꽃이 이삭 모양으로 옆을 향해 핀다. 뿌리를 찧어 얻은 즙으로 파리를 잡아 붙인 이름이다. » 123

파피루스 사초과 (여름)
세모진 줄기는 곧게 서며, 여러 대가 모여난다. 잎은 줄기 끝에서 우산살 모양으로 모여 난다. 고대 나일 강 하류에서 종이 원료로 이용하였다. 종려방동사니보다 줄기가 더 굵으며, 잎도 많이 나오고 키도 좀 더 크게 자란다. » 231

패랭이꽃 석죽과 (여름)
줄기는 가늘고 곧게 서며, 마디가 볼록하고 흰색이 돈다. 잎은 줄 모양이며 마주나기 한다. 6~8월에 진한 분홍색 꽃이 한 송이씩 달린다. 꽃잎은 얕은 톱니 모양으로, 꽃을 뒤집은 모양이 옛날 사람들이 쓰던 패랭이(대를 얇게 저며 만든 갓)를 닮아 붙인 이름이다. 돌에서 피어난 대나무와 비슷하다고 하여 '석죽화'라고도 한다. 꽃잎이 술(여러 가닥의 실)처럼 깊게 갈라진 **'술패랭이꽃'**도 있다. » 97

팬지 제비꽃과 (봄)

잎은 긴 달걀 모양이며 끝이 뭉툭하다. 품종에 따라 다르지만, 섭씨 영하 5도까지도 견뎌내 이른 봄에 꽃밭을 꾸미는 꽃이다. 보라색, 노란색, 붉은 자주색, 흰색 꽃이 피며, 대부분 두 가지 색이 섞여서 핀다. 고개를 떨군 꽃 모양이 마치 생각하는 사람 같다고 하여 '생각'을 뜻하는 프랑스어에서 따온 이름이다. 팬지보다 꽃 크기가 작은 유럽 원산의 '**삼색제비꽃**'은 4~5월에 자주색, 흰색 노란색 꽃이 핀다. » 63

페튜니아 가지과 (봄)

줄기와 잎에 샘털이 빽빽하게 나 있어 끈적거리고 독특한 냄새가 난다. 꽃은 씨앗을 뿌리는 시기에 따라 다른데, 4~5월에 꽃을 피우려면 앞선 해 10월에 씨앗을 뿌려야 한다. 꽃 크기와 색깔이 다양하다. 팬지와 함께 꽃밭이나 길가 장식으로 많이 심는다. » 41

풀협죽도 꽃고비과 (여름)

줄기는 곧게 서고, 잎은 마주나기 또는 3장씩 돌려나기 한다. 잎자루가 짧고, 윗부분은 잎자루가 없어 줄기를 감싸는 듯하다. 여름에 줄기 끝에서 분홍색, 진한 분홍색 또는 흰색 꽃이 모여 핀다. » 116

풍선덩굴 무환자나무과 (여름)

줄기는 가늘고, 덩굴손으로 다른 물체에 기어 올라가며 자란다. 잎은 어긋나기 하며, 끝이 뾰족하고 가장자리에 뾰족한 톱니가 있다. 8~9월에 잎겨드랑이에서 꽃대가 나와 흰색 꽃이 핀다. 열매 속의 검은색 씨앗에 심장 모양의 흰색 무늬가 있다. 열매가 풍선처럼 생겨서 붙인 이름이다. » 180

풍접초 풍접초과 (여름)

꽃밭에 심어 기른다. 줄기는 곧게 서고 전체에 샘털과 잔가시가 퍼져 있다. 잎은 어긋나기 한다. 8~9월에 분홍색, 흰색 꽃이 피며, 붉은빛을 띤 보라색 수술 4개가 꽃잎보다 2~3배 길다. 이 풀의 이름은 바람에 흔들리는 모습이 마치 나비 같다는 뜻이다. » 109

피나물 양귀비과 (봄)

줄기는 곧게 선다. 뿌리잎은 작은 잎 5~7장, 줄기잎은 작은 잎 3~5장이 깃 모양으로 모여 달리고, 어긋나기 한다. 4~5월에 잎겨드랑이에서 선명한 노란색 꽃이 1~3송이 핀다. 잎이나 줄기를 자르면 나오는 노란빛을 띤 붉은색 즙이 마치 피를 닮았다고 하여 붙인 이름이다. 독이 있다. 비슷한 종인 '**매미꽃**'은 땅에서 올라오는 꽃줄기에서 꽃이 1~10송이 핀다. » 53

ㅎ

하늘말나리 백합과 (여름)

땅속의 비늘줄기는 둥근 모양이다. 잎은 줄기 가운데에 돌려나는 잎과, 줄기에서 어긋나는 작은 잎이 있다. 7~8월에 줄기 끝과 그 옆 가지에서 1~3송이 꽃이 위를 향해 핀다. 노란빛을 띤 붉은색 바탕에 자주색 반점이 있고, 꽃잎이 갈고리 모양으로 약간 뒤로 젖혀진다. 말나리와 비슷하지만, 꽃이 하늘을 향해 피어나 붙인 이름이라 한다. » 141

하늘타리 박과 (여름)

줄기는 덩굴로 자란다. 잎은 손바닥 모양으로 5~7갈래 갈라지고, 어긋나기 한다. 7~8월에 잎겨드랑이에서 위를 향해 흰색 꽃이 피며, 꽃잎 가장자리가 실처럼 잘게 갈라진다. 꽃은 저녁에 피었다가 다음날 아침에 오므린다. 열매는 둥글고 주홍색으로 익는다. '하늘'과 열매가 '다래'를 닮아 붙인 이름이라고 한다. '하늘수박'이라고도 한다. 비슷한 종으로는 잎이 3~5갈래로 얕게 갈라지고, 열매가 타원형인 '**노랑하늘타리**'가 있다. » 190

한련 한련과 (여름)
줄기는 물기가 있는 다육질이며 덩굴성이다. 잎은 연꽃의 잎을 닮았고, 6월에 잎겨드랑이에서 긴 꽃대가 나와 그 끝에 꽃이 달린다. 꽃받침과 꽃잎은 모두 노란색이거나 붉은색이다. 후추 맛이 나는 잎은 먹기도 하고 약으로도 쓰인다. 거친 땅에서 자라고 연꽃의 잎을 닮았다 하여 붙인 이름이다. » 107

한련초 국화과 (여름)
줄기는 곧게 서고, 하얀 털이 있다. 잎은 창끝 모양이며 어긋나기 한다. 8~9월에 줄기나 가지 끝에서 흰색 꽃이 한 송이씩 위를 향해 핀다. 줄기를 자르면 공기의 산소와 결합하여 검은색으로 변한다. 씨방이 연꽃의 씨방을 닮아 붙인 이름이라고 한다. » 192

할미꽃 미나리아재비과 (봄)
줄기와 잎 전체에 하얀 털이 빽빽하며, 뿌리에서 나온 잎은 잎자루가 길어 줄기와 구별하기 어렵다. 잎 5장은 새의 깃 모양으로 여러 갈래로 깊이 갈라지고, 4월에 꽃대 끝에서 진한 자주색 꽃이 아래를 향해 핀다. 머리카락 모양의 열매는 위로 자라고, 익으면 흰색으로 변한다. 꽃이 아래를 향해 구부러지고 열매가 할머니의 하얀 머리카락을 닮아 붙인 이름이다. » 21

해국 국화과 (여름)
뜰이나 꽃밭, 공원에 심기도 한다. 줄기는 비스듬히 서며 밑에서 여러 갈래로 갈라진다. 잎은 어긋나기 하지만 모여나기 한 것처럼 보인다. 잎 양면에 털이 빽빽하게 나 있고, 겨울에도 녹색을 띤다. 7~11월에 가지 끝에서 연한 보라색 꽃이 핀다. '바닷가에서 자라는 국화'라는 뜻에서 붙인 이름이다. » 132

해바라기 국화과 (여름)
곧게 선 줄기에 털이 있다. 잎은 매우 크고 어긋나기 한다. 가장자리에 톱니가 있다. 8~9월에 줄기 끝에서 노란색 꽃이 옆을 향해 달린다. '해를 향해 피는 꽃'이라는 한자 이름에서 따왔다. 씨앗은 기름을 짜거나 볶아서 먹는다. » 171

해홍나물 명아주과 (여름)
줄기는 곧게 서고, 가지가 많이 갈라진다. 잎은 좁은 줄 모양이며 어긋나기 한다. 잎이 나문재보다는 짧고 칠면초보다는 길며, 짠맛이 난다. 가을에 통통해지고 붉은색으로 변한다. 7~8월에 잎겨드랑이에서 연둣빛이 도는 노란색 꽃이 3~5송이씩 모여 달린다. 바닷가에서 자라고 붉게 물드는 나물이라는 뜻에서 붙인 이름이다. » 208

현호색 현호색과 (봄)
땅속에 덩이줄기가 있으며, 모양이 다른 잎이 여러 장 모여 어긋나기 한다. 4월에 줄기 끝에서 좁고 긴 입술 모양의 연한 자주색이나 연한 보라색 꽃 5~10송이가 옆으로 핀다. 위로 뻗은 꽃뿔 끝이 살짝 아래로 굽어 있다. 예부터 덩이줄기를 약으로 사용했으며, '연호색'이라고도 한다. 이와 비슷한 '**들현호색**'은 꽃이 분홍색이고, 잎에 붉은색 줄무늬가 있다. » 25

호장근 마디풀과 (여름)
줄기는 곧게 또는 비스듬히 자라고, 속이 비어 있다. 어릴 때 붉은 자주색 반점이 생긴다. 잎은 넓은 달걀 모양에 끝이 뾰족하고, 어긋나기 한다. 6~8월에 잎겨드랑이에서 꽃잎은 없고 꽃받침이 5장인 작은 흰색 꽃이 이삭 모양으로 모여 핀다. 어릴 때 줄기 반점이 호랑이 가죽 같아서 붙인 이름이라고 한다. » 175

호제비꽃 제비꽃과 (봄)
잎은 뿌리에서 모여 나고, 세모진 창끝 모양이다. 3~5월에 보라색 꽃이 피는데 아래쪽 꽃잎은 흰색 바탕에 보라색 줄무늬가 있다. 잎자루에 날개가 없다. 중국의 제비꽃이라는 뜻에서 붙인 이름이다. » 29

환삼덩굴 삼과 (여름)
줄기는 네모지고, 줄기와 잎자루에 아래로 향한 가시가 있어 다른 물체를 걸고 덩굴로 자란다. 잎은 5~7갈래로 갈라지며, 마주나기 한다. 암수딴그루로 7~8월에 누런빛을 띤 녹색 꽃이 피는데 수꽃은 원뿔 모양, 암꽃은 이삭 모양으로 모여 핀다. 덩굴로 자라고 잎 모양이 삼잎을 닮아 붙인 이름이라고 한다. '한삼덩굴'이라고도 한다. » 202

황새냉이 십자화과 (봄)
줄기는 아래쪽에서 갈라진다. 작은 잎이 깃 모양으로 7~17장 모여 달린다. 맨 끝의 잎이 다른 잎보다 두 배 이상 크며 어긋나기 한다. 4~5월에 가지 끝과 줄기 끝에서 십자 모양의 흰색 꽃이 20여 송이 모여 핀다. 열매가 황새의 다리처럼 긴 모양에서 붙인 이름이라고 한다. » 76

흰여뀌 마디풀과 (여름)
줄기는 곧게 선다. 잎은 긴 창끝 모양이며 어긋나기 한다. 5~9월에 가지 끝과 윗부분의 잎겨드랑이에서 흰색 또는 연한 분홍색 꽃이 이삭 모양으로 모여 핀다. 여뀌류에 흰색 꽃이 피어 붙인 이름이다. » 175

흰젖제비꽃 제비꽃과 (봄)
뿌리에서 뭉쳐난 잎은 세모진 타원형이다. 잎자루에 날개가 없으며, 잎 밑부분이 귓불처럼 늘어진다. 4~5월에 흰색 꽃이 옆으로 핀다. 곁꽃잎 안쪽에 털이 있고, 아래 꽃잎에 보라색 줄무늬가 있다. 순백색 꽃잎의 생김새에 빗대어 붙인 이름이다. » 79

히아신스 백합과 (봄)
잎이 뿌리에서 4~5장 모여 난다. 꽃이 지고 나서 2~3개월 뒤에 알뿌리를 캐서 보관하였다가 가을에 심는다. 이듬해 3~4월에 흰색, 보라색, 분홍색 꽃이 옆을 향해서 깔때기 모양으로 핀다. 향기가 매우 좋다. 그리스 신화에서 태양의 신 아폴론이 아끼던 소년 '히아킨토스'에서 이름을 따왔다. » 46

논밭에 심어 기르는 농작물

가지 가지과
열대지방에서는 여러해살이풀이다. 줄기 전체에 회색 털이 별 모양으로 빽빽하게 난다. 잎은 달걀 모양의 타원형으로 끝이 뾰족하며, 어긋나기 한다. 5~6월에 마디 사이에서 자주색 꽃이 핀다. 열매는 종류에 따라 보라색, 흰색이 있다. 열매를 먹는다. 우리나라에서는 신라시대부터 재배하였다고 하며, '가자'라는 한자 이름에서 비롯되었다고 한다. » 244

감자 가지과
땅속줄기 끝이 덩이줄기로 자란다. 잎자루가 길고, 작은 잎 5~9장은 어긋나기 한다. 6월에 흰색이나 연한 자주색 꽃이 핀다. 덩이줄기를 먹는다. '북쪽에서 들여온 맛이 단 마'라는 뜻의 '북감저'라고 불렀다가 재배하는 곳이 늘어나고 맛도 좋아져 '감저→감자'로 바뀌었다고 한다. » 246

갓 십자화과
들로 퍼져 나가 저절로 자라기도 한다. 줄기는 곧게 서고, 위쪽에서 가지를 친다. 4~5월에 십자 모양의 노란색 꽃이 모여 핀다. 매운맛이 나며, 주로 김치를 담그거나 양념으로 쓴다. 매운맛을 가리키는 우리말 이름이라고 한다. » 235

강낭콩 콩과
줄기는 곧게 자라거나 덩굴로 자란다. 3장이 모여 달린 잎은 어긋나기 하고, 7~8월에 흰색이나 연한 노란색 꽃이 핀다. 씨앗은 품종에 따라 둥근 모양, 타원 모양 등 모양과 색이 다양하다. 중국의 남쪽지방에서 온 '강남콩(江南豆)'이 변한 이름이라 한다. » 238

결명자 콩과
줄기는 곧게 서며, 깃 모양으로 모여 달린 2~4쌍의 잎은 어긋나기 한다. 6~8월에 노란색 꽃이 핀다. 긴 꼬투리 속에 네모난 씨앗이 생기는데 이것을 '결명자'라고 한다. '결명차', '초결명'이라고도 한다. 씨앗을 약으로 쓴다. 이름은 눈을 밝게 해주는 씨앗(결명자)이라는 뜻에서 비롯되었다고 한다. » 241

고구마 메꽃과
땅을 기며 자라는 줄기에서 뿌리를 내린다. 심장 모양의 잎은 줄기에서 어긋나기 한다. 땅속줄기에서 나온 뿌리의 일부가 굵어져 덩이뿌리가 된다. 7~8월에 나팔꽃과 비슷한 연한 자주색 꽃이 드물게 핀다. 뿌리를 먹는다. 처음에는 '남쪽에서 자라는 맛이 단 마'라는 뜻으로 '남감저'라고 불렀지만, 일본 대마도에서 '효자마'라는 뜻으로 부르던 '고구마'로 부르게 되었다고 한다. » 244

고추 가지과
열대지방에서는 여러해살이풀이다. 줄기는 곧게 선다. 긴 타원형에 양끝이 좁은 잎은 어긋나기 한다. 여름에 잎겨드랑이에서 흰색 꽃이 한 송이씩 피며, 열매는 길고 붉은색으로 익는다. 관상용으로 심는 품종도 있다. 일본에서 들어온 매운맛의 풀이라는 뜻으로 '왜겨자'라고도 했으며, 매운맛의 풀이라는 뜻의 '고쵸→고초→고추'로 바뀌었다. » 245

기장 벼과
여름에 줄기 끝에서 긴 원기둥 모양으로 꽃이삭이 달린다. 조보다 크고 둥근 열매가 노랗게 익으면 줄기가 둥글게 휘어진다. 우리나라에서는 오래전부터 재배하였다고 하며, 중국에서 부르던 '치량'이란 이름이 변한 것이라고 한다. » 256

녹두 콩과
줄기는 곧게 선다. 잎 3장이 모여 달리며 어긋나기 한다. 여름에 나비 모양의 노란색 꽃이 핀다. 긴 꼬투리 열매를 맺으며 가을에 익는다. 씨앗을 먹으며 '안두', '길두'라고도 한다. 우리나라에서는 청동기시대부터 재배하였다고 하며, 빛깔이 고운 녹색의 콩이라 하여 붙인 이름이라고 한다. » 240

당근 산형과
뿌리잎은 잎자루가 길고, 잎은 깃 모양이다. 7~8월에 줄기 끝과 가지 끝에서 흰색 꽃이 둥글게 모여 핀다. 뿌리를 먹는다. 중국에서 들어온 뿌리채소라는 뜻이며, 붉은빛이 있는 중국 무라는 뜻의 '홍당무'라고도 한다. 옛날에는 중국에서 들어온 좋은 물건 앞에 '당(唐)'자를 주로 붙였다. » 242

들깨 꿀풀과
줄기는 네모지고 곧게 자라며 긴 털이 있다. 잎은 둥근 달걀 모양으로 끝이 뾰족하고, 마주나기 한다. 8~9월에 줄기 끝과 가지 끝에서 흰색 꽃이 모여 핀다. 열매는 꽃받침 안에 들어 있다. 씨앗은 기름으로, 잎은 쌈 등으로 먹는다. 식물 전체에서 강한 향이 난다. '**소엽**'은 전체적으로 보라색을 띠며, '차즈기'라고도 한다. » 243

딸기 장미과
전체에 꼬불꼬불한 털이 있다. 잎은 뿌리에서 나오며, 잎자루 하나에 작은 잎 3장이 모여 달린다. 5~6월에 꽃대 끝에서 흰색 꽃 5~15송이가 달린다. 꽃이 진 뒤에 기는줄기가 뻗으면서 꽃턱이 변한 열매가 달린다. 열매를 맺는 모습에서 '무더기'를 뜻하는 '떨기'가 변한 이름이라고 한다. » 252

땅콩 콩과

줄기는 밑부분에서 갈라져 옆으로 비스듬히 자라다가 사방으로 퍼진다. 전체에 털이 있다. 잎은 어긋나기 한다. 7~9월에 나비 모양의 노란색 꽃이 달리고, 수정이 되면 씨방 부분이 길게 자라 땅속으로 들어간다. 10월이면 가운데가 잘록하고 긴 타원 모양의 열매가 땅속에서 익는다. 이러한 특성에서 붙인 이름이다. » 239

마늘 백합과

비늘줄기는 원기둥 모양이며, 안쪽에 5~6개의 작은 비늘줄기가 있다. 끝이 뾰족한 줄 모양의 잎은 어긋나기 한다. 7월경에 꽃대가 올라와 자주색 꽃이 둥글게 모여 피고, 무성아(식물체의 일부가 본체에서 떨어져서 새로운 개체가 될 수 있는 세포)가 달리기도 한다. 가을에 심어 이듬해 여름에 수확한다. 양념으로 쓰이는 부분은 땅속 비늘줄기로, 냄새가 강하고 매운맛이 난다. 우리나라에서는 아주 오랜 옛날부터 재배해 왔으며, 옛말 '마날→마늘'로 바뀌었다. » 253

메밀 마디풀과

줄기는 곧게 서고 속이 비어 있으며, 가지가 갈라진다. 잎은 삼각 모양 또는 심장 모양이며 어긋나기 한다. 7~10월에 윗부분의 잎겨드랑이와 가지 끝에서 꽃대가 나와 흰색 꽃이 모여 핀다. 세모꼴의 열매는 갈색으로 익으며, 국수나 묵으로 해먹는다. 오래전부터 재배해 왔으며, 옛말 '모밣→모밀→메밀'로 바뀌었다. » 234

목화 아욱과

줄기는 곧게 선다. 잎자루가 길고, 잎은 3~5갈래로 갈라지며 어긋나기 한다. 8~10월에 연한 노란색이나 흰색 꽃이 피며, 꽃이 질 무렵에는 붉은색으로 변한다. 달걀 모양의 열매는 끝이 뾰족하고, 익으면 3갈래로 갈라져 하얀 솜털에 붙어 있는 씨앗이 드러난다. 씨앗은 기름을 짜고, 하얀 솜털로는 솜이나 섬유를 만든다. '면화', '초면'이라고도 한다. 하얀 솜털이 마치 나무에 꽃이 핀 것 같은 모습에서 붙인 이름이라고 한다. » 242

무 십자화과

둥근 기둥 모양으로 자라는 커다란 뿌리와 연한 잎을 김치로 담가 먹는다. 봄에 줄기 끝에서 십자 모양의 연한 자주색 꽃이 모여 핀다. 지역에 따라 '무시', '무수'라고도 하며, 삼국시대부터 재배하기 시작했다고 한다. 우리나라 채소 가운데 가장 재배 면적이 넓다. 옛말 '무수→무우→무'로 바뀌었다. » 236

밀 벼과

한 포기에서 여러 대가 나오는 줄기 속은 비어 있으며, 마디가 3~5개 있다. 10월에 심으며 이듬해 4~5월에 꽃이 피고 5~6월에 수확한다. 쌀과 함께 세계 2대 식량 작물이다. 삼국시대부터 재배하였다는 기록이 있으며, 옛말 '밣→밀'로 바뀌었다. » 256

박 박과

줄기 전체에 짧은 털이 있으며, 심장 모양의 잎은 얕게 갈라진다. 덩굴손과 잎이 마주나기 하고, 잎은 서로 어긋나기 한다. 6~7월에 잎겨드랑이에서 흰색 꽃이 피며, 저녁때 피었다가 다음날 아침에 시든다. 열매를 먹으며, 잘 익은 껍질은 바가지로 사용한다. 비슷한 종으로 열매가 작고 가운데가 잘록하여 술병같이 생긴 **조롱박**이 있다. 이름의 유래는 알 수 없으나 옛말을 그대로 쓰고 있다. » 249

배추 십자화과

뿌리에서 모여 나는 잎은 안으로 굽으며 포개져 둥근 포기를 이룬다. 봄에 줄기 끝에서 십자 모양의 노란색 꽃이 핀다. 무, 고추와 더불어 3대 채소이며, 김치로 담가 먹는다. 중국에서 들여온 백채(白菜, 발음은 배채)가 '배쵸→배초→배추'로 바뀌었다. » 235

벼 벼과

주요 식량 작물로 전 세계에서 널리 재배하고 있다. 모여 나는 줄기는 곧게 서고, 마디가 3~4개 있다. 7~9월에 줄기 끝에서 꽃이삭이 모여 피고, 열매가 달리면 아래로 처진다. 9~10월에 열매는 밥을 지어 먹고, 줄기는 가축의 먹이로 이용한다. 기원전에 중국을 거쳐 전해 온 것으로 추정되는 아주 오래된 곡식이며, 이름의 유래는 알 수 없지만, 옛말을 그대로 쓰고 있다. » 257

보리 벼과

한 포기에서 여러 대가 나오는 줄기 속은 비어 있으며, 마디가 3~5개 있다. 10월에 심으며 이듬해 4~5월에 꽃이 피고 5~6월에 수확한다. 옛날에 쌀이 부족할 때 중요한 식량 작물이었다. 밀보다 까끄라기가 길며, 열매가 약간 크고 도톰하다. 이름의 유래는 알 수 없으나 옛말을 그대로 쓰고 있다. » 257

부추 백합과

땅속의 비늘줄기에서 줄 모양으로 도톰한 잎이 무더기로 뭉쳐난다. 7~8월에 흰색 꽃이 우산 모양으로 둥글게 펼쳐져 핀다. 식물 전체에서 특이한 냄새가 난다. 비늘줄기는 약으로 쓰고, 연한 잎을 먹는다. 우리나라에는 삼국시대 때 들어왔다고 하지만, 기록에 나타난 것은 고려시대부터라고 한다. 옛말 '부초→부취'가 바뀐 이름이라고 하며, 지방에 따라 '솔', '정구지'라고도 한다. » 253

상추 국화과

줄기는 곧게 서며 가지가 많이 갈라진다. 뿌리잎은 타원형으로 자라고, 위로 갈수록 작아지면서 주름이 많다. 6~7월에 노란색 꽃이 핀다. 다양한 품종으로 재배되고 있다. 중국에서는 우리의 상추가 품질이 매우 좋아서 고려 사신이 가져 온 상추 씨앗은 천금을 주어야만 얻을 수 있다고 해서 '천금채'라 했다고 한다. 옛말 '생채→상치→상추'로 바뀌었으며, 한자 이름은 '와거'라고도 한다. **양상추**는 양배추처럼 둥글게 자라며, 주로 샐러드로 먹는다. » 251

수박 박과

줄기는 옆으로 뻗고 가지가 여러 갈래로 갈라진다. 깃 모양의 잎은 어긋나기 한다. 암수한그루로 5~6월에 노란색 암꽃과 수꽃이 핀다. 크고 둥근 열매에 진한 녹색 줄이 있다. 열매를 먹는다. 1510년경 기록의 '슈박'이 바뀐 이름이다. '서쪽에서 온 오이'라는 뜻에서 '서과', '수과'라고도 한다. » 247

수세미오이 박과

줄기는 각이 지고, 덩굴손으로 다른 물체를 감으면서 자란다. 잎은 여러 갈래로 갈라지고 어긋나기 한다. 암수한그루로 8~9월에 노란색 암꽃과 수꽃이 피며, 암꽃은 한 송이, 수꽃은 여러 송이가 모여 달린다. 열매는 원기둥 모양에 녹색이며 표면에 얕은 골이 세로로 있다. 설거지할 때 사용하는 수세미를 만드는 오이라는 뜻에서 붙인 이름이다. 어린 열매는 약으로 쓰인다. » 247

수수 벼과

줄기는 곧게 서고, 줄기와 잎은 녹색에서 붉은색으로 변한다. 7~9월에 꽃이 핀다. 열매가 익으면 겉으로 드러난다. 중국을 거쳐 들어와 오랜 옛날부터 재배해 왔으며, 중국 이름 '촉서(蜀黍, 발음은 슈슈)'를 따와 쓰다가 '수수'로 바뀌었다. » 258

시금치 명아주과

줄기는 곧게 자라고, 뿌리에서 잎이 여러 장 모여 난다. 줄기잎은 삼각 모양이며 어긋나기 한다. 5월에 줄기 윗부분에서 연한 노란색 꽃이 이삭 모양으로 다닥다닥 모여 핀다. 옛말 '시근칙→시근치→시금치'로 바뀌었다. '근치'란 시금치의 '붉은 뿌리'를 가리킨다. » 234

쑥갓 국화과

줄기는 곧게 서고, 향이 독특하다. 잎은 여러 갈래로 갈라지며 어긋나기 한다. 5월에 줄기 끝이나 가지 끝에서 노란색 또는 흰색 꽃이 한 송이씩 핀다. 쌈으로 먹거나 데쳐서 나물로 먹는다. 고려시대에 들어온 것으로 추측하며, '쑥을 닮은 갓'이라는 뜻에서 붙인 이름이라고 한다. » 250

아욱 아욱과

줄기는 곧게 선다. 둥근 잎은 5~7갈래로 갈라지며 어긋나기 한다. 봄부터 가을까지 잎겨드랑이에서 연한 분홍색 꽃이 모여 달린다. 어린순과 연한 잎을 먹는다. 우리나라에서는 채소로 심지만, 씨앗은 '동규자'라고 하여 약으로 쓰인다. 옛말 '아혹→아옥→아욱'으로 바뀌었다. » 241

양배추 십자화과

뿌리에서 모여 나는 잎은 두껍고 주름이 있어, 서로 겹쳐져 둥근 포기를 이룬다. 겨울을 넘기고 이듬해 5~6월에 잎 사이에서 긴 꽃대가 나와 십자 모양의 노란색 꽃이 핀다. 한국전쟁 이후에 본격적으로 재배하기 시작했다고 한다. '서양 배추'라는 뜻에서 붙인 이름이다. » 237

양파 백합과

속이 빈 잎은 파를 닮았으며 꽃이 필 무렵에 시든다. 가을에 긴 꽃대에서 흰색 꽃이 핀다. 식물 전체에서 강한 냄새가 난다. 주로 둥근 비늘줄기를 먹는다. 조선시대 말, 일본이나 미국에서 들여와 재배하기 시작했다고 한다. '옥파'라고도 한다. » 254

여주 박과

줄기는 가늘고 덩굴손을 만들어 다른 물체를 감으며 자란다. 5~7갈래로 갈라진 손바닥 모양의 잎은 어긋나기 한다. 7~8월에 암수한그루에서 노란색 꽃이 핀다. 열매는 타원형이며 혹 모양의 돌기가 겉에 빽빽하게 생긴다. 열매가 주홍색으로 익으면 갈라져서 씨앗이 나온다. 어린 열매를 먹는다. 옛말 '례지→여지→여주'로 바뀌었다고 한다. '고과', '금여지'라고도 한다. » 246

오이 박과

덩굴손으로 다른 물체를 감고 올라가며 자란다. 거칠거칠한 잎은 얕게 손바닥 모양으로 갈라지고, 어긋나기 한다. 암수한그루로 5~6월에 노란색 암꽃과 수꽃이 핀다. '노각'은 열매가 완전히 익어 색이 누렇게 된 늙은 오이를 말한다. 열매를 먹는다. 옛말 '외→오이'로 바뀌었다. » 248

옥수수 벼과

줄기는 곧게 선다. 줄기 아래쪽 마디에서 뿌리(지주뿌리)가 나와 땅속에 들어가 줄기를 더욱 튼튼히 해준다. 노란색 수꽃은 줄기 끝에서 피고, 붉은빛을 띤 갈색 암꽃은 이삭 끝에서 수염 모양으로 핀다. 열매를 먹는다. 알갱이가 '구슬(옥)' 같은 수수라는 뜻에서 붙인 이름이다. » 258

완두 콩과

잎은 어긋나기 하고, 끝이 덩굴손으로 변해 물체를 감으면서 타고 올라갈 수도 있다. 5월에 잎겨드랑이에서 꽃대가 나와 흰색 또는 자주색 꽃이 핀다. 열매는 콩과 비슷하지만 매끈하고 하얀 가루로 덮여 있다. 연한 녹색 씨앗이 5~6개 들어 있다. 옛말 '원두→완두'로 바뀌었다. » 239

우엉 국화과

뿌리는 길이 30~60센티미터로 뻗으며 살이 통통하다. 자줏빛을 띤 줄기는 곧게 서고 줄이 있으며, 가지를 많이 친다. 뿌리잎은 모여나기 하며, 앞면은 짙은 녹색, 뒷면은 하얀 털이 빽빽하게 나서 흰빛이 돈다.

줄기잎은 어긋나기 한다. 7월에 줄기와 가지 끝에서 진한 분홍색 꽃이 핀다. 열매를 싸고 있는 껍질에 갈고리 같은 가시가 있다. 열매는 약으로, 뿌리와 어린잎은 먹거리로 한다. 한자어 '우방'에서 비롯되었으며, '우왕→우웡→우엉'으로 바뀌었다. » 250

유채 십자화과
들로 퍼져나가 저절로 자라기도 한다. 줄기는 곧게 자라고 4~5월에 십자 모양의 노란색 꽃이 모여 핀다. 꽃을 보고 즐기기 위해 넓은 지역에 심고, 어린잎을 먹으며, 씨앗은 기름을 짠다. 씨로 기름을 짜는 채소라 하여 붙인 이름이다. 유채 씨로 짠 기름을 '채종유', '카놀라유'라고 한다. » 236

율무 벼과
줄기는 곧게 선다. 가지가 갈라지며 마디는 10개 이상이다. 7월에 잎겨드랑이와 꽃싸개 잎의 겨드랑이에서 녹색 꽃이 한 송이씩 핀다. 열매를 먹는다. 고려시대 송나라에서 들어왔다고 하며, 옛말 '율믜→율모→율무'로 바뀌었다. » 255

잇꽃 국화과
넓은 창끝 모양의 잎은 가장자리 끝이 가시로 변하며, 어긋나기 한다. 7~8월에 엉겅퀴 모양으로 꽃이 피고, 노란색으로 피었다가 붉은색으로 변한다. 씨는 약재로 쓰며, 꽃잎에서 붉은색 염료를 얻어 '홍화'라고도 한다. 옛말 '니잇곳→잇꽃'으로 바뀌었다. » 251

조 벼과
줄기는 곧추서며 단단하고 밋밋하다. 여름에 줄기 끝에 긴 원뿔 모양으로 꽃이삭이 달린다. 열매가 노랗게 익으면 줄기가 휘어진다. 열매를 먹는다. 옛말 '좋→조'로 바뀌었다. » 255

참깨 꿀풀과
줄기는 네모지고, 마디가 여러 개 있다. 하얀 털이 빽빽하게 난다. 긴 타원형의 잎은 마주나기 하고, 윗부분에서 어긋나기도 한다. 7~8월에 잎겨드랑이에서 연한 분홍색 꽃이 한 송이씩 핀다. 씨앗은 기름, 양념으로 쓰인다. 옛말 '참뻬→참깨→참쌔→참깨'로 바뀌었다. » 243

참외 박과
덩굴손으로 다른 물체를 감고 올라간다. 얕게 손바닥 모양으로 갈라진 잎은 어긋나기 한다. 6~7월에 잎겨드랑이에서 노란색 꽃이 핀다. 열매는 연두색에서 노란색으로 익는다. '참'과 '오이'를 합친 말로 한자 이름은 '진과(眞瓜)'이다. » 248

케일 십자화과
지중해가 원산이며, 양배추와 브로콜리 등의 기원이 되는 종이다. 잎은 긴 타원형으로 두껍고 오글쪼글하다. 뿌리에서 모여 나는 잎을 먹는다. » 237

콩 콩과
줄기와 잎에 갈색 털이 있다. 7~9월에 잎겨드랑이에서 나비 모양으로 자주색, 분홍색, 흰색 꽃이 핀다. 씨앗을 대두라고 한다. 씨앗은 연한 노란색, 검은색, 연한 갈색, 녹색 등 종류가 다양하다. 주요 작물 중의 하나이다. 옛 고구려 땅이 원산지라고 하며, 옛말 그대로 쓰이고 있다. '대두'라고도 한다. » 238

토란 천남성과
땅속줄기는 둥근 모양 또는 거꾸로 선 달걀 모양이다. 뿌리에서 돋아나는 넓은 달걀 모양의 타원형 잎은 100센티미터 정도이며, 코끼리의 귀를 닮았다. 8~9월에 1~4송이 녹색 꽃이 핀다. 잎자루와 땅속줄기(알줄기)를 먹는다. '흙 속에 있는 알'이란 뜻에서 붙인 이름이다. » 252

토마토 가지과
줄기는 가지가 많이 갈라지며, 부드러운 하얀 털이 빽빽하게 난다. 잎은 여러 갈래로 갈라지고 어긋나기 하며, 독특한 향이 있다. 5~8월에 마디 사이에서 꽃대가 나와 노란색 꽃이 핀다. 붉은색으로 익은 열매를 먹으며, 품종이 다양하다. 우리나라에는 1600년대에 중국에서 들어왔다고 추정하며, 1900년대 초부터 기르기 시작했다고 한다. '도마도', '땅감', '일년감'이라고도 한다. » 245

파 백합과
비늘줄기는 양파처럼 굵지 않고, 잎은 빨대 모양으로 속이 비었으며 끝이 뾰족하다. 6~7월에 초록빛이 도는 흰색 꽃이 둥글게 모여 핀다. 식물 전체에서 강한 냄새가 난다. 잎을 먹으며, 뿌리는 약으로도 쓴다. 우리나라에는 고려시대 이전에 들어온 것으로 추정한다. » 254

팥 콩과
줄기는 곧게 서고, 잎은 어긋나기 한다. 8월에 나비 모양의 노란색 꽃이 2~6송이 핀다. 꽃은 대개 오전 7~8시에 피는데 기후에 따라 시간 차이가 있다. 씨앗을 먹는다. 옛말 '팣→팣ㅊ→팥'으로 바뀌었다. '소두'라고도 한다. » 240

호박 박과
줄기는 단면이 오각형이고, 하얗고 부드러운 털이 난다. 덩굴손으로 다른 물체를 감으면서 자란다. 심장 모양의 잎은 가장자리가 5갈래로 얕게 갈라지며, 어긋나기 한다. 꽃은 6월부터 서리가 내릴 때까지 계속해 피는데 암꽃과 수꽃이 함께 핀다. 암꽃은 꽃대가 짧고 밑부분에 둥글고 긴 씨방이 있다. 열매와 잎을 먹는다. '남쪽에서 온 오이'라는 뜻에서 '남과'라고도 한다. » 249

꽃이 피지 않는 식물

간버섯 구멍장이버섯과 [봄~가을]
갓은 반원형이나 부채꼴이다. 갓 표면은 선명한 주홍색이며, 자루가 없다. 동물의 간을 닮아 붙인 이름이라고 한다. » 277

거미고사리 꼬리고사리과
가늘고 긴 잎은 끝이 꼬리 모양으로 뾰족하다. 길게 자란 잎 끝이 땅에 닿으면 뿌리를 내리고 새싹이 자란다. 그 모습이 마치 거미가 거미줄을 치는 것과 비슷하여 붙인 이름이다. 잎 뒷면의 맥 위에 홀씨주머니가 붙어 있다. » 265

고란초 고란초과
잎은 타원형과 창 모양, 또는 2~3갈래로 갈라지는 등 변이가 많다. 잎 뒷면에 홀씨주머니가 측맥 사이마다 하나씩 달린다. 충청남도 부여의 고란사 뒤 절벽 틈에서 자라나 붙인 이름이다. » 269

고비 고비과
영양잎보다 앞서 4월에 나오는 포자잎은 붉은색을 띠며, 둥그렇게 말리고 하얀 솜털로 덮여 있다. 포자잎마다 작은 갈색 홀씨주머니가 빽빽하게 달린다. 다 자란 영양잎은 연한 녹색에 윤기가 나며, 잔 톱니가 있는 깃 모양으로 두 번 갈라진다. 어린 포자잎은 나물로 먹는다. 언뜻 보아 고사리와 비슷하다 해서 한자 이름으로 '미궐'이라고 한다. » 263

고사리 잔고사리과
깃 모양의 작은 잎 여러 장이 삼각형으로 모여 달린다. 이른 봄에 나오는 손 모양의 고불고불한 갈색 어린순은 나물로 먹는다. 홀씨나 뿌리줄기로 번식한다. 고사리는 약 1억 4500만 년 전에 태어난 아주 오래된 식물로, 고사리 잎 가장자리가 양의 이빨을 닮았다 해서 '양치식물'이란 이름이 생겨났다. 옛말 그대로 쓰이고 있으며, 한자 이름은 '궐채'라고 한다. » 264

곰보버섯 곰보버섯과 (봄)
갓은 원뿔 모양이거나 긴 달걀 모양이다. 표면은 호두껍질 모양에 불규칙하게 홈이 나 있고, 옅은 황토색이나 연한 노란색을 띤다. 자루는 원기둥 모양에 아래쪽이 굵고 흰색이며, 속은 비어 있다. 어릴 때는 먹을 수 있다. 우둘투둘한 갓 표면에 빗대어 붙인 이름이다. » 272

관중 관중과
깃 모양으로 모여 달린 작은 잎들이 뿌리에서 나와 비스듬히 펼쳐져 자란다. 홀씨주머니는 잎몸의 중간 위쪽에서 두 줄로 달린다. 환경부에서 지정한 보호식물이므로 함부로 캐서는 안 된다. 한자 이름을 그대로 따왔으며, 옛말은 '회초미'이다. » 266

구름송편버섯 구멍장이버섯과 (봄~가을)
기왓장처럼 겹쳐서 무리지어 자란다. 표면에 검은색이나 회색, 갈색 등의 고리 무늬가 있고, 짧은 털로 덮여 있다. 반원형으로 단단하고 질기다. '운지버섯'이라고도 하며 약으로 쓰인다. 버섯의 모양새에서 붙인 이름이다. » 276

구실사리 부처손과
바닥에 붙어서 자라며, 줄기가 구리철사처럼 단단하고 붉은빛이 돈다. 가지가 갈라지면 다시 뿌리를 내린다. 홀씨로 번식한다. 포자잎은 삼각형처럼 각진 모양이고, 가장자리에 작은 톱니가 있으며 끝이 뾰족하다. '구슬살이'라고도 한다. » 262

넉줄고사리 넉줄고사리과
뿌리줄기가 바위나 나무 위에 길게 뻗으면서 자란다. 잎은 작고 삼각 모양이며, 가지에서 네 번 갈라져 잎 여러 장이 깃 모양으로 모여 달린다. 네 번 갈라진다는 뜻에서 붙인 이름이다. » 264

네가래 네가래과
잎자루는 물속에 잠겨 있고, 그 끝에 작은 잎 4장이 모여 달린다. 잎자루 밑부분에서 가지가 갈라져 홀씨주머니가 자란다. 모여 달린 잎이 마치 네 갈래로 갈라진 것 같아 보여 붙인 이름이다. » 270

노랑망태버섯 말뚝버섯과 (여름~가을)
긴 자루 끝에 삿갓 모양의 갓이 자란다. 갓은 짙은 녹색 점액질로 덮여 있고, 그 속에서 홀씨를 만든다. 냄새가 고약하다. 갓과 자루 사이에 노란색 그물치마가 아래쪽에서 빠르게 자란다. 비슷한 종으로는 여름 장마철과 가을, 남부지방의 대나무 숲에서 두 번 발생하는 그물치마가 흰색인 '망태버섯'이 있다. '망태'는 주로 가는 새끼나 줄로 엮거나 그물처럼 떠서 성기게 만든 물건에서 따온 이름이다. » 274

느타리 느타리과 (늦가을~이듬해 봄)
처음에는 반원형에서 자라다가 부채 모양으로 변한다. 갓 표면은 갈색이 도는 회색이며, 갓의 안쪽 주름은 흰색이다. 요리로 해먹는다. 이름의 유래는 알 수 없으며, 여느 버섯과 달리 늦은 시기에 자라는 버섯이라는 뜻에서 한자 이름은 '만이'라고 한다. » 278

달걀버섯 광대버섯과 (여름~가을)
어릴 때는 달걀 모양으로 흰색 주머니에 싸여 있다. 자라면서 주머니의 위쪽을 뚫고 땅 위로 나오며 주홍색 갓이 평평하게 펴진다. 먹을 수 있다. » 281

도깨비쇠고비 관중과
작은 잎 여러 장이 깃 모양으로 모여 달리고, 윤기가 있다. 잎 뒤에 홀씨주머니가 흩어져 붙어 있다. '쇠고비'와 비슷하다. » 266

두엄먹물버섯 눈물버섯과 (봄~가을)
갓은 달걀 모양에서 종 모양을 거쳐 원뿔 모양이 된다. 갓 표면은 회색빛이 도는 갈색이다. 갓의 주름살이 검은색 액체 상태로 녹은 뒤에 자루만 남는다. 비슷한 종인 쓰러진 나무나 활엽수 그루터기에서 자라는 '**갈색먹물버섯**'은 갓 표면이 연한 갈색이다. » 278

마귀광대버섯 광대버섯과 (여름~가을)
어릴 때는 달걀 모양이며, 자라면서 흰색 자루와 갓이 나타난다. 자루에는 흰색 비늘조각이 퍼져 있고 턱받이가 있다. 갓 표면은 갈색을 띠며 사마귀 모양의 흰색 비늘이 퍼져 있다. 독이 있다. » 281

먹물버섯 주름버섯과 (봄~가을)
갓 표면은 흰색 바탕에 연한 갈색의 비늘조각으로 덮여 있다. 원뿔 모양에서 종 모양으로 변한다. 갓의 주름살이 검은색 액체 상태로 녹아 먹물처럼 흘러내리고 자루만 남는다. 어릴 때 식용하며, 옛날에 검은 액체를 받아 먹물 대신 사용해서 붙인 이름이다. » 279

목도리방귀버섯 방귀버섯과 (여름~가을)
어릴 때에는 구슬 모양이고, 성숙하면 겉껍질이 4~8조각으로 갈라진다. 손으로 건드리면 포자를 방귀처럼 뿜어내고, 모양새가 목도리를 두른 것 같다 해서 붙인 이름이다. » 273

목이 목이과 (여름~가을)
갓은 원반 모양, 주발 모양, 귀 모양 등 형태가 다양하고 표면은 갈색을 띤다. 습할 때는 젤라틴질로 부드럽고 탄력이 있다. 마르면 오그라들어 굳어지는데 물에 담그면 다시 모양이 살아난다. 먹을 수 있으며, 이름은 '나무의 귀'라는 뜻이다. 털목이, 좀목이, 혓바늘목이, 흰목이, 꽃흰목이 등이 있다. » 275

물개구리밥 물개구리밥과
물에 잠긴 줄기에서 뿌리가 많이 내리고 뿌리털이 있다. 잎자루가 없는 잎은 2갈래로 갈라지며 삼각 모양이다. 가을에 붉게 단풍이 든다. 뒷면 잎 사이에서 작은 홀씨주머니가 만들어진다. » 271

바위손 부처손과
줄기 윗부분에 잎 여러 장이 모여 달린다. 바위에 붙어서 자란다. 건조하면 잎이 안쪽으로 말리고, 습도가 높으면 펴진다. 홀씨로 번식한다. 바위에서 손을 내미는 것 같아 붙인 이름이다. » 261

박쥐란 고란초과
잎이 여러 갈래로 갈라져 사슴뿔 모양이며, 아래로 늘어진다. 잎의 아랫부분은 둥근 모양으로 뿌리를 덮는다. 포자잎 뒷면에 홀씨주머니가 붙어 있다. 주로 나무에 붙어서 자라며 공중걸이 화분으로 기른다. 잎이 박쥐를 닮아 붙인 이름이다. » 270

붉은말뚝버섯 말뚝버섯과 (봄~가을)
어릴 때는 흰색 알에 싸여 있다가 성숙하면 머리와 자루가 나와 10~15센티미터 자란다. 머리는 긴 종 모양에 붉은빛을 띤 짙은 갈색이며, 점액질은 검은빛을 띤 갈색이다. 냄새가 고약하다. » 273

삼색도장버섯 구멍장이버섯과 (여름~가을)
갓은 반원형의 조개껍질 모양이고, 단단한 가죽질이다. 갓 표면은 진한 갈색에서 붉은 갈색 줄무늬와 바

퀴살처럼 퍼져 나간 주름이 있다. » 277

새주둥이버섯 말뚝버섯과 [초여름~가을]
자루는 4~6각 기둥 모양으로, 단면은 별 모양으로 불투명한 흰색이다. 세로줄 수만큼 갈라지다가 위쪽 끝에서 하나로 붙는다. 안쪽은 붉은색이며, 검은빛을 띤 갈색 점액이 있어 끈적거린다. » 274

생이가래 생이가래과
잎이 3장씩 돌려나기 한다. 물에 뜨는 잎 2장은 마주나기 하고, 물속의 잎 1장은 뿌리 역할을 한다. 물속 잎 밑부분에서 작은 가지가 갈라지며 털로 덮인 주머니가 생긴다. 여기에서 작은 홀씨주머니가 만들어진다. » 271

석위 고란초과
좁고 긴 잎 끝은 뾰족하고, 가장자리가 약간 물결 모양이다. 둥근 홀씨주머니는 잎 뒷면 위쪽으로 빽빽하게 달려 있다. 자갈밭(석)에서 가죽(위) 같은 잎이 자란다 하여 붙인 이름이다. » 268

세뿔석위 고란초과
잎은 손바닥 모양으로 3~5갈래 갈라지고, 가운데 부분은 삼각 모양으로 끝이 뾰족하다. 잎 뒷면에 붉은빛의 갈색 털이 나 있다. 둥근 홀씨주머니가 잎 뒷면 전체에 퍼져 있다. 세 갈래로 갈라진 잎을 뿔에 빗대어 붙인 이름이다. » 268

속새 속새과
땅속줄기는 옆으로 뻗으면서 모여나고, 딱딱하고 녹색을 띤 줄기는 곧게 자란다. 검은색이나 갈색 마디가 있다. 줄기 끝에 달걀 모양의 홀씨주머니가 달린다. 잎집에서 퇴화한 잎이 톱니처럼 달려 있는데 보통 10~18장씩이다. » 262

솔이끼 솔이끼과
줄기는 곧게 선다. 가지가 갈라지지 않고 헛뿌리가 있다. 잎은 줄기에 소용돌이 모양으로 빽빽하게 달린다. 암수딴그루로 복잡한 과정을 거쳐서 수정이 되면 암그루의 붉은 갈색 줄기 끝에 달걀 모양의 홀씨주머니가 달린다. 홀씨는 바람에 날려 퍼진다. 소나무에 솔잎이 달려 있는 모양을 닮아 붙인 이름이다. » 261

쇠뜨기 속새과
이른 봄에 연한 갈색의 생식줄기가 자란다. 이 줄기는 뱀의 머리 같은 홀씨주머니가 생긴 뒤 홀씨를 날리고 나서 말라 죽는다. 곧이어 속이 비어 있는 녹색 영양줄기가 나온다. 마디에서 비늘 모양의 잎이 6~11장 돌려나기 하고, 잎처럼 보이는 가지가 갈라진다. 겨울에 윗부분이 말라 죽는다. 뱀의 머리를 닮은 홀씨주머니를 '뱀밥'이라고 한다. » 263

아까시흰구멍버섯 구멍장이버섯과 [봄~가을]
갓은 반원형이고 코르크질(액체나 공기가 통하지 않고 탄력성이 있는 물질)이다. 갓 표면은 붉은 갈색에서 진한 갈색을 띠고, 성장이 활발한 부분은 연한 노란색이다. » 276

야산고비 야산고비과
깃 모양의 잎 여러 장이 삼각 모양으로 모여 달린다. 포자잎은 영양잎과 높이가 비슷하거나 짧다. » 265

우단일엽 고란초과
곧게 뻗은 잎 끝은 주걱 모양이며, 밑으로 가면서 좁아진다. 잎 뒷면에 별 모양으로 갈색 털이 빽빽하다. 홀씨주머니가 잎 위쪽에 둥글게 또는 타원형으로 1~2줄씩 붙어 있다. 잎의 모습을 고운 털이 도드라지도록 짠 비단의 하나인 우단에 빗대어 붙인 이름이다. » 267

우산이끼 우산이끼과
뿌리, 줄기, 잎의 구분이 없고 잎 모양의 엽상체(관다발이 없는 구조로, 물과 양분을 흡수하고 광합성을 한다)와 뿌리만 있다. 뿌리는 몸을 땅에 고정하는 역할만 하는 헛뿌리이다. 암수딴그루로, 수그루는 뒤집어진 우산 모양의 갓이 있다. 암그루는 우산살 모양의 갓 아래에 홀씨주머니가 달린다. 암수그루가 우산 모양을 닮아 붙인 이름이다. » 260

일엽초 고란초과
잎이 좁고 길며 끝이 뾰족하다. 잎 뒷면에 홀씨주머니가 잎 위쪽에 1~2줄씩 붙는다. 잎이 하나라는 뜻에서 붙인 이름이다. » 267

좀주름찻잔버섯 주름버섯과 (이른 봄~늦가을)
찻잔 모양이며, 노란빛을 띤 갈색이나 회색빛이 도는 갈색이다. 성숙하면 껍질이 벗겨지고 찻잔 모양의 윗부분이 열린다. 안에 바둑돌 모양의 홀씨가 들어 있는데 빗물에 튕겨 나가 번식한다. » 279

주황혀버섯 붉은목이과 (봄~가을)
부채 모양 또는 혀 모양이며, 자루는 납작하다. 연한 주황색의 갓 표면에 짧은 털이 있고, 끈적거림이 약간 있다. » 275

치마버섯 치마버섯과 (봄~가을)
갓은 부채 모양 또는 치마 모양이다. 갓 표면은 흰색에서 회색이며 거친 털로 덮여 있다. 주름살 끝은 부드럽고, 2겹으로 겹쳐 있는 것처럼 보인다. » 280

콩버섯 콩꼬투리버섯과 (여름~가을)
갓은 둥글거나 불규칙한 혹 모양이다. 표면은 검은빛이 도는 갈색, 검은색이며 목탄질로 단단하다. 몇 송이씩 모여 뭉치기도 한다. 검은색 홀씨가 터져 나오면 표면에 달라붙는다. » 272

콩짜개덩굴 고란초과
영양잎은 콩을 반으로 쪼갠 듯이 둥글고 밋밋하다. 포자잎은 주걱 모양으로 끝이 뭉툭하고, 뒷면에 홀씨주머니가 퍼져 있다. » 269

표고버섯 낙엽버섯과 (봄~가을)
갓 표면은 갈색이다. 갓은 때때로 깔때기 모양이며, 표면이 갈라져서 생긴 솜털 비늘조각으로 덮여 있거나 거북의 등 모양이다. 자라면서 납작해진다. 맛과 향이 좋아 음식 재료로 널리 쓰인다. 옛말은 '교지기'였으며, 1527년경의 문헌에 '표고'라고 기록되어 있다. » 280

(참고 사이트와 도서)

- 국가생물종지식정보시스템/식물자원
  (http://www.nature.go.kr/index.jsp)

- 국립생물자원관 한반도의 생물다양성/한국고유생물자원
  (https://species.nibr.go.kr/index.do)

- 국립국어원(http://www.korean.go.kr)

- 한국식물생태보감 1, 김종원 저, 자연과생태, 2013

- 재미있는 우리꽃 이름의 유래를 찾아서, 글 허북구·박석근, 중앙생활사, 2005